全国高职高专教育土建类专业教学指导委员会规划推荐教材

建 筑 经 济

（工程造价与建筑管理类专业适用）

本教材编审委员会组织编写
吴　泽　编著

中国建筑工业出版社

图书在版编目（CIP）数据

建筑经济/吴泽编著．—北京：中国建筑工业出版社，2005
 全国高职高专教育土建类专业教学指导委员会规划推荐教材．工程造价与建筑管理类专业适用．
 ISBN 978-7-112-06606-3

Ⅰ．建… Ⅱ．吴… Ⅲ．建筑经济－高等学校：技术学校－教材 Ⅳ．F407.9

中国版本图书馆 CIP 数据核字（2004）第 137367 号

全国高职高专教育土建类专业教学指导委员会规划推荐教材
建 筑 经 济
（工程造价与建筑管理类专业适用）
本教材编审委员会组织编写

吴 泽 编著

*

中国建筑工业出版社出版、发行（北京西郊百万庄）
各地新华书店、建筑书店经销
北京云浩印刷有限责任公司印刷

*

开本：787×1092 毫米 1/16 印张：10½ 字数：254 千字
2005 年 1 月第一版 2007 年 9 月第五次印刷
印数：8501—10000 册 定价：15.00 元
ISBN 978-7-112-06606-3
（12560）

版权所有 翻印必究
如有印装质量问题，可寄本社退换
（邮政编码 100037）

本书以社会主义市场经济理论为基础，根据建筑市场的运行规则，围绕建筑产品的生产、交换、管理，结合我国建筑业的实际情况，全面阐述建筑经济的基本理论和知识。主要内容包括：建筑业、建筑活动的相关机构、建筑产品、建筑生产、建筑市场、建筑市场的规范等。

本书为高职高专学校工程造价专业及建筑工程管理类相关专业的教材，也可作为土建类有关专业的选修课教材或教学参考书，并可供建筑业各类管理人员学习参考。

* * *

责任编辑：王 跃 张 晶
责任设计：崔兰萍
责任校对：李志瑛 刘玉英

教材编审委员会名单

主　任：吴　泽

秘　书：袁建新

委　员：(按姓氏笔画为序)

王武齐　田恒久　汤万龙　任　宏　刘建军

迟晓明　杨太生　吴　泽　张怡朋　张凌云

何　辉　但　霞　范文昭　项建国　高　远

秦永高　袁建新　景星蓉　喻晓荣

序 言

全国高职高专教育土建类专业教学指导委员会工程管理类专业指导分委员会（原名高等学校土建学科教学指导委员会高等职业教育专业委员会管理类专业指导小组）是建设部受教育部委托，由建设部聘任和管理的专家机构。其主要工作任务是，研究如何适应建设事业发展的需要设置高等职业教育专业，明确建设类高等职业教育人才的培养标准和规格，构建理论与实践紧密结合的教学内容体系，构筑"校企合作、产学结合"的人才培养模式，为我国建设事业的健康发展提供智力支持。

在建设部人事教育司和全国高职高专教育土建类专业教学指导委员会的领导下，2002年以来，全国高职高专教育土建类专业教学指导委员会工程管理类专业指导分委员会的工作取得了多项成果，编制了工程管理类高职高专教育指导性专业目录；在重点专业的专业定位、人才培养方案、教学内容体系、主干课程内容等方面取得了共识；制定了"工程造价"、"建筑工程管理"、"建筑经济管理"、"物业管理"等专业的教育标准、人才培养方案、主干课程教学大纲；制定了教材编审原则；启动了建设类高等职业教育建筑管理类专业人才培养模式的研究工作。

全国高职高专教育土建类专业教学指导委员会工程管理类专业指导分委员会指导的专业有工程造价、建筑工程管理、建筑经济管理、房地产经营与估价、物业管理及物业设施管理等6个专业。为了满足上述专业的教学需要，我们在调查研究的基础上制定了这些专业的教育标准和培养方案，根据培养方案认真组织了教学与实践经验较丰富的教授和专家编制了主干课程的教学大纲，然后根据教学大纲编审了本套教材。

本套教材是在高等职业教育有关改革精神指导下，以社会需求为导向，以培养实用为主、技能为本的应用型人才为出发点，根据目前各专业毕业生的岗位走向、生源状况等实际情况，由理论知识扎实、实践能力强的双师型教师和专家编写的。因此，本套教材体现了高等职业教育适应性、实用性强的特点，具有内容新、通俗易懂、紧密结合工程实践和工程管理实际、符合高职学生学习规律的特色。我们希望通过这套教材的使用，进一步提高教学质量，更好地为社会培养具有解决工作中实际问题的有用人材打下基础。也为今后推出更多更好的具有高职教育特色的教材探索一条新的路子，使我国的高职教育办的更加规范和有效。

全国高职高专教育土建类专业教学指导委员会
工程管理类专业指导分委员会

前　言

本教材是根据全国高职高专教育土建类专业教学指导委员会工程管理类专业指导分委员会制定的有关教学文件和《建筑经济》课程教学大纲的要求编著的。

按照《建筑经济》课程教学大纲的要求，全书分成建筑业、建筑活动的相关机构、建筑产品、建筑生产、建筑市场概述、建筑市场的交易活动等六章，分别论述了建筑经济的基本理论和知识，以及我国建筑业的基本状况和建筑市场的运行规则。教学大纲中的第七部分内容（建筑市场规范和管理），因为和前几章的内容有重复，教材没有单独设章编写，而是放在第二、五、六章的有关内容中论述。

《建筑经济》是建筑经济管理、工程造价、工程管理、建设财务会计等专业的经济基础课。其内容涉及到建筑业的方方面面，是一门综合性较强的课程。由于教学方案中独立开设有《建筑工程项目管理》、《建筑工程预算》、《建设工程合同》等课程，内容上存在一定的交叉，为了避免不必要的重复，本教材对于相关内容只保留了基本框架，不再详细论述。

在建筑管理类专业开设《建筑经济》课程，其目的是为了引导学生站在建筑业全局的角度，分析建筑业的经济问题，掌握建筑市场的活动规律和规则。高等职业教育所设建筑管理类各专业，一般只涉及建筑业运行中的某些局部环节，所开各课程大多数也是帮助学生掌握某一方面的业务，学生对建筑业的全貌缺乏了解。《建筑经济》课程则要弥补这个不足，通过对建筑业和建筑市场的全面描述，使学生了解建筑业的整体状况，知道建筑市场的运作方法，便于就业后认识自己所从事工作的环境，树立建筑业的全局观念，做好本职工作。

《建筑经济》作为一门学科，形成和发展时间不长，许多问题有待进一步研究和完善。我国市场经济体制，目前还处于不断改进和完善阶段，建筑业运行中的许多问题，尚待探索和解决。如何构建《建筑经济》课程的体系，如何在课程内容中反映市场经济条件下建筑业的基本状况，是本教材希望解决的主要问题。笔者力图运用马克思政治经济学、西方经济学和市场经济的基本理论，结合我国建筑业的实际情况，全面而简明地阐述建筑经济的主要内容，简要介绍我国建筑业的基本运作方式，希望对读者有所帮助。

由于笔者水平有限，本教材无论是在体系结构、内容取舍上，还是观点上难免存在不妥之处，恳请读者指正。

本教材的编著和出版，得到了全国高职高专教育土建类专业教学指导委员会工程管理类专业指导分委员会、四川建筑职业技术学院和中国建筑工业出版社的大力支持，参阅了有关书籍和资料，在此一并致谢。

目 录

第一章 建筑业 ... 1
- 第一节 建筑业的含义和范围 ... 1
- 第二节 建筑业的形成与发展 ... 4
- 第三节 建筑业的特征 ... 8
- 第四节 建筑业在国民经济中的地位和作用 ... 9
- 第五节 建筑业和固定资产投资、房地产业的关系 ... 13
- 第六节 建筑业的运行机制 ... 15
- 思考题 ... 17

第二章 建筑活动的相关机构 ... 18
- 第一节 业主 ... 18
- 第二节 勘察设计单位 ... 21
- 第三节 施工单位 ... 33
- 第四节 监理单位 ... 42
- 第五节 管理机构 ... 51
- 思考题 ... 55

第三章 建筑产品 ... 56
- 第一节 建筑产品的含义 ... 56
- 第二节 建筑产品的使用寿命 ... 59
- 第三节 建筑产品的经济范畴 ... 63
- 第四节 建筑产品的流通与消费 ... 76
- 思考题 ... 78

第四章 建筑生产 ... 79
- 第一节 建筑生产的特点 ... 79
- 第二节 建筑生产的主要要素 ... 81
- 第三节 建筑生产的主要活动 ... 99
- 思考题 ... 108

第五章 建筑市场概述 ... 109
- 第一节 建筑市场的含义 ... 109
- 第二节 建筑市场的需求与供给 ... 115
- 第三节 建筑市场的运行 ... 123
- 第四节 影响建筑市场的主要因素 ... 127
- 思考题 ... 132

第六章 建筑市场的交易活动 ... 133

第一节 建筑市场交易的方式 …………………………………………… 133
第二节 建设工程招标投标 ………………………………………………… 139
第三节 建设工程合同 ……………………………………………………… 149
思考题 ……………………………………………………………………… 157
参考文献 ……………………………………………………………………… 159

第一章 建 筑 业

建筑经济主要研究建筑业经济活动的运动规律。既然要研究建筑业的经济活动，首先就必须认识和了解建筑业本身。本章从建筑业入手，简要介绍建筑业和建筑经济的一些基本问题。

第一节 建筑业的含义和范围

一、建筑业的含义

建筑业是国民经济的重要物质生产部门，是国民经济体系中专门从事建筑活动的一个行业。

正确理解建筑活动的概念，对于认识建筑业的含义是十分必要的。理论界对于建筑活动这一范畴的内涵存在着不同的理解，集中反映在对建筑活动的内容应包含的范围上。

一种观点认为，建筑活动应当包括一切土木工程以及附属设施的建造，线路、管道和设备的安装以及装饰装修活动。我们称之为广义的建筑活动概念。这里谈到的"广义"有两个方面的意思：首先是指工程的范围，即全部土木工程、安装工程和装饰装修工程。包括房屋建筑工程、交通工程、水利工程、电力工程、矿山工程、冶炼工程、化工工程、市政工程、通信工程等。其次是指工程实施的活动范围，包括围绕上述工程开展的勘察、设计、施工、监理、采购以及有关的招标投标等活动。

这种观点所强调的是建筑活动的共性和内在的统一性。认为在整个土木工程领域，虽然各类工程有各自的专业特点，但在许多方面存在共同的特征。例如，都具备一般土木工程独有的工程固定、队伍流动、类别复杂、条件多变、建设周期长、人财物消耗大等共同特点；都具有其生产过程必须经过设计、施工、竣工验收、交付使用、保修等阶段的共同特点；都具有交易活动必须采取招标投标方式进行的共同特点。认为在整个工程项目建设过程中，虽然设计、施工、监理、采购以及相关的招标投标等活动有各自独立的工作内容，但是它们在工程的实施过程中紧密联系在一起。正是这些共同的特点和相互联系的活动，使上述各类工程和围绕工程实施的各类活动共同构成了建筑活动的整体，形成一个独立的行业，成为国民经济的重要物质生产部门。

另一种观点则认为，建筑活动只应该包括房屋建筑和附属设施的建造活动，以及与房屋建造相关的设施、设备的安装活动。我们称之为狭义的建筑活动概念。这里谈到的"狭义"，是对建筑活动进行了一些条件限制。就工程本身而言，限制在房屋建筑工程和附属设施工程，以及相关的安装工程，不含其他专业建筑工程。房屋建筑工程，一般是指具有顶盖、梁柱、墙壁、基础以及能够形成内部空间，满足人们生产、生活等所需的工程实体，包括民用住宅建筑、工业建筑、商业旅游建筑、文教卫生体育建筑、公共建筑等；房屋建筑的附属设施工程，包括水塔、烟囱、锅炉房、配电房；房屋建筑相关的安装工程，包括线路、管道、设备（含电梯）等。对于工程实施环节来讲，限制在土建活动和安装活动，通常又称为"建安活动"，不包含勘察、设计、监理、招标投标等活动。

这种观点所强调的是建筑活动的个性和各类专业建筑工程的相对独立性。认为在整个土木工程领域，各类专业工程有其固有的特点，特别是在技术要求、施工方法上更具有特殊性，很难对土木工程的所有建筑活动作出统一的规范性要求，应当把房屋建筑和各类专业工程分别对待。此外，工程项目建设过程的各个实施环节有其相对的独立性，有不同的行为主体和各自的工作范围，建筑活动只是建设过程的组成部分，因此应该将建筑活动和建设过程其他实施环节相区别。只有将各类专业建筑工程和建设过程的各个实施环节区别对待，在工程建设管理的实际应用中才有意义，也才能制定出相应的制度来规范活动的行为。

显然，上述两种观点站在不同的角度定义建筑活动。"广义"的观点从建筑行业的整体上看待建筑活动，"狭义"的观点从建设过程的实施环节上看待建筑活动。关于建筑活动的定义，各个国家也不尽相同，有的宽一些，有的窄一些。我们国家从实际应用出发，采取综合定义的方法。在《中华人民共和国建筑法》中对建筑活动是这样定义的："本法所称建筑活动，是指各类房屋建筑及其附属设施的建造和与其配套的线路、管道、设备的安装活动。"同时在附则中又规定："本法关于施工许可、建筑施工企业资质审查和建筑工程发包、承包、禁止转包，以及建筑工程监理、建筑工程安全和质量管理的规定，适用于其他专业建筑工程的建筑活动，具体办法由国务院规定。"《建筑法》对于建筑活动的这种定义，既非广义的建筑活动概念，又非狭义的建筑活动概念，而是强调了实际应用。其对象主要针对房屋建筑及相关设施的建造和安装活动，其过程包含了建设过程实施环节的主要内容。

这里讨论建筑活动的问题，并非要给建筑活动定义下个结论，而是为了正确理解建筑业。从建筑业整体上考虑，用建筑活动的广义概念给建筑业下定义更为恰当。结合我国国民经济行业分类标准（GB/T 4754—94），我们将建筑业完整表述为：建筑业是国民经济的重要物质生产部门，是国民经济体系中从事土木工程以及附属设施的建造，线路、管道和设备的安装以及装饰装修活动的行业。

二、建筑业的范围

（一）国民经济行业划分

国民经济是一个国家社会经济各个部门的总和。国民经济由众多的部门构成，这些部门形成不同的行业，各个行业的活动组成国民经济运行的总体。建筑业是国民经济的重要组成部分，是众多部门中的一个重要行业。为了正确反映国民经济内部的结构和发展状况，对国民经济的运行实施有效地管理，各个国家都对国民经济进行了行业分类。我国现行的国民经济行业分类标准是《国民经济行业分类与代码（GB/T 4754—94）》，这个标准将我国国民经济划分为 16 个门类（即 16 个大的行业），每个门类下又分成若干大类、中类、小类。16 个门类是：

(1) 农、林、牧、渔业；
(2) 采掘业；
(3) 制造业；
(4) 电力、煤气及水的生产和供应业；

(5) 建筑业;

(6) 地质勘察业、水利管理业;

(7) 交通运输、仓储及邮电通信业;

(8) 批发和零售贸易、餐饮业;

(9) 金融、保险业;

(10) 房地产业;

(11) 社会服务业;

(12) 卫生、体育和社会福利业;

(13) 教育、文化艺术及广播电影电视业;

(14) 科学研究和综合技术服务业;

(15) 国家机关、政党机关和社会团体;

(16) 其他行业。

行业分类标准要正确反映国民经济的内部结构和发展状况,就需要适时进行修订。我国现行的分类标准(GB/T 4754—94)颁发多年,有些类别已不适应经济建设发展的需要,尤其是第三产业的分类。目前,国家有关部门正在组织对国民经济行业分类标准进行修订,修订的重点是第三产业。

(二) 建筑业的范围

按照我国国民经济行业分类标准,建筑业由土木建筑业、线路管道和设备安装业、装修装饰业三大类组成,同时将建筑设计、咨询、管理等活动分别划分在科学研究和综合技术服务业、社会服务业和其他行业内。这种划分方法,其原则是按活动的性质分类,反映了各类活动的基本属性,无疑是正确的。但是,它把建筑活动的有关方面以及与建筑活动密切相关的有关活动分离开来,则不利于对整个建筑活动进行管理。我国建筑法的调整主体规定为建设单位、勘察设计单位、施工单位、监理单位和管理机关,就是从行业的管理角度上考虑的。本书用广义的建筑活动概念来定义建筑业,则是要反映建筑业的全貌,给读者一个完整的概念,并和我国建筑业的管理体制相一致。

依据上述观点,建筑业应从以下几个方面阐述它的范围:

1. 工程范围

(1) 土木工程建筑

1) 房屋建筑;

2) 矿山建筑;

3) 铁路、公路、遂道、桥梁建筑;

4) 堤坝、电站、码头建筑;

5) 其他土木工程建筑。

(2) 安装工程

1) 线路安装工程;

2) 管道安装工程;

3) 设备安装工程。

(3) 装饰装修工程

2. 活动范围

建筑业的活动范围指围绕上述各类工程开展的各项活动。

(1) 勘察设计活动。包括工程地质勘察，规划设计，建筑设计，结构设计，管、线及设备设计，装饰装修设计等。

(2) 施工活动。包括土建工程施工，安装工程施工，装饰装修工程施工等。

(3) 监理活动。对设计和施工活动进行监理。

(4) 咨询服务活动。对工程建设的各个环节提供咨询服务，例如工程造价咨询，招标咨询或代理。

(5) 管理活动。政府有关机关和行业管理机构对建筑活动实施的管理。

3. 主体范围

按照活动性质和社会分工，建筑业形成了许多不同的单位和机构（活动的主体），分别由他们承担上述各项活动。主要有：

(1) 勘察设计单位。勘察设计单位开展勘察设计活动，承担相应的业务。这类单位可以是综合的，即承担勘察和设计的综合业务；也可以是单项的，即只承担勘察业务或者设计业务。

(2) 施工单位。施工单位开展施工活动，承担相应的业务。这类单位是建筑业最多的一种企业，分为施工总承包企业、专业承包企业和劳务分包企业三个大类别，每一类别又根据承包工程的性质分为若干种类。

(3) 监理单位。监理单位开展工程监理活动，承担相应的业务。

(4) 咨询服务机构。咨询服务机构开展咨询服务活动，承担相应的业务。目前我国这类机构主要有工程造价咨询机构、工程招标代理机构等。

(5) 政府管理机关。政府管理机关代表政府对建筑业的活动进行管理，由政府建设行政主管部门行使管理职能。

(6) 行业管理机构。行业管理机构对行业内需要规范的一些活动进行管理，一般由具有一定行政职能的事业单位行使权力。例如：工程造价管理机构、工程质量管理机构、招标投标管理机构等。

第二节 建筑业的形成与发展

一、建筑业形成与发展的条件

建筑活动是人类社会最基本的物质生产活动之一。在人类社会的发展过程中，对建筑工程的需求越来越多、越来越高，从而推动建筑活动由低级向高级发展，最终形成建筑业，成为国民经济的一个重要部门。

建筑活动是建筑业形成与发展的基础。自从有了人类社会后就有了建筑活动，但是有了建筑活动并不一定就存在建筑业。只有当建筑活动发展到一定程度，形成相当的规模，有众多的人从事这项工作，能为国民经济贡献足够的产值和收入，并有自身相对独立的管理制度，才可能成为一个行业，在国民经济中占有一定的地位。

建筑活动发展成为建筑业，需要具备以下基本条件：

（一）建筑活动具有形成建筑业必要的规模

建筑活动的发展依赖于社会对建筑工程的需求程度，社会对建筑工程的需求越多，建筑活动发展的规模就越大。而社会对建筑工程的需求，又取决于社会经济发展的总体水平，社会经济水平越高，其需求的程度就越高。只有当建筑活动发展到形成一个行业要求的最基本规模时，建筑业才可能出现。

在人类社会发展的初期，人类居住在天然洞穴，或经过简单劳动形成的坑穴、半洞穴里，自然谈不上建筑活动的发展。进入奴隶社会，建筑活动开始出现。到了封建社会，由于科学技术的进步，生产工具的改进，人类有了建造复杂土木工程的可能，建筑活动得以进一步发展，但规模并不大，还不可能成为一个行业。进入资本主义社会，随着工业革命的开始，科学技术迅猛发展，社会对建筑工程的需求日益扩大，建筑活动的规模迅速膨胀，客观上要求一个专门的行业来从事这项活动，于是建筑业有了形成和发展的基础。

（二）建筑活动相对独立于国民经济的其他活动

建筑活动发展到相当的规模后，只是给建筑业的形成和发展创造了基本条件，并不意味一定会形成建筑业。任何一项活动要成为国民经济的一个部门，除了具备一定的规模外，还必须相对独立于其他活动，有自己的活动领域和发展空间。

在封建社会，虽然建筑活动已经达到一定规模，但是并未从农业中分离出来。大部分从事建筑活动的人还没有脱离土地，他们只是以农为主，以建筑活动为辅的农村手艺人。当有了建造任务时，被临时招募从事建筑活动，完工后回到农村继续种田。在这种生产方式下，即使有再大的建筑活动，也不太可能成为一个行业。只有进入资本主义社会后，建筑活动的规模迅速扩大，建筑技术的要求进一步提高，客观上要求建筑活动相对独立于其他活动，由专门的人来从事这些工作，此时建筑活动才可能形成建筑业。随着资本主义生产方式的产生和发展，建筑活动从农业生产中分离出来，逐渐发展成为专门从事建筑活动的建筑业。

（三）建筑活动的管理方式要适应建筑业的形成和发展

建筑活动发展到一定规模后，必然出现相应的管理方式。管理方式是否恰当，在一定程度上影响着建筑业的形成和发展。建筑活动的管理方式也有一个发展和演变的过程，我们可以通过认识建筑活动不同的管理方式，深入了解建筑活动的管理方式是如何影响建筑业的形成和发展的。

建筑活动的管理方式在发展过程中主要经历了自建和承发包两种方式。

1. 自建方式

指业主自己组织进行工程项目建设过程的全部建筑活动的一种管理方式。即业主自行设计、自行施工。

这种方式适用于没有专门的设计单位、施工单位的情况，或者有特殊要求的工程项目的建设。由于业主直接完成工程建设过程中的全部建筑活动，因此能充分调动投资者的积极性，且各环节的关系简单，易于协调。但是，这种方式毕竟只是一种小生产式的管理方式，没有实现专业化分工，没有专业队伍从事建筑活动，不利于提高设计、施工水平，不利于提高工程质量，降低工程成本，在现代建筑活动管理中已很少采用。

自建方式是一种低水平的管理方式，因为设计、施工活动没有独立，显然不利于建筑业的形成和发展。在建筑活动的发展历史中，自建方式也曾成功组织过许多大型工程项目的建设，例如中国古代的长城、水利工程、皇家宫殿等，但毕竟只是一种官方行为，谈不上一个专门的行业，也就无法形成建筑业。我国直到20世纪50、60年代，在计划经济体制下，用"共建方式"、"指挥部方式"组织过许多大型工业项目的建设，此时设计单位、施工单位虽然已经存在，但由于受到管理方式的制约，并没有独立的经济利益和活动领域，严重制约了建筑业的发展。正是因为这个原因以及其他因素，我国在计划经济体制下的相当长的一段时期内，曾经把建筑业看成是基本建设投资的消费部门，并没有列入国民经济的物质生产部门，以致影响了建筑业更好的发展。

2. 承发包方式

指业主将工程建设中的设计、施工业务发包给设计、施工单位的一种建筑活动的管理方式。即业主自己不直接从事设计、施工工作，而是交给专门的设计单位、施工单位完成。

在这种管理方式下，业主称为发包人，设计、施工单位称为承包人，也可以叫承包单位或承建单位。承包人承担工程的设计或施工任务，负有按发包人的意图设计、施工的责任，同时获取承包费；发包人则应按合同的规定提供设计或施工必需的资料，购置土地，申请施工许可证，拆除现场障碍物，及时验收工程，办理结算，支付承包费。对于工程监理，此时业主有两种选择，一是自己组建完善的工程建设管理机构，负责整个建筑活动监督管理工作；二是将建筑活动监督管理的部分权力授予工程监理单位，委托监理单位负责监督管理工作。这种管理方式，设计、施工和监理实现了专门化，有利于提高工程设计、施工和监理水平，降低工程成本，提高工程质量，是目前国内外普遍采用的一种建筑活动的管理方式。

承发包方式又可以根据承发包的范围，各单位的相互关系分为若干种类，如总分包方式、成套合同方式、菲迪克（FIDIC）方式等，但它们都有承发包方式的共同特点。即设计、施工、监理活动相对独立，有自己的活动领域、经济利益和职责权利，各单位的关系明确等。正是因为这些特点的存在，使设计、施工、监理等主要建筑活动能够按照自身的规律运行，构成一个有机整体，进而成为国民经济的一个部门并健康运转。

由此可见，建筑活动即使有了一定的规模和适当的分工，由于管理方式不适应，也会影响建筑业的形成和发展。只有当管理方式适应建筑活动的运动规律时，建筑业的形成和发展才有了可靠的保证。

二、我国建筑业形成与发展的过程

（一）我国建筑业形成前建筑活动的发展过程

建筑业的形成是以建筑活动的发展为基本条件的。建筑活动是人类社会最基本的物质生产活动之一，是人类社会摆脱蒙昧时代的重要标志之一。人类社会的发展史，也是建筑活动的发展史。

在原始社会，由于生活的需要和农业生产的需要，人类从天然洞穴搬迁至经过简单劳动形成的坑穴、半洞穴里居住，再发展到居住在完全位于地面上的搭盖建筑。这些建筑虽然十分简陋，但它毕竟是经过人类劳动形成的居住空间。建筑活动在人类社会中出现了。

到了奴隶社会，生产工具有了很大改进，特别是金属工具的广泛使用，大大提高了生产技术和劳动生产率，建筑规模亦相应扩大，人类开始建造城郭、宫殿、庙宇、道路、桥梁、陵墓等建筑。建筑活动进一步发展。

进入封建社会后，生产力进一步提高，人类社会对建筑的需求量越来越大，要求越来越高，各种建筑不断出现，促使建筑活动迅速发展。

春秋时代末期至隋唐，我国开始出现大规模的城市建筑、宫殿建筑、水利工程、城墙建筑。例如：万里长城、都江堰水利工程等。建筑材料也有了进一步改进，在我国建筑史上"秦砖汉瓦"的说法，指的就是这个时期砖瓦被广泛的使用。由于建筑材料和建造工具的改进，这一时期的砖石建筑得到较快发展，木结构建筑渐趋成熟。

隋唐至宋，我国的古典建筑逐步形成。这一时期建筑活动有了重大变化，在建筑技术、建筑文化方面继承了传统经验并吸收了外来建筑的精华，逐步形成了具有中国特色的建筑体系，对后来中国的建筑产生了重大影响。此时的建筑活动，规模宏大、规划严整、工艺规范、艺术成熟。北宋崇宁二年（公元1103年）颁布了中国第一部具有重要历史价值的建筑文献——《营造法式》，对建筑的设计、施工、材料都作了规范性的规定，总结了大木作、小木作、石作、泥作等21个工种，3272条历代相传、经久通行的做法，制定了工料消耗限额。

明清时代，中国古典建筑发展到鼎盛时期。城市规划、宫廷建筑、园林建筑、民居建筑等已经达到相当的水平，形成许多各具特色的建筑群。同时随着手工业的发展，纺织、陶瓷、冶金等工业建筑逐步兴起并达到一定规模。建筑工具也得到很大发展，开始使用各种手动的起重工具，如："千斤顶"，"神仙葫芦"等。

（二）我国建筑业的形成与发展

我国封建社会以前的建筑活动，虽然已经具备了相当的规模并达到了一定水平，但并没有脱离农业，没有摆脱对农业的依附，因此无法形成真正意义上的建筑业。建筑业的形成，从世界范围上看，是近一二百年的事。随着社会生产活动的不断发展，建筑活动从农业中分离出来，逐渐形成专门从事建筑活动的建筑业。

鸦片战争以后，资本主义生产方式开始进入中国，引起了中国社会生产生活各个方面的变化，机械、造船、铁路、煤炭、冶金、纺织等工业开始发展，对建筑活动提出了新的需求，促进了建筑业的形成。

我国建筑业的早期发展以沿海一些大城市为代表，如上海、天津等地。20世纪初，上海的工商业、金融业有了一定发展，建筑规模逐渐扩大，建造了一大批大型建筑，如汇丰银行大楼、先施公司大楼、新新公司大楼、英工部局大厦等，高层建筑、花园洋房、大型公寓、影剧院等也相继出现。上海市旧城区的建设规模基本上是在这个时期形成的。

由于建筑规模不断扩大，客观上要求建筑活动有规范的运作方式，有专门的人和组织来从事这项工作。1880年，上海出现了第一家营造厂"杨瑞记"营造厂。营造厂是专门从事建筑活动的组织。营造厂的出现，标志着中国有了近代建筑业的雏形。随着建筑活动的不断扩张，营造厂发展很快，到了1933年，上海的营造厂已达到2000家。与此同时，出现了设计事务所、土木工程事务所（专业估价、监工等）、材料供应商、油漆、石作、脚手架、水电安装等专业队伍，招标投标制、承包制也已出现，中国的建筑业开始形成。

1949年中华人民共和国成立以后，中国建筑业迅速发展。在第一个五年计划期间，建成了以156项重点工程为中心的694个大中型建设项目，为我国工业化进程作出了突出贡献，建筑业本身也得到健康发展。仅从建筑业的从业人数来看，1952年国有建筑企业的职工总数为104.8万人，到1957年已达271.4万人。从建筑业的产值来看，1952年建筑业的产值为57亿元，到1957年达到118亿元，增长107%。

但是，由于长期以来我国处于计划经济的条件下，建筑业的物质生产地位没有得到充分体现，其发展受到一定阻碍。20世纪50年代以后到改革开放以前，我国的建筑业基本上依附于基本建设，被看成是固定资产投资的消费部门，并没有真正按国民经济独立的物资生产部门来对待，发展中多次起伏，反复很大。我国建筑业真正得到迅速、健康的发展，是在20世纪80年代社会主义市场经济体制开始建立以后的时期。这一时期，建筑业的各种法律、法规逐步完善，有了系统的管理制度；建筑规模迅速扩大，设计、施工技术不断更新，新型材料层出不穷，大跨度、超高层建筑不断涌现，出现了中国历史上的建筑高峰；对国民经济的贡献越来越大，已经成为国民经济名副其实的支柱产业。目前，我国建筑业的从业人员在3000万人以上，实现增加值8000亿元人民币以上，对国民经济GDP的贡献在7%左右。

第三节 建筑业的特征

建筑业的特征是由建筑产品和建筑生产的特点决定的。建筑产品具有地点固定、类型多样、体形庞大、结构复杂、使用周期长等特点；建筑生产具有流动、单件、周期长、环境多变等特点。这些特点直接影响了建筑业的特征。关于建筑产品和建筑生产的特点，本书将在第三章、第四章中详细介绍。

建筑业与国民经济其他行业相比较，具有以下特征：

一、建筑业属于劳动密集型行业

目前，建筑产品的生产在很大程度上依靠手工操作，主要生产过程由手工劳动完成，需要大量的劳动力。而且从业人员的技术构成较低，文化素质不高。因此从总体上讲，建筑业属于劳动密集型行业。不过，说建筑业是劳动密集型行业，并不是说建筑生产的技术含量就低。事实上，随着建筑工程、建筑材料、施工工艺的发展，尤其是现代科学技术在建筑领域中的应用，建筑生产的技术含量越来越高，对从业人员的素质要求也越来越高。也可以说，建筑行业属于劳动密集型行业的同时，在不断向技术密集型行业发展。

从这样一个角度来认识建筑业，好像很矛盾，其实不然。谈到建筑业是劳动密集型行业，是针对建筑生产的操作过程而言。由于建筑生产的特点所致，在一个相当长时间内，建筑生产的主要操作过程不可能完全实现机械化和自动化，还是要依靠手工劳动来完成，需要大量的劳动力，从业人员多。但是手工劳动并不是不要技术，从业人员多也不意味着手工生产的产品的技术含量就一定低。说建筑业在不断向技术密集型行业发展，主要指建筑产品、建筑材料和建筑生产工艺的技术含量越来越高。

不断提高建筑业从业人员的素质，对于这样一个技术含量高，但又有大量从业人员，以手工操作为主的行业，具有特别重要的意义。

二、建筑业的物质资源消耗量大

建筑产品体形庞大，生产中将消耗大量的物质资源。同时建筑产品固定不动，又将占用大量的土地资源。建筑业在发展过程中如何合理、有效地利用资源，尤其是土地资源，显得格外重要。这个问题处理得是否妥当，不仅关系到建筑业自身的经济效益和发展水平，还将对整个国民经济的可持续发展产生重要的影响。

建筑产品的价值构成中，70%左右属于材料的价值，生产建筑产品，就意味着这些物资资源被消耗掉了。再加上能源、水资源等方面的消耗，建筑业对于物资资源的消耗量是相当惊人的。国民经济各个部门的固定资产投资，有相当一部分属于基本建设投资，需要建筑业完成。加上房地产投资，主要也是依靠建筑业完成。这些方面的物质资源消耗，多数反映在建筑业的消耗上。土地资源更是如此，各行各业对土地资源的占用，主要用于建造土木工程，建筑业在其中充当了重要角色。

三、建筑业受国家经济政策影响大

建筑业的发展不仅取决于建筑市场对建筑产品的需求程度，还受到国家经济政策的影响。当国家为了启动经济复苏时，往往增加固定资产投资，通过建筑业拉动相关行业的发展；当国家为了抑制通货膨胀时，往往紧缩信贷减少投资，自然就限制了建筑业的发展。国家遇到非正常情况，如战争、政治动荡等，对建筑业的影响则更大。在建筑行业经常说，发展不均衡，业务不稳定，就是这些原因所造成的。

在我国经济发展过程中，多次出现政策宏观调控，对建筑业都产生了重大影响。20世纪50年代，国家经济恢复时期，大量工业项目上马，建筑业迅速发展；到了50年代末60年代初，由于出现全国性的经济困难，许多项目纷纷取消或缓建，建筑业发展缓慢；"文化大革命"动乱时期，工业生产处于停止半停止状态，建筑业更是严重不稳定；改革开放以后，建筑业健康发展，但国家对国民经济的宏观调整政策，对建筑业也产生了多方面的影响。

四、建筑业与环境密切相关

建筑产品是人类留在地球上的产物，它本身就是对环境的改造，甚至构成环境的一部分。建筑活动是人类改造自然环境和社会环境的一项重要工作，建筑业的发展将对环境产生巨大影响。因此，建筑活动必须在城市建设的统一规划下进行，在满足国民经济各部门对建筑产品的需要，满足人们生活对建筑产品需要的同时，保证环境的和谐。不能将建筑业孤立起来，不能在发展中破坏人类赖以生存的环境。一个好的建筑，不但不会破坏环境，还可以给环境增添景色；而一个不成功的建筑，往往会造成环境的污染。

建筑业和环境的关系，不仅表现在建成后的建筑产品和环境的关系上，还体现在建造过程对环境的影响上。建筑生产多数情况下要动土，容易造成粉尘污染；山区施工还可能破坏植被、树木，引起水土流失；城市施工的噪声污染，对居住环境也将产生极大的破坏。所以，在建筑生产中必须认真处理好施工和环境保护的关系，尽量减少环境污染。

第四节 建筑业在国民经济中的地位和作用

一、建筑业为国民经济各部门提供物质基础

国民经济各部门在运行中所需要的各种土木工程，都是由建筑业来提供的。如工业生产用的厂房、仓库、管道、炉、池、槽、罐等，交通运输所需的道路、桥梁、码头、机场等，水利电力所需的大坝、电站、机房等，以及教育、科技、卫生、商业、体育、文化、旅游、金融、保险、社会服务等行业所需的各种房屋建筑，都是建筑业提供的建筑产品。国民经济各部门所需的各种设备，虽然不是建筑业制造的，但必须经过建筑业的安装才能正常运转，发挥其作用。建筑业提供的建筑产品，是国民经济各部门赖以生成的重要物质技术基础，是固定资产的重要组成部分。据统计，我国固定资产投资总额的60%左右是由建筑业提供的建筑产品完成的。

建筑业除了为国民经济各部门提供物质技术基础外,还直接为人们生活提供消费品,满足人们对住宅的需求。随着社会经济的不断发展,人们对住宅的要求越来越高,建筑业将充当起重要的角色。

二、建筑业对社会经济总量的贡献大

国民经济发展总量,一般用国内生产总值来反映。国内生产总值由国民经济各行业的增加值构成。建筑业的增加值在国内生产总值中占有一定比重,并不断增长,对国民经济发展的贡献愈来愈大。2003年,我国国内生产总值为116694亿元,建筑业增加值为8166亿元,建筑业增加值占国内生产总值的比重为7%,在国民经济各部门中列第四位。

新中国成立以来,我国建筑业增加值在国内生产总值中的比重呈现逐步上升趋势,已经成为名副其实的支柱产业,见表1-1。

我国历年国内生产总值和建筑业增加值　　　　　表1-1

年　份	国内生产总值（亿元）	建筑业增加值（亿元）	建筑业增加值占国内生产总值的比重（%）	按可比价格计算的国内生产总值指数（上年=100）	按可比价格计算的建筑业增加值指数（上年=100）
1952	679.0	22.0	3.24		
1953	824.0	29.0	3.52	115.6	136.4
1954	859.0	27.0	3.14	104.2	96.7
1955	910.0	31.0	3.41	106.8	113.8
1956	1028.0	56.0	5.45	115.0	170.0
1957	1068.0	46.0	4.31	105.1	92.9
1958	1307.0	69.0	5.28	121.3	150.0
1959	1439.0	77.0	5.35	108.8	105.7
1960	1457.0	80.0	5.49	99.7	101.4
1961	1220.0	26.8	2.20	72.7	34.6
1962	1149.3	33.9	2.95	94.4	123.8
1963	1233.3	42.0	3.41	110.2	125.9
1964	1454.0	52.4	3.60	118.3	125.6
1965	1716.1	55.7	3.25	117.0	110.6
1966	1868.0	60.9	3.26	110.7	109.4
1967	1773.9	57.9	3.26	94.3	95.0
1968	1723.1	47.0	2.73	95.9	81.1
1969	1937.9	63.0	3.25	116.9	134.5
1970	2252.7	84.1	3.73	119.4	130.4
1971	2426.4	96.2	3.96	107.0	112.1
1972	2518.1	94.3	3.74	103.8	97.9
1973	2720.9	100.5	3.69	107.9	103.4
1974	2789.9	108.4	3.89	102.3	106.2

续表

年 份	国内生产总值（亿元）	建筑业增加值（亿元）	建筑业增加值占国内生产总值的比重（%）	按可比价格计算的国内生产总值指数（上年=100）	按可比价格计算的建筑业增加值指数（上年=100）
1975	2997.3	125.6	4.19	108.7	113.8
1976	2943.7	132.6	4.50	98.4	104.3
1977	3201.9	136.7	4.27	107.6	101.7
1978	3624.1	138.2	3.81	111.7	99.4
1979	4038.2	143.8	3.56	107.6	102.0
1980	4517.8	195.5	4.33	107.8	126.7
1981	4860.3	207.1	4.26	105.2	103.2
1982	5301.8	220.7	4.16	109.1	103.4
1983	5957.4	270.6	4.54	110.9	117.1
1984	7206.7	316.7	4.39	115.2	110.9
1985	8989.1	417.9	4.65	113.5	122.2
1986	10201.4	525.7	5.15	108.8	115.9
1987	11954.5	665.8	5.57	111.6	117.9
1988	14922.3	810.0	5.43	111.3	108.0
1989	16917.8	794.0	4.69	104.1	91.6
1990	18598.4	859.4	4.62	103.8	101.2
1991	21662.5	1015.1	4.69	109.2	109.6
1992	26651.9	1415.0	5.31	114.2	121.0
1993	34560.5	2284.7	6.61	113.5	118.0
1994	46670.0	3012.6	6.46	112.6	113.7
1995	57494.9	3819.6	6.64	110.5	112.4
1996	66850.5	4530.5	6.78	109.6	108.5
1997	73142.7	4810.6	6.58	108.8	102.6
1998	76967.2	5231.4	6.80	107.8	109.0
1999	80579.4	5470.6	6.79	107.1	104.3
2000	88228.1	5888.0	6.67	108.0	105.7
2001	94346.4	6462.0	6.85	107.3	107.4
2002	102398.0	7047.0	6.89	108.1	108.0
2003	116694.0	8166.0	7.00	109.1	111.9

注：2001年以前的数据来自《2002年统计年鉴》，2002年和2003年的数据来自《2002年国民经济和社会发展统计公报》和《2003年国民经济和社会发展统计公报》。

三、建筑业能带动相关产业的发展

建筑产品的生产过程，也是物质资料的消费过程，建筑产品总成本的70%左右由材料成本构成。建筑业在生产过程中消耗的材料多达 76 大类，1800 多个品种，2500 多个规格，包括建材、冶金、化工、森工、机械、仪表、纺织、轻工、粮食等几十个物质生产部门的产品。据不完全统计，我国建筑业的主要材料消耗占国内消耗量的比例分别为：钢材 20%～30%，水泥 70%，木材 40%，玻璃 70%，油漆涂料 50%，塑料制品 25%，运输量 8%。显然，建筑业的发展将极大地带动相关产业的发展。

根据投入产出表分析，我国建筑业的完全消耗系数在 1.6 左右。所谓完全消耗系数，是指生产第 j（$j=1, 2, \cdots, n$）部门一个单位的最终产品对第 i（$i=1, 2, \cdots, n$）部门的完全消耗量。说明建筑业每增加一个单位量的产值，可带动相关产业增加 1.6 个单位量的产值，社会总产值将增加 2.6 个单位量的产值。由此可见，建筑业事实上形成了其他许多行业的广阔市场，是国民经济许多行业发展的前提条件。建筑业的发展必将对国民经济产生很大的相关效应，带动相关行业的发展，从而推动整个国民经济的发展。

四、建筑业能容纳大量的劳动力

前面已经谈到，目前我国建筑业技术装备水平不高，建筑生产主要依靠手工操作和半手工操作，属于劳动密集型行业，需要大量的劳动力。建筑业为社会提供了巨大的就业市场，尤其为农业的剩余劳动力提供了一条便捷的就业渠道。自 1978 年以来，随着国家经济建设的进展，我国建筑队伍的规模迅速扩大，主要就是农业剩余劳动力进入了建筑就业市场。2002 年，全国外出务工农民 9820 万人，其中建筑业就有 3137 万人，占全部外出务工农民的近三分之一。

全国历年就业人员数见表 1-2。从表中可以看出，建筑业的就业人数逐年增多，在就业总人数的比例也在不断扩大，已经成为名副其实的就业"大户"。

我国历年就业人数和建筑业就业人数　　　　表 1-2

年 份	全社会就业人数（万人）	城镇就业人数（万人）	建筑业就业人数（万人）	建筑业就业人数占全社会就业人数的比例（%）	建筑业就业人数占城镇就业人数的比例（%）
1978	40152	9514	854	2.13	8.98
1980	42361	10525	993	2.34	9.43
1985	49873	12808	2035	4.08	15.89
1990	64749	17041	2424	3.74	14.22
1991	65491	17465	2482	3.79	14.21
1992	66152	17861	2660	4.02	14.89
1993	66808	18262	3050	4.57	16.70
1994	67455	18653	3188	4.73	17.09
1995	68065	19040	3322	4.88	17.45
1996	68950	19922	3408	4.94	17.11
1997	69820	20781	3449	4.94	16.60
1998	70637	21616	3327	4.71	15.39
1999	71394	22412	3412	4.78	15.22
2000	72085	23151	3552	4.93	15.34
2001	73025	23940	3669	5.02	15.33

注：资料来自《2002 年统计年鉴》。

五、建筑业对国民经济有一定的调节作用

由于建筑业在国民经济中的特殊地位，在市场经济条件下，建筑业能敏感地反映国民经济的发展状况。当国民经济各个行业处于繁荣时期时，固定资产投资增加，住宅消费需求增加，建筑业的业务量增大，必然兴旺发达；当国民经济处于萧条时期时，固定资产大量闲置，投资减少，社会总需求不足，住宅购买力下降，建筑市场萎缩，建筑业必然衰落。因此，建筑业的状况如何，在一定程度上反映了国民经济的繁荣与萧条。

正是因为这个原因，建筑业对国民经济的各个行业具有很强的相关效应，国家可以通过建筑业对国民经济进行一定的调节。当国民经济处于萧条时期时，国家可以加大对公共事业和基础设施的投入，如交通工程、市政工程、水利工程、电力工程等，扩大建筑市场的需求，用建筑业的启动来拉动相关行业的发展，从而可以缓解国民经济萧条的程度；另一方面，当国民经济出现过热现象时，国家可以减少公共事业的投入，减缓基础设施的建设速度，一定程度上压缩建筑市场的需求，抑制建筑业的发展，并使与建筑业密切相关行业的发展也受到限制，从而降低社会总需求，克服经济过热现象和因经济过热可能出现的通货膨胀，保证国民经济稳定发展。

第五节 建筑业和固定资产投资、房地产业的关系

一、建筑业和固定资产投资的关系

固定资产投资，其实质是指国民经济各部门固定资产再生产的投资活动。固定资产投资活动由投资单位组织，包括项目立项、可行性研究、筹措资金、购置土地、组织设计、购置设备、施工发包、设备安装调试、竣工验收、试运行等过程。显然，固定资产投资活动的多数过程与建筑业存在密切的关系。

（一）建筑业与固定资产投资的联系

1. 固定资产投资为建筑业提供市场

固定资产投资中的大部分，形成了建筑产品。建筑业是建筑产品的生产者和经营者，业主是建筑产品的购买者和使用者。业主通过固定资产投资活动购买建筑产品，实现固定资产再生产；建筑业通过建筑产品的生产和销售，为业主完成固定资产投资，同时实现自身的利润。所以，固定资产投资构成了建筑业的主要市场，他们之间结成建筑产品的交换关系。固定资产投资的规模直接影响建筑业的生存与发展。固定资产投资稳定增长，建筑业就能稳步发展；国民经济各部门一旦压缩固定资产投资，建筑业就将受到冲击，生产规模就会萎缩。建筑业在从事物质生产活动中要认真研究固定资产投资活动的动向，按固定资产投资的需要组织生产，确定发展方向。

当然，建筑业的市场除了固定资产投资外，还有房地产业形成的市场，也会对建筑业产生很大的影响。

2. 固定资产投资必须依靠建筑业完成

固定资产投资活动所形成的固定资产中，除了少量直接购买使用外，大多数需要建筑业的追加劳动才能形成生产能力和使用功能，成为具有完整功能的固定资产。在前面讨论建筑业在国民经济的地位和作用时已经谈到，国民经济各部门所需要的固定资产60%都是由建筑业生产的建筑产品来实现的。因此，离开了建筑业的生产活动，固定资产投资活

动也就无法完成。

(二)建筑业与固定资产投资的区别

在讨论建筑业与固定资产投资的联系时,实际上已经谈到了二者的区别,下面主要从理论上进一步加以说明

1. 二者活动的性质不同

建筑业从事的是物质生产活动,而固定资产投资是一种非生产性的投资管理活动。建筑业的活动要创造新的价值,而固定资产投资活动不直接创造新价值,是通过建筑业的活动实现固定资产的再生产。

2. 二者的任务不同

建筑业的任务是为社会提供更多更好的建筑产品,满足人们日益增长的物质和文化的需要并取得盈利。固定资产投资的任务是合理分配和使用资金,选择最佳投资方案,实现固定资产的再生产。

3. 二者在市场经济中的角色不同

建筑业是建筑产品的生产者和经营者,建筑业生产建筑产品并不是为了占有它的使用价值,而是要在交换中实现它的价值;固定资产投资活动并不直接生产建筑产品,但投资者却是建筑产品的使用者,需要在交换中获得使用权。在建筑市场交易中,固定资产投资活动的组织者是建筑产品的用户,是建筑产品的购买者;建筑业的各企业是建筑产品的生产者、销售者。

二、建筑业和房地产业的关系

房地产业,是指从事房地产开发、经营、管理和服务的行业。包括:土地开发,房屋建设、维修和管理,土地使用权的有偿划拨、转让,房屋所有权的买卖、租赁,房地产的抵押贷款,以及由此形成的房地产市场。

房地产业是国民经济的一个独立的产业部门,在我国现行的国民经济行业分类标准《国民经济行业分类与代码(GB/T 4754—94)》中,房地产业列为16个门类之一。房地产业中的房屋建设、维修等活动与建筑业有着密切的关系。

(一)建筑业与房地产业的联系

建筑业和房地产业都以房屋建筑和相关设备作为自己的活动对象,它们之间存在着密切的联系。建筑业与房地产业的联系,类似建筑业与固定资产投资的联系,即房地产业为建筑业提供市场,建筑业完成房地产业的投资活动。在建筑市场,房地产业是建筑产品的购买者,建筑业是建筑产品的生产者和销售者,二者构成商品交易关系。房地产业开展的房屋建设和维修业务,多数是由建筑业来完成的。从另外一个角度讲,建筑业的部分市场来自房地产业。所以,在房地产业日益发达的今天,房地产业开发的房屋建设是建筑业市场的一个重要组成部分,建筑业必须在从事物质生产活动中认真研究房地产业的发展动向,按房地产业的投资需要组织生产,确定自身的发展方向。

需要指明的是,房地产业和固定资产投资虽然都能形成建筑市场,但二者是有区别的。固定资产投资活动组织者进行投资,其目的是为了获得建筑产品,以实现固定资产的再生产,他们往往是建筑产品的使用者。而房地产商投资房地产,并不是为了获得建筑产品的使用权,他们往往不是建筑产品的使用者,而是将获得的建筑产品出售、出租给房屋的用户,以便从中得到盈利。房地产商在建筑市场上获得建筑产品后,将其投放于房地产

市场，此时的建筑产品已经转化为房地产市场的商品。所以，房地产商在房屋的建造和销售过程中有双重身份，在建筑市场它是建筑产品的购买者，在房地产市场它又是房地产商品的销售者。

(二) 建筑业与房地产业的区别

建筑业虽然和房地产业存在密切联系，但是它们在国民经济体系中属于两个独立的产业部门，在性质上是有严格区别的。

1. 二者的产业性质不同

建筑业是国民经济的一个重要物质生产部门，主要任务是生产和销售建筑产品，属于第二产业。房地产业是国民经济流通领域的一个部门，主要任务是开发房地产，经营房地产商品，属于第三产业。

2. 二者的活动目的不同

建筑业活动的目的，是为社会生产更多更好的建筑产品，满足国民经济各部门对固定资产再生产的需求和人们对房屋建筑的需要并取得盈利。房地产业活动的目的，是通过房地产投资，开发经营房地产商品，在满足社会对房地产商品需求的同时获得盈利。

3. 二者在市场经济中的角色不同

在房地产投资形成的建筑市场中，建筑业是建筑产品的生产者和销售者，建筑业生产建筑产品并不是为了占有它的使用价值，而是要在交换中实现它的价值；房地产业并不直接生产建筑产品，但它却是建筑产品的投资者和购买者，需要在交换中获得建筑产品并把它投放房地产市场，销售或出租给房地产商品的用户。在建筑市场交易中，建筑业是建筑产品的生产者、销售者，房地产业是建筑产品的投资者、购买者。在房地产市场交易中，与建筑业就没有关系，而是房地产开发商和房屋的最终用户进行商品交易。

第六节 建筑业的运行机制

一、建筑业运行机制的概念

(一) 什么是经济运行和经济运行机制

经济运行就是指在一定社会环境下进行的经济活动。一个社会的生产和消费是不可能停止的，因此经济活动过程是连续不断的，它周而复始地经过经济活动的各个阶段。但这个过程又不是简单的重复，而是不断地更新、创造，每个循环总会有新的内容出现。从各阶段的相互联系和不断更新来看，经济活动的过程也反映为再生产过程。

无论何种经济运行，总是要按照一定的方式进行。所谓经济运行机制，就是指经济运行中各部分相互制约和联系的方式。经济运行机制是经济活动健康、有效运行的前提条件和保障。所以，开展经济活动的一个重要内容，就是要建立科学的经济运行机制。否则，经济活动就不可能正常地运转，也不可能实现预期的目标。

(二) 什么是建筑业的运行机制

建筑业是国民经济的组成部分，它和整个社会一样，也存在行业内的经济运行问题。简单一点说，建筑业的经济运行就是指建筑业在一定的社会环境下进行的经济活动，活动的过程反映为建筑业的再生产过程。

要保证建筑业正常运行，就必须建立起良好的运行机制。建筑业的运行机制就是指建筑业在经济运行过程中，各个部分相互制约和联系的方式。

建筑业企业是建筑业的主体部分。下面从建筑业企业角度，谈建筑业在运行过程中各个部分要发生的经济关系：

1. 建筑业企业和政府之间的关系

建筑业企业必须服从政府的宏观调控和管理，照章纳税。建筑业企业和许多政府机构都存在管理上的关系，主要有：工商部门、税务部门、土地管理部门、建设行政管理部门、环保部门，等等。这些部门代表政府，对建筑业运行中的某一方面实施管理。

2. 建筑业企业和业主之间的关系

业主是建筑业企业的顾主，是建筑商品的购买者，建筑业企业和业主构成建筑商品的买卖关系。建筑业经济活动的主要内容，是生产和销售满足社会需求的建筑产品，因此建筑业企业和业主之间的关系，是建筑业运行中的主要经济关系。由于建筑业具有自身的一些特点，建筑业企业和业主之间联系的具体形式，往往有固定的模式，有些还是政府有关部门用法律或制度规范了的。关于这些关系的具体内容，本书将在第五章、第六章介绍建筑市场时作详细说明。

3. 建筑业企业和其他相关行业企业之间的关系

它们之间一般构成商品的买卖关系。有两种情况：一种情况是建筑业企业购买其他相关行业企业的产品，如材料、设备等，这个时候建筑业企业是其他行业企业的用户；还有一种情况是，建筑业企业的一些辅助生产单位生产的某些产品直接销售给其他相关行业的企业，如构配件、半成品等。第二种情况不是建筑业企业的主营方向，量很小。所以，建筑业企业和其他行业企业之间主要构成工业商品的买卖关系。

4. 建筑业企业和行业管理机构的关系

在建筑业，除了政府某些部门要对行业进行管理外，行业自身也有许多管理机构，如质量检查监督机构、工程造价管理机构、招标投标管理机构等。这些机构的管理和政府部门的管理的性质不同。政府部门的管理属于行政管理，行业机构的管理属于业务管理。行业机构和建筑业企业构成业务指导和活动监督关系。

5. 建筑业企业内部的关系

主要体现在企业和职工之间、职工相互之间的关系。这部分属于建筑业企业管理课程的内容，本书不赘述。

二、建筑业运行机制的模式

经济运行机制的模式取决于经济体制，不同的经济体制就会产生不同的经济运行模式。我国的经济体制，从计划经济转变为市场经济，建筑业运行机制的模式，也由计划经济体制下的运行模式转变为市场经济体制下的运行模式。

（一）计划经济体制下建筑业运行机制的模式

在计划经济体制下，建筑业完全按照政府的计划运行。这种运行机制的模式有下列特点：

1. 建筑业企业的生产活动由政府安排

企业的生产任务由政府下达计划决定，所需生产要素由政府计划分配，固定资产由政府统一投资，职工收入按政府的统一标准支付，经济收益由政府统收，亏损也由政府负责。显然，这种运行机制下的建筑业企业并不是真正意义上的企业，实际上成为政府行政管理部门的附属机构。

2. 建筑业企业和建设单位不构成商品交换关系

由于没有把建筑产品看成商品，建筑业企业和建设单位之间也就不存在商品交易关系。建筑业企业成为单纯为完成固定资产投资提供劳务的单位，依附于建设单位。政府将固定资产的投资计划下给建设单位，建筑业企业只是将其完成。

3. 建筑业企业内部管理缺乏主动性

主要表现为企业无法主动地调配生产要素，一切都由政府说了算。企业的职工实行终生制，生老病死都由企业包起来，缺乏活力。

(二) 市场经济体制下建筑业运行机制的模式

在市场经济条件下，建筑业完全按照市场规则运行，此时的运行机制模式体现为市场主体之间的经济关系。本节第一个问题谈到的建筑业在运行过程中各部分之间的关系，就是按照市场经济条件下建筑业运行机制的模式描述的。这种模式具有以下特点：

1. 建筑业企业、业主都是独立的建筑市场主体

建筑业企业和业主构成建筑商品交易关系，建筑业企业通过建筑市场获得工程任务，业主通过建筑市场获得建筑产品。

2. 建筑业企业是具有独立法人地位的经济组织

主要表现为，建筑业企业有明晰的产权和独立的经济利益，可以依法自主经营、自负盈亏、独立核算，能够独立享有民事权利和承担民事责任。

3. 政府对建筑业实施宏观控制

政府对建筑业的管理，体现为通过法律、经济和行政手段对建筑业进行宏观控制，但并不直接干预企业的生产经营活动，主要为建立良好的经济秩序创造必要的条件，保证建筑业正常运行。

4. 行业机构对建筑业进行业务管理

行业机构对建筑业的管理是一种非政府行为。其目的，一是行业自律，二是给建筑业企业提供业务咨询。在现代市场经济中，行业机构的管理是非常重要的一个环节。按照政企分开的原则，政府不再对建筑行业进行具体的业务管理，行业机构的管理就显得更为重要。

思 考 题

1. 什么是建筑业？建筑业包含哪些范围？
2. 建筑业的形成要具备什么条件？
3. 建筑业有哪些特征？这些特征对建筑业的运行有什么影响？
4. 为什么说建筑业在国民经济中具有重要的地位和作用？
5. 建筑业和固定资产投资是什么关系？
6. 建筑业和房地产业是什么关系？
7. 什么是建筑业的运行机制？在市场经济条件下建筑业运行机制有什么特点？

第二章 建筑活动的相关机构

建筑活动的相关机构有业主、勘察设计单位、施工单位、监理单位、咨询单位、管理机构等。这些机构工作的对象都是建筑产品，但是在建筑活动中的身份、地位、角度、作用各不相同。业主是建筑产品的购买者，负责工程项目建设过程的组织工作；勘察设计单位和施工单位共同组成建筑产品的生产者和销售者，具体实施工程项目的建造任务；监理单位和咨询单位属于建筑产品生产、交易的服务者，为工程项目建设过程的各个环节提供技术、经济服务；管理机构为建筑活动的监督管理者，对工程项目的整个建设过程进行监督管理。建筑业的机构是否完善，是保证建筑业正常运行的基本条件。

第一节 业 主

一、业主的概念

业主是建设项目投资者（即建筑产品购买者），建设项目建设组织者的统称。在我国，业主又习惯称为建设单位。

业主投资建设项目，其目的是购买到满意的建筑产品。由于建筑产品和建筑产品生产的固有特征，确定了建筑产品的交易也有和一般商品交易不同的特点。作为进入市场交易的一种商品，建筑产品不可能进行现货交易，只能按订购生产的方式完成交易。业主和建筑业企业通过一定方式沟通建筑产品的购销信息，用合同明确双方购销关系后再组织生产，最后交接工程，结清工程款项，完成交易。

在这样一种交易形式下，业主投资建设项目，购买建筑产品的行为就不可能是一种单纯的现货交易行为，而是要参与整个建设项目的实施过程。为了购买到满意的建筑产品，业主必须进行拟建工程项目的可行性研究，提出建筑产品的基本要求，征用土地，组织勘察设计，办理施工许可证，发包工程，监督管理建造过程，办理工程结算等工作。实际上，业主在购买建筑产品的过程中，充当了建设项目实施组织者的角色。当然，业主并不需要直接从事建设过程的全部工作，而是将勘察设计、施工等建造任务发包给专门的设计、施工单位，自己主要从事组织管理工作。

显然，业主投资建设项目，购买建筑产品的行为是一项非常复杂的工作，并不是所有的业主都具备这个能力。所以，在现代市场经济条件下，业主可以将建筑活动的监督管理工作委托给监理单位，也可以把整个工程项目建设的组织工作全部或部分委托给专门从事工程建设代理的咨询机构。

二、业主的类别

建筑生产活动是人类社会最基本的物质生产活动，建筑产品是国民经济各部门都需要的固定资产，因而业主的范围极其广泛，政府机构、事业单位、企业单位、社会团体、乃至自然人，都有可能成为业主。

(一) 政府业主

政府投资的建设项目，大多为公共性、公益性或对国有资源（土地、矿产、森林、江、河、湖、海等）开发和利用的工程项目。例如，国防工程、大型水利电力枢纽工程、矿产工程、交通工程、市政工程、体育设施、文化设施、卫生设施等。这些建设项目可以进一步分为非经营性项目和经营性项目。对于非经营性项目，多数由政府机关直接管理，此时政府机关就成为该项目的业主，是项目的管理者和使用者。对于经营性的大中型建设项目，按国家有关规定，在建设阶段必须组建项目法人，项目法人可按《公司法》的规定设立为有限责任公司或股份有限公司形式。实行项目法人制度的项目，由项目法人对项目的策划、资金筹措、建设实施、生产经营、债务偿还和资产的保值增值，实行全过程负责。此时项目的业主就是项目法人，要求按企业的模式运行。

所以，政府投资的建设项目，一部分由政府机关直接担任业主，另一部分则由政府组建的项目法人担任业主。项目法人代表政府对项目实施全过程管理，对投资负责。

(二) 事业单位业主

事业单位是由政府投资兴建的，从事某一领域事业活动的单位，例如学校、医院、公益事业机构、某些行业管理机构等。事业单位一般不从事经营活动，如果从事经营活动，则应该按企业化管理，划为企业范围。事业单位为了发展事业，也需要扩大事业规模，进行建设项目投资，购买建筑产品。事业单位建设项目投资的资金来源有两个渠道，一是政府投资，二是自筹资金。无论哪个渠道的资金来源，事业单位都要作为业主，对建设项目负责。

(三) 企业单位业主

企业是指依法自主经营、自负盈亏、独立核算、从事商品生产和经营，具有法人资格的经济实体。企业有多种类型，按不同的行业可以分为：工业企业、农业企业、交通运输企业、邮电通信企业、商业企业、物资企业、金融企业、建筑业企业等。在市场经济中，企业是最广泛、最重要的一类市场主体，也是建筑产品最重要的购买者。企业为了维持或扩大生产、经营规模，必然要进行固定资产的再生产，投资建设项目，购买建筑产品。企业按资产的构成，可以分成不同所有制的企业，如国有、私有、混合所有等，因此企业的投资有不同的性质。但无论何种性质的投资，企业作为投资主体都必须对投资负责，企业必然是所投资建设项目的业主。

(四) 自然人业主

自然人作为业主，在大多数情况下是出于个人消费的需要，在少数情况下也可能出于投资的考虑。自然人投资兴建的建筑产品主要是住宅。目前，在我国城镇住宅建设中，因为土地利用等原因，绝大多数是由房地产企业成片开发，个人在房地产市场直接购买商品房，实际上自然人作为业主直接在城市投资兴建住宅的情况很少。我国个人投资建房主要集中在农村，但农村建房现阶段大多仍采用传统的自建方式，并没有进入建筑市场，所以也无法形成真正意义上的业主。

三、业主的工作

业主投资建设项目，从立项到竣工验收各环节有许多工作要做，但与建筑活动相关的工作主要有：

(一) 明确拟建的建设工程项目总的目标和要求

建筑产品具有单件生产的特点,所以要求业主在实施以前必须明确建设工程项目的总目标,提出总的要求。包括工程项目的建设规模,工程项目的构成和主要内容,投资总规模和必要的分解,工程项目使用功能的要求,工程质量要求,工程项目的建设周期和主要阶段的进度控制等。

建设工程项目的总目标和要求是工程实施的基础和前提条件,有了总目标和要求,才能据此组织工程的设计、施工、购置设备、交工验收等工作,参与工程建造活动的设计单位、施工单位、监理单位也才有了工作依据。

(二)施工场地的准备工作

按照我国《建筑法》的规定,施工场地的准备工作由业主负责。施工场地的准备,就是要通过一系列工作使建设所在地达到开工的要求,能保证施工顺利进行。主要工作有取得土地使用权,纳入城市规划,完成现场拆迁和场地平整,达到"三通一平"的要求。

施工场地准备工作的首要任务,是要取得建设工程项目用地的使用权。业主必须依法办理有关手续,取得建设工程项目用地的使用权。按照我国《土地管理法》的规定,业主可以通过出让和划拨两种方式取得土地的使用权。土地使用权出让,是指国家将国有土地使用权在一定年限内出让给土地使用者,由土地使用者向国家支付土地使用权出让金。土地使用权划拨,是指经县级以上人民政府依法批准,土地使用者缴纳补偿、安置等费用,政府将其土地交付使用者使用,或者政府将土地使用权无偿交付给土地使用者使用。

在城市规划区建设的工程项目,还必须取得城市规划的许可。业主在城市规划区内申请建设用地,必须持国家批准建设工程项目的有关文件,向城市规划行政主管部门申请定点,由城市规划行政主管部门核定其用地位置和界线,提供规划设计条件,核发建设用地规划许可证。

施工场地如有需要拆迁的房屋及其附属物的,业主必须按当地政府的有关规定完成拆迁任务,对原房屋及其附属物所有者或使用者进行补偿和安置。在此基础上对场地进行平整,达到施工要求的电通、水通、道路通和场地平整。

(三)办理施工许可证及各种审批手续

建筑工程开工之前,业主要办理许多审批手续,如用水用电、道路占用、交通改线、管线搬迁、环保措施、消防设施,施工许可等。其中,最重要的是办理施工许可证。施工许可证是建筑工程开工的法定手续,只有办理了施工许可证才允许开工。通过办理施工许可证,国家建设行政主管部门审查建筑工程施工应具备的基本条件,以避免不具备条件的建筑工程开工而给相关当事人造成损失和社会财富的浪费,保证建筑工程开工后的顺利建设。

建筑工程开工前,业主应当按照国家的有关规定向工程所在地县级以上人民政府建设行政主管部门申请施工许可证。申请领取施工许可证,应当具备下列条件:

1. 已经办理该建筑工程用地批准手续;
2. 在城市规划区的建筑工程,已经取得规划许可证;
3. 需要拆迁的,其拆迁进度符合施工要求;
4. 已经确定建筑施工企业;
5. 有满足施工需要的施工图纸及技术资料;
6. 有保证工程质量和安全的具体措施;

7. 建设资金已经落实；

8. 法律、行政法规规定的其他条件。

业主应当自领取施工许可证之日起3个月内开工。因故不能开工的，应当向发证机关申请延期；延期以两次为限，每次不超过3个月。既不开工又不申请延期或者超过延期时限的，施工许可证自行废止。

（四）工程实施过程的监督管理

业主作为建设工程项目建设的组织者，虽然不直接从事工程实施过程中的设计、施工等具体工作，但是必须对工程实施的全过程进行监督管理，以实现建设工程项目的建设目标，购买到满意的建筑产品。

业主对工程实施全过程的监督管理，从实施阶段上讲，包括勘察设计阶段、施工阶段、交工验收阶段、工程保修阶段的监督管理等；从工作内容上讲，包括各个阶段的投资控制、进度控制、质量控制，要求每一阶段都必须达到建设目标的要求；从具体工作上讲，包括设计方案招标，设计图纸会审，施工招标，施工过程的质量、进度、造价控制，参加隐蔽工程验收，组织竣工验收等。

从工程实施过程监督管理的具体工作内容不难看出，工程实施过程的监督管理是一项专业性很强的工作，需要有相当的技术能力和丰富的管理经验，才可能实现建设目标。但是一般来说，业主通常缺乏建筑生产方面的技术知识和管理经验，因此在现代建筑活动中，业主常常委托专门从事工程实施过程监督管理的咨询机构代行部分职能。代理机构的工作内容，视其业主委托的范围和权力而定，最为普遍的是实行工程建设监理。

第二节　勘察设计单位

一、勘察设计单位的概念

勘察设计单位是建设工程勘察企业和建设工程设计企业的总称。建设工程勘察单位，是指根据建设工程的要求，从事查明、分析、评价建设场地的地质地理环境特征和岩土工程条件，编制建设工程勘察文件等活动的企业。建设工程设计单位，是指根据建设工程的要求，从事对建设工程所需的技术、经济、资源、环境等条件进行综合分析、论证，编制建设工程设计文件等活动的企业。

勘察和设计是建设工程建造活动的首要环节，任何一个工程项目总是从勘察、设计开始。从事建筑活动，应当坚持先勘察、后设计、再施工的原则。勘察的目的在于了解、查明建设场地的地质地理环境条件和岩土工程条件，并作出分析与评价，为设计、施工活动提供依据，是保证工程质量的前提。设计的目的是确定建设工程项目的具体方案和要求，反映业主的建设意图，提出工程要达到的具体目标和标准。设计的成果是以施工图纸为主体的设计文件，施工单位照图施工。设计的质量，决定了建设工程的造型、功能和标准，是保证工程质量的非常重要的一个环节。设计不合理，施工是难以弥补的。

勘察设计单位是建筑市场的重要主体之一。在第一章中我们曾经谈到，建筑活动的发展过程是一个不断分工的过程。正是因为建筑活动发展到一定规模并适当分工，才形成了建筑业。建筑业形成以后，其内部各项业务继续不断分工和分立。随着建设工程的发展，技术要求越来越高，管理工作越来越复杂，业主不可能完成全部工作，客观上需要由专业人员、专业单位来完成这些技术含量高，专业化程度高的业务。于是，勘察设计业务分立出来，勘察设计单位出现了，专门负责工程的勘察设计工作；施工分立出来，施工单位出现了，专门负责工程的施工工作；工程监督管理业务分立出来，监理单位出现了，专门负责工程的监督管理工作。

在现代建筑活动中，业主组织建设工程项目的建设，首先要把勘察任务委托给建设工程勘察企业，由勘察企业完成勘察业务，并提供勘察文件；然后把设计任务委托给建设工程设计企业，设计单位根据业主的要求和勘察资料设计出施工图纸；再根据设计文件的要求选择符合要求的建筑业企业，由建筑业企业完成施工任务。

二、勘察设计单位的类别

勘察设计单位可以分为建设工程勘察企业和建设工程设计企业两个大的类别，在两大类中又可按工程类别和资质等级分为若干小类。当然，某个单位同时具备勘察和设计能力时，可以组建成综合性的建设工程勘察设计企业。

（一）建设工程勘察企业的类别

建设工程勘察企业，是指专门从事建设工程勘察业务的企业。按照勘察业务的范围和性质，又可进一步分成综合建设工程勘察企业、专业建设工程勘察企业和劳务建设工程勘察企业。

1. 综合工程勘察企业

综合工程勘察企业，是指能够从事工程勘察综合业务的企业。工程勘察业务，按专业分为岩土工程、水文地质勘察和工程测量三个专业。其中岩土工程包括：岩土工程勘察，岩土工程设计，岩土工程测试、监测、检测，岩土工程咨询、监理，岩土工程治理等。综合工程勘察企业的业务范围，包括上述所有专业。

2. 专业工程勘察企业

专业工程勘察企业，是指专门从事某一项专业工程勘察业务的企业。专业工程勘察企业的业务范围指岩土工程、水文地质勘察、工程测量等专业中的某一项。其中岩土工程可以是岩土工程勘察、设计、测试监测检测、咨询监理中的一项或全部。

3. 劳务工程勘察企业

劳务工程勘察企业，是指专门为工程勘察提供劳务的企业。它的业务范围主要指岩土工程治理、工程钻探、凿井等工程勘察的劳务工作。

（二）建设工程设计企业的类别

建设工程设计企业，是指专门从事建设工程设计业务的企业。根据工程性质和技术特点，又可进一步分成综合工程设计企业、行业工程设计企业和专项工程设计企业。

1. 综合工程设计企业

综合工程设计企业，是指能够从事工程设计综合业务的企业。工程设计按行业划分了21个类别，包括煤炭、化工石化医药、石油天然气、电力、冶金、军工、机械、商物粮、核工业、电子通信广电、轻纺、建材、铁道、公路、水运、民航、市政公用、海洋、水利、农林、建筑等。综合工程设计企业的业务范围不受限制，包括上述所有行业。

2. 行业工程设计企业

行业工程设计企业，是指专门从事某一行业工程设计业务的企业。工程设计范围包括本行业建设工程项目的主体工程和必要的配套工程（含厂区内的自备电站、道路、铁路专用线、各种管网和配套的建筑物等全部配套工程）以及与主体工程、配套工程相关的工艺、土木、建筑、环境保护、消防、安全、卫生、节能等。

3. 专项工程设计企业

专项工程设计企业，是指专门从事某些专项工程设计业务的企业。专项工程设计业务的范围和等级，由相关行业主管部门确定。

三、勘察设计单位的资质

对建筑产品的生产和服务企业实施资质管理，是建筑行业一项重要的管理手段，其实质是建筑市场的准入制度，对于保证建设工程质量具有非常重要的作用。国务院建设行政主管部门和相关行业主管部门，对从事建筑产品生产和服务的勘察设计企业、施工企业、监理企业等三个市场主体，都实行严格的资质管理制度。

（一）勘察设计单位资质及资质等级的概念

1. 勘察设计单位的资质

勘察设计单位的资质，是指勘察设计单位从事勘察设计工作应当具备的注册资本、专业技术人员、技术装备和勘察设计业绩等条件的总称。勘察设计单位的资质，反映了勘察设计单位的勘察设计能力和拥有的业绩，是勘察设计单位进入建筑市场，从事勘察设计业务的基本条件。管理部门据此检查、考核勘察设计单位，业主据此选择勘察设计单位。

勘察设计资质是一个综合概念，包含了两个方面的主要内容：一是企业实际拥有的勘察设计能力，用资金数量、技术力量、技术水平、技术装备、管理水平等指标来反映；二是企业的业绩，用资历、信誉、业务成果反映。

2. 勘察设计单位的资质等级

勘察设计资质，只是定性地描述勘察设计企业的勘察设计能力和业绩，在资质管理的实际操作中还必须明确资质标准。由于建设工程的复杂性，勘察设计的资质标准必须根据勘察设计企业从事勘察设计工程的性质划分成若干专业或行业，按专业或行业分别制定。必要时还要将有关专业或行业进一步划分为若干等级，然后明确各级各类工程勘察资质分级标准和工程设计资质分级标准。

勘察设计单位的资质等级，就是指政府建设行政主管部门根据勘察设计单位的资质条件和工程勘察资质分级标准、工程设计资质分级标准，给勘察设计单位核定的在资质方面拥有的等级。

建设工程勘察、设计企业应当按照其拥有的资质条件申请资质，经审查合格，取得建设工程勘察、设计资质证书后，方可在资质等级许可的范围内从事建设工程勘察、设计活动。取得资质证书的建设工程勘察、设计企业可以从事相应的建设工程勘察、设计咨询和技术服务。

（二）工程勘察资质分级标准和业务范围

1. 综合工程勘察企业

综合工程勘察企业只设甲级。资质标准如下：

（1）资历和信誉

1）具有独立法人资格，3个主专业中有不少于2个具有10年及以上工程勘察资历，是行业的骨干单位，在国内外同行业中享有良好信誉。

2）至少2个专业分别独立承担过本专业甲级工程（见表2-1），专业任务不少于5项，其工程质量合格、效益好。

3) 单位有良好的社会信誉并有相应的经济实力，工商注册资本不少于800万元人民币。

(2) 技术力量。3个专业中不少于2个专业各有能力同时承担2项甲级工程任务，每专业至少有5名具有专业高级技术职称的技术骨干和级配合理的技术队伍，在国家实行注册岩土工程师执业制度以后，岩土工程专业至少有5名注册岩土工程师。

(3) 技术装备及应用水平。有足够数量、品种、性能良好的室内试验、原位测试及工程物探等测试监测检测设备或测量仪器设备，或有依法约定能提供满足专项勘察、测试监测检测等质量要求的协作单位。应用计算机出图率达100%，有满足工作需要的固定工作场所。

(4) 管理水平。有健全的生产经营、财务会计、设备物资、业务建设等管理办法和完善的质量保证体系，并能有效地运行。

(5) 业务成果

1) 近10年内获得不少于3项国家级或省部级优秀工程勘察奖；

2) 主编过1项或参编过3项国家、行业、地方工程勘察技术规程、规范、标准、定额、手册等工作。

2. 专业工程勘察企业

专业工程勘察企业原则上设甲、乙两个级别，确有必要设置丙级勘察资质的地区经建设部批准后方可设置。资质标准如下：

(1) 甲级

1) 资历和信誉

① 具有5年以上的工程勘察资历，近5年独立承担过不少于3项甲级工程勘察业务（工程勘察甲级项目划分见表2-1）；

② 具有法人资格，单位有良好的社会信誉，有相应的经济实力，注册资金不少于150万元。

2) 技术力量。有能力同时承担2项甲级工程专业任务。至少有5名具有本专业高级技术职称（其中有2名可以是从事本专业工作10年以上的中级技术职称）的技术骨干和级配合理的技术队伍。在国家实行注册岩土工程师执业制度以后，岩土工程专业至少有5名注册岩土工程师，单独从事岩土工程勘察的、岩土工程设计的、岩土工程咨询监理的至少有3名注册岩土工程师。

3) 技术装备及应用水平。有足够数量、品种、性能良好的从事专业勘察的机械设备、测试监测检测设备或测量仪器设备，或有依法约定能提供满足专业勘察、测试监测检测等质量要求的协作单位。应用计算机出图率达100%，有满足工作需要的固定工作场所。

4) 管理水平。有健全的生产经营、财务会计、设备物资、业务建设等管理办法和完善的质量保证体系，并能有效地运行。

5) 业务成果。主专业（主要是指岩土工程勘察、水文地质勘察、工程测量）单位近10年内获得不少于2项国家级或省、部级优秀工程勘察奖；或参加过1项国家级、行业、地方工程勘察技术规程、规范、标准、定额、手册等编制工作（该项内容作为评价单位技术水平的参考，下同）。

(2) 乙级

1) 资历和信誉

① 具有 5 年以上的工程勘察资历，独立承担过不少于 3 项乙级工程勘察业务（工程勘察乙级项划分见表 2-2）；

② 具有法人资格，单位社会信誉较好，有相应的经济实力，注册资金不少于 80 万元。

2) 技术力量。有能力同时承担 2 项甲级工程专业任务。至少有 3 名具有本专业高级技术职称（其中有 1 名可以是从事本专业工作 10 年以上的中级技术职称）的技术骨干和级配合理的技术队伍。在国家实行注册岩土工程师执业制度以后，从事岩土工程勘察的、岩土工程设计的至少有 2 名注册岩土工程师。

3) 技术装备及应用水平。有一定数量、品种、性能良好的从事专业勘察的机械设备、测试监测检测设备或测量仪器设备，或有依法约定能提供满足专业勘察、测试监测检测等质量要求的协作单位。应用计算机出图率达 80%，有满足工作需要的固定工作场所。

4) 管理水平。有健全的生产经营、财务会计、设备物资、业务建设等管理办法和完善的质量保证体系，并能有效地运行。

5) 业务成果。岩土工程勘察、水文地质勘察、工程测量诸专业近 10 年内获得不少于 1 项国家级或省、部级、计划单列市工程勘察奖（含表扬奖）。

(3) 丙级

1) 资历和信誉

① 具有 5 年以上的工程勘察资历，独立承担过不少于 3 项丙级工程勘察业务（工程勘察丙级项目划分见表 2-3）；

② 具有法人资格，单位有社会信誉，有相应的经济实力，注册资本金不少于 50 万元。

2) 技术力量

有编制在册的专业技术人员，其中具有本专业高级技术职称的不少于 1 名，从事本专业工作不少于 5 年的中级技术职称的技术骨干不少于 4 名；有配套的技术人员，工程质量合格。

3) 技术装备及应用水平。有一定数量、品种、性能良好的与从事专业任务相应的机械设备、测试监测检测设备或测量仪器设备。有满足工作需要的固定工作场所，应用计算机出图率达 50%。

4) 管理水平。有健全的生产经营、财务会计、设备物资、业务建设等管理办法和完善的质量保证体系，并能有效地运行。

3. 劳务工程勘察企业

劳务工程勘察企业不分级别。资质标准如下：

(1) 资历和信誉

1) 具有 3 年以上的从事与岩土工程治理、工程钻探、凿井相关的劳务工作资历；

2) 具有法人资格，有一定的社会信誉，有相应的经济实力，注册资本金不少于 50 万元，岩土工程治理不少于 100 万元。有满足工作需要的固定工作场所。

(2) 技术力量。有符合规定并签订聘用合同的技术人员和技术工人等技术骨干。

(3) 技术装备。有一定数量、品种、性能良好的与从事承担任务范围所需的相应仪器设备。

(4) 管理水平。有相应的生产经营、财务会计、设备物资、业务建设等管理办法和完善的质量保证体系，并能有效地运行。

各类工程勘察企业承担的业务范围：

—— 综合类工程勘察单位承担工程勘察业务范围和地区不受限制；

—— 专业类甲级工程勘察单位承担本专业工程勘察业务范围和地区不受限制；

—— 专业类乙级工程勘察单位可承担本专业工程勘察中、小型工程项目（工程勘察中、小型工程勘察见表2-2），承担工程勘察业务的地区不受限制；

—— 专业类丙级工程勘察单位可承担本专业工程勘察小型工程项目（工程勘察小型工程项目见表2-3），承担工程勘察业务限定在省、自治区、直辖市所辖行政区范围内；

—— 劳务类工程勘察只能承担岩土工程治理、工程钻探、凿井等工程勘察劳务工作，承担工程勘察劳务工作的地区不受限制。

工程勘察甲级工程项目划分表　　　　　　　　表2-1

岩 土 工 程	水文地质勘察	工 程 测 量
1. 具有重大意义或影响的国家重点项目	1. 大、中城市规划和大、中型企业供水水源可行性研究及水资源评价	1. 50km² 以上大比例尺大、中型城乡规划测量；大型线路测量、水上测量
2. 场地等级为一、二级，抗震设防烈度高于8度的强震区，存在其他复杂环境岩土工程问题的地区，以及岩土工程条件复杂的工程项目	2. 国家重点工程、国外投资或中外合资水源勘察和评价	2. 10km² 以上大比例尺大、中型工厂、矿山测量
3. 按《地基基础设计规范》、《岩土工程勘察规范》等有关规范规定的一级建筑物	3. 供水量 10000m³/d 以上的水源工程勘察和评价	3. 1km² 以上改扩建竣工图和现状图测量，地籍测量
4. 需要采取特别处理措施的极软弱的或非均质地层，极不稳定的地基；建于不良的特殊性土上的大、中型项目	4. 水文地址条件复杂的水资源勘察和评价	4. 大型市政工程、线路、桥梁、隧道、地下管网及建（构）筑物施工测量与二、三级的建（构）筑物施工测量等工程测量
5. 有强烈地下水运动干扰或有特殊要求的深基开挖工程，有特殊工艺要求的超精密设备基础工程；大型深埋过江（河）地下管线、涵洞、核废料等深埋处理、高度超过100m的高耸构筑物基础，大于100m的高边坡工程，特大桥、大桥、大型立交桥、大型竖井、巷道、平洞、隧道、地下洞室、地下储库工程，深埋工程，超重型设备，大型基础托换、基础补强工程	5. 干旱地区、贫水地区、未开发地区水资源评价	5. 国家重点工程、大中型国外投资和中外合资项目工程测量。整体性的三等以上平面控制测量与二等以上的高程控制测量
6. 大深沉井、沉箱、大于30m的超长桩基、墩基，特大型、大型桥基，架空索道基础		6. 一、二等建（构）筑物变形测量，其他精密与特殊工程测量

续表

岩 土 工 程	水文地质勘察	工 程 测 量
7. 复杂程度按有关规范规程划分为中等或复杂的岩土工程设计		
8. 其他行业设计规模为大型的建设项目的工程勘察		

工程勘察乙级工程项目划分表 表 2-2

岩 土 工 程	水文地质勘察	工 程 测 量
1. 根据单位技术人员和设备的实际情况，仅限于岩土工程勘察、设计、测试监测（不含岩土工程咨询监理）	1. 小城市规划和中小企业供水水源可行性研究及水资源评价	1. 50km² 以下的城乡规划测量、中型线路、水上测量
2. 按《地基基础设计规范》、《岩土工程勘察规范》等有关规范规定的二级及二级以下建筑物；中小型线路工程、岸边工程	2. 供水量 10000m³/d 以下的企业与城镇供水水源勘察及评价	2. 10km² 以下大比例尺小型工厂、矿山测量
3. 场地等级为三级，但抗震设防烈度不高于 8 度的地区，没有其他复杂环境岩土工程问题的场地	3. 水文地质条件中等复杂的水资源勘察和评价	3. 1km² 以下工业企业改扩建竣工图及现状图测量、地籍测量
4. 20 层以下的一般高层建筑，体型复杂的 14 层以下的高层建筑；单柱承受荷载 4000kN 以下的建筑及高度低于 100m 的高耸建筑物	4. 其他行业设计规模为中型的建设项目的水文地质勘察	4. 中型市政、线路、桥梁、隧道、地下管网及建（构）筑物施工测量与二、三级的建（构）筑物变形测量等工程测量
5. 小于 30m 长的桩基、墩基、中小型竖井、巷道、平洞、隧道、桥基、架空索道、边坡及挡土墙工程		5. 其他行业设计规模为中型的建设项目的工程测量
6. 建筑工程勘察设计资质分级标准规定的二级及以下一般公共建筑		
7. 岩土工程治理设计按有关规范规程划分复杂程度为简单的		
8. 其他行业设计规模为中型的建设项目的岩土工程		

工程勘察丙级工程项目划分表 表 2-3

岩 土 工 程	水文地质勘察	工 程 测 量
1. 只限于承担岩土工程勘察，不含岩土工程设计、咨询监理	1. 水文地质条件简单，供水量 2000m³/d 以下的企业与城镇供水水源勘察及评价	1. 1.5km² 以下的小城镇规划测量、市政等工程测量
2. 按《地基基础设计规范》、《岩土工程勘察规范》等有关规范规定的三级建筑场地；七层以下的住宅建筑；小型公共建筑及小型工业厂房场地的勘察	2. 其他行业设计规模为小型的建设项目的水文地质勘察	2. 小面积控制测量与地形测量

续表

岩 土 工 程	水文地质勘察	工 程 测 量
3.岩土工程条件简单的场地勘察		3.小型建（构）筑物施工测量、地籍测量
4.抗震设防烈度7度及以下地区，无环境岩土工程问题的场地的勘察		4.其他行业设计规模为小型的建设项目的工程测量
5.其他行业设计规模为小型的建设项目的岩土工程勘察		

（三）工程设计资质分级标准和业务范围

综合工程设计企业的资质只设甲级，行业工程设计企业的资质设甲、乙、丙三个级别，专项工程设计企业的资质设甲、乙两个级别。下面以行业工程设计企业为例，说明工程设计资质分级标准和业务范围的内容。

行业工程设计企业的工程设计范围包括本行业建设工程项目的主体工程和必要的配套工程（含厂区内的自备电站、道路、铁路专用线、各种管网和配套的建筑物等全部配套工程）以及与主体工程、配套工程相关的工艺、土木、建筑、环境保护、消防、安全、卫生、节能等。

工程设计行业资质所设的三个级别中，除建筑工程、市政公用、水利和公路等行业所设工程设计丙级资质可独立进入工程设计市场外，其他行业工程设计丙级资质设置的对象仅为企业内部所属的非独立法人设计单位。

工程设计行业资质分级标准和业务范围如下：

1.甲级

（1）资历和信誉

1）具有独立法人资格和15年及以上的工程设计资历，是行业的骨干单位，并具备工程项目管理能力，在国内外同行业中享有良好的信誉。

2）独立承担过行业大型工程设计不少于3项，并已建成投产。其工程设计项目质量合格，效益好。

3）单位有良好的社会信誉并有相应的经济实力，工商注册资本金不少于600万元人民币。

（2）技术力量

1）技术力量强，专业配备齐全、合理，单位的专职技术骨干不少于80人（不含返聘人员）。具有同时承担2项大型工程设计任务的能力。

2）单位主要技术负责人（或总工程师）应是具有12年及以上的设计经历，且主持或参加过2项（主持至少1项）及以上大型项目工程设计的高级工程师。

3）在单位专职技术骨干中：

——主持过2项以上行业大型项目的主导工艺或主导专业设计的高级工程师（或注册工程师）不少于10人；

——一级注册建筑师不少于2人（其中返聘人员不超过1人）；

——一级注册工程师（结构）不少于4人（其中返聘人员不超过1人）；

——主持或参加过2项以上行业大型项目的公用专业设计的高级工程师（或一级注册工程师）不少于20人。

4）行业主导工艺或主导专业及其他专业的配备要求见《建设工程勘察设计企业资质管理规定》中的附表（本书略，下同）。

（3）技术水平

1）拥有与工程设计有关的专利、专有技术、工艺包（软件包）不少于1项，并具有计算机软件开发能力，达到国内先进型的基本要求，并在工程设计中应用，取得显著效果。

2）能采用国内外专利、专有技术、工艺包（软件包）、新技术，独立完成工程设计。

3）具有与国（境）外合作设计或独立承担国（境）外工程设计和项目管理的技术能力。

（4）技术装备及应用水平

1）有先进、齐全的技术装备，已达到国家建设行政主管部门规定的甲级设计单位技术装备及应用水平考核标准：

——施工图CAD出图率100%；

——可行性研究、方案设计的CAD技术应用达90%；

——方案优化（优选）的CAD技术应用达90%；

——文件和图档存储实行计算机管理；

——应用工程项目管理软件，逐步实现工程设计项目的计算机管理；

——有较完善的计算机网络管理。

2）有固定的工作场所，专职技术骨干人均建筑面积不少于$12m^2$。

（5）管理水平

1）建立了以设计项目管理为中心，以专业管理为基础的管理体制，实行设计质量、进度、费用控制。

2）企业管理组织结构、标准体系、质量体系健全，并能实行动态管理，宜通过ISO9001标准质量体系认证。

（6）业务成果

1）获得过近四届省部级以上优秀工程设计、优秀计算机软件、优秀标准设计三等级及以上奖项不少于3项（可含与工程设计有关的省、部级及以上的科技进步奖2项）。

2）近15年主编2项或参编过3项以上国家、行业、地方工程建设标准、规范、定额、标准设计。

2．乙级

（1）资历和信誉

1）具有独立法人资格和10年及以上的工程设计资历，并具备一定的工程项目管理能力。

2）独立承担过行业大型工程设计不少于3项，并已建成投产。其工程设计项目质量合格，效益较好。

3）单位有较好的社会信誉并有一定的经济实力，工商注册资本金不少于 200 万元人民币。

（2）技术力量

1）技术力量较强，专业配备齐全、合理，单位的专职技术骨干不少于 30 人（不含返聘人员）。具有同时承担 2 项行业中型工程设计任务的能力。

2）单位主要技术负责人（或总工程师）应是具有 10 年及以上的设计经历，且主持、参加过 2 项（主持至少 1 项）及以上中型项目工程设计的高级工程师。

3）在单位专职技术骨干中：

——主持过 2 项以上行业中型项目的主导工艺或主导专业设计的高级工程师（或注册工程师）不少于 5 人；

——一级注册建筑师不少于 1 人（非返聘人员）；

——一级注册工程师（结构）不少于 2 人（其中返聘人员不得超过 1 人）；

——主持或参加过 2 项以上行业中型项目的公用专业设计的高级工程师（或一级注册工程师）不少于 10 人。

4）行业主导工艺或主导专业及其他专业的配备要求见《建设工程勘察设计企业资质管理规定》中的附表（本书略）。

（3）技术水平

1）能采用国内外先进技术，独立完成工程设计。

2）具有项目管理的技术能力。

3）具有计算机应用能力，达到发展提高型的基本要求，并取得效果。

（4）技术装备及应用水平

1）有必要的技术装备，达到国家建设行政主管部门规定的乙级设计单位技术装备及应用水平考核标准：

——施工图 CAD 出图率 100%；

——可行性研究、方案设计的 CAD 技术应用达 80%；

——方案优化（优选）的 CAD 技术应用达 80%；

——文件和图档存储实行计算机管理；

——能广泛应用计算机进行工程设计和设计管理；

——有较完善的计算机网络管理。

2）有固定的工作场所，专职技术骨干人均建筑面积不少于 $10m^2$。

（5）管理水平

1）建立了以设计项目管理为中心的管理体制，实行设计质量、进度、费用控制。

2）有健全的质量体系和技术、经营、人事、财务、档案等管理制度。

（6）业务成果

参加过国家、行业、地方工程建设标准、规范、定额及标准设计的编制工作或行业的业务建设工作。

3．丙级

（1）资历和信誉

1) 具有独立法人资格和 6 年及以上的工程设计资历，并具备一定的工程项目管理能力。

2) 独立承担过行业大型工程设计不少于 3 项，并已建成投产。其工程设计项目质量合格，效益较好。

3) 单位有一定的社会信誉并有必要的经济实力，工商注册资本金不少于 80 万元人民币。

(2) 技术力量

1) 单位的专职技术骨干不少于 15 人。有一定的技术力量，专业配备齐全。有同时承担 2 项行业小型工程设计任务的能力。

2) 单位主要技术负责人（或总工程师）应是具有 10 年及以上的设计经历，且主持、参加过 2 项及以上行业小型工程设计的高级工程师。

3) 在单位专职技术骨干中：

——主持过 2 项以上行业小型项目的主导工艺或主导专业设计的工程师（或注册工程师）不少于 4 人；

——二级注册建筑师不少于 2 人（或一级注册建筑师不少于 1 人）；

——二级注册工程师（结构）不少于 4 人（或一级注册工程师（结构）不少于 2 人，其中返聘人员不得超过 1 人）；

——主持或参加过 2 项以上行业小型项目的公用专业设计的工程师（或一、二级注册工程师）不少于 5 人。

4) 行业主导工艺或主导专业及其他专业的配备要求见《建设工程勘察设计企业资质管理规定》中的附表（本书略）。

(3) 技术水平

1) 能采用先进技术，独立完成工程设计。

2) 具有一定的项目管理的技术能力。

(4) 技术装备及应用水平

1) 有必要的技术装备，达到以下指标：

——施工图 CAD 出图率 50%；

——文件和图档存储实行计算机管理；

——能应用计算机进行工程设计和设计管理；

2) 有固定的工作场所，专职技术骨干人均建筑面积不少于 $10m^2$。

(5) 管理水平

1) 建立设计项目管理为中心的管理体制。

2) 质量体系能有效运行，有健全的技术、经营、人事、财务、档案等管理制度。

取得工程设计行业资质的单位允许承担的业务范围：

——甲级工程设计单位承担相应行业建设项目的工程设计范围和地区不受限制。

——乙级工程设计单位可承担相应行业的中、小型建设项目的工程设计任务（各行业建设项目设计规模划分见《建设工程勘察设计企业资质管理规定》中的附表），承担工程设计任务的地区不受限制。

——丙级工程设计单位可承担相应行业的小型建设项目的工程设计任务（各行业建设项目设计规模划分见《建设工程勘察设计企业资质管理规定》中的附表）承担工程设计限定在省、自治区、直辖市所辖行政区范围内。

具有甲、乙级资质的单位，可承担相应的咨询业务，除特殊规定外，还可承担相应的工程设计专项资质的业务。

（四）勘察设计单位资质的申请、审批和监督

1. 勘察设计单位资质的申请

工程勘察企业和工程设计企业申请资质，应当按照《建设工程勘察设计企业资质管理规定》的要求，根据所申请资质的类别和等级，分别向相应的政府建设行政主管部门提出申请。

新设立的建设工程勘察、设计企业，到工商行政管理部门登记注册后，方可向建设行政主管部门提出资质申请。提出资质申请时，应当向建设行政主管部门提供下列资料：

（1）建设工程勘察、设计资质申报表；

（2）企业法人营业执照；

（3）企业章程；

（4）企业法定代表人和主要技术负责人简历及任命（聘任）文件复印件；

（5）建设工程勘察、设计企业资质申报表中所列技术人员的职称证书、毕业证书及身份证复印件；

（6）建设工程勘察、设计企业资质申报表中所列注册执业人员的注册变更证明材料；

（7）需要出具的其他有关证明材料。

建设工程勘察、设计企业申请晋升资质等级或者申请增加其他工程勘察、工程设计资质，除向建设行政主管部门提供上述资料外，还需提供下列资料：

（1）企业原资质证书正、副本；

（2）建设工程勘察、设计资质申报表中所列的注册执业人员的注册证明材料；

（3）企业近两年的资质年检证明材料复印件；

（4）建设工程勘察、设计资质申报表中所列的工程项目的合同复印件及施工图设计文件审查合格证明材料复印件。

2. 勘察设计单位资质的审批

勘察设计单位资质，根据资质的类别和等级，分别由各级政府建设行政主管部门审批。审批前，根据资质的类别和等级，由有关行业主管部门或者建设行政主管部门委托的行业组织初审。

新设立的建设工程勘察、设计企业，其资质等级最高不超过乙级，并设二年的暂定期。企业在资质暂定有效期满前两个月内，可以申请转为正式资质等级，申请时应当提供企业近两年的资质年检合格证明材料。

建设工程勘察、设计企业申请晋升资质等级、转为正式等级或者申请增加其他工程勘察、工程设计资质，在申请之日前一年内有下列行为之一的，建设行政主管部门不予批准：

（1）与建设单位勾结，或者企业之间相互勾结串通，采用不正当手段承接勘察、设计业务的；

(2) 将承接的勘察、设计业务转包或者违法分包的；
(3) 注册执业人员未按照规定在勘察设计文件上签字的；
(4) 违反国家工程建设强制性标准的；
(5) 因勘察设计原因发生过工程重大质量安全事故的；
(6) 设计单位未根据勘察成果文件进行工程设计的；
(7) 设计单位违反规定指定建筑材料、建筑构配件的生产厂、供应商的；
(8) 以欺骗、弄虚作假等手段申请资质的；
(9) 超越资质等级范围勘察设计的；
(10) 转让资质证书的；
(11) 为其他企业提供图章、图签的；
(12) 伪造、涂改资质证书的；
(13) 其他违反法律、法规的行为。

3. 勘察设计单位资质的监督

勘察设计单位的资质由政府建设行政主管部门监督，并实行资质年检制度。资质年检结果分为合格、基本合格和不合格三个结论。

(1) 合格条件。建设工程勘察、设计企业的资质条件符合资质标准，且在过去一年内未发生《建设工程勘察设计企业资质管理规定》第十九条所列行为的，资质年检结论为合格。

(2) 基本合格条件。建设工程勘察、设计企业的资质条件中，技术骨干总人数未达到资质分级标准，但不低于资质分级标准的80%，其他各项均达到标准要求，且在过去一年内未发生《建设工程勘察设计企业资质管理规定》第十九条所列行为的，年检结论为基本合格。

(3) 不合格。有下列情况之一的，建设工程勘察、设计企业的资质年检结论为不合格：

1) 企业的资质条件中技术骨干总人数未达到资质分级标准的80%；
2) 企业的资质条件中主导工艺、主导专业技术骨干人数，各类注册执业人员数不符合资质标准的；
3) 第1)、2) 项以外的其他任何一项资质条件不符合资质标准的；
4) 有《建设工程勘察设计企业资质管理规定》第十九条所列行为之一的。

建设工程勘察、设计企业资质年检不合格或者连续两年基本合格的，应当重新核定其资质。新核定的资质等级应当低于原资质等级；达不到最低资质等级标准的，应当取消其资质。

建设工程勘察、设计企业连续两年资质年检合格，方可申请晋升资质等级。

第三节 施 工 单 位

一、施工单位的概念

施工单位是各类建筑业企业的总称。建筑业企业，指从事土木工程、建筑工程、线路管道设备安装工程、装修工程的新建、扩建、改建活动的企业。按照我国传统习惯，建筑业企业也可称为建筑企业、建筑施工企业、建筑安装企业等。建筑业企业直接从事建筑产品的生产活动，是建筑活动中数量最多、规模最大的一类机构。

施工单位是建筑市场的重要主体，它和勘察设计单位共同组成建筑产品的供应方。勘察设计单位按照业主的意图完成产品的设计，施工单位则要根据业主的意图和设计要求完成产品的生产。施工单位在从事建筑活动中，通常通过投标，用承包方式获取建筑产品的生产权，这是由建筑产品的特点所决定的。建筑产品的特点决定了施工单位不可能批量生产出建筑产品，投放建筑市场供业主选择，而只能根据业主对某一具体建筑产品的要求组织生产。因此，施工单位和业主必须在建筑产品生产前通过某种方式结成交易关系，签订合同明确双方的权利义务，施工单位按照合同组织生产，业主按照合同验收工程并支付工程款，竣工验收后办理结算，完成交易活动。

二、施工单位的类别

施工单位有很多种类型，与建筑活动关系密切的分类有以下两种。

（一）按经营范围分

1. 综合性建筑业企业

综合性建筑业企业也可称为施工总承包企业，是指有能力从事建设工程综合施工的企业。综合性建筑业企业的承包范围，可以涵盖建设项目的全部施工内容。例如，房屋建筑工程施工总承包企业的承包范围就包括土石方工程、地基与基础工程、结构工程、屋面工程、装修工程、各种设备设施的安装工程等。

需要指明的是，建设项目根据工程的性质可以分为若干类型，如房屋建筑工程、公路工程、铁路工程、港口工程、水利水电工程、电力工程、矿山工程、冶炼工程、化工石油工程、市政公用工程、通信工程等。综合性建筑业企业不一定，也不太可能承包以上各类工程的施工，一般是总承包某一类或几类工程的施工。

2. 专业性建筑业企业

专业性建筑业企业也可称为专业承包企业，是指专门从事建设工程建造过程中某一类专业工程施工的企业。例如：地基与基础工程专业承包企业、土石方工程专业承包企业、建筑装修装饰工程专业承包企业、建筑幕墙工程专业承包企业、钢结构工程专业承包企业、建筑防水工程专业承包企业、消防设施工程专业承包企业、建筑智能化专业承包企业、预拌商品混凝土专业企业、混凝土预制构件专业企业，等等。

专业承包企业是类型最多的一类建筑业企业。按我国现行的类别标准，专业承包企业多达60个种类，上面举例的仅是与房屋建筑工程施工有关的专业承包企业。

3. 劳务性建筑业企业

劳务性建筑业企业也可称为劳务分包企业，是指专门从事建设工程施工中某一工种作业分包的企业。例如：木工作业分包企业、砌筑作业分包企业、抹灰作业分包企业、油漆作业分包企业、钢筋作业分包企业、混凝土作业分包企业、脚手架作业分包企业、模板作业分包企业、焊接作业分包企业、水暖电安装作业分包企业等等。

劳务分包企业的规模较小，主要提供某一工种作业的劳务，一般在施工总承包企业或专业承包企业下分包某一工种的施工业务。

（二）按资质条件分

1. 特级建筑业企业

特级建筑业企业是指达到工程施工总承包特级资质条件，经相关部门审查合格，取得了特级资质证书的工程施工总承包企业。例如：特级房屋建筑工程施工总承包企业、特级公路工程施工总承包企业、特级市政公用工程施工总承包企业等。

2．一级建筑业企业

一级建筑业企业是指达到工程施工总承包、专业承包或者劳务分包一级资质条件，经相关部门审查合格，取得了相应的一级资质证书的工程施工总承包企业、专业承包企业或者劳务分包企业。例如：一级房屋建筑工程施工总承包企业、一级地基与基础工程专业承包企业、一级木工作业分包企业，等等。

3．二级建筑业企业

二级建筑业企业是指达到工程施工总承包、专业承包或者劳务分包二级资质条件，经相关部门审查合格，取得了相应的二级资质证书的工程施工总承包企业、专业承包企业或者劳务分包企业。例如：二级房屋建筑工程施工总承包企业、二级地基与基础工程专业承包企业、二级木工作业分包企业，等等。

4．三级建筑业企业是指达到工程施工总承包或专业承包三级资质条件，经相关部门审查合格，取得了相应的三级资质证书的工程施工总承包企业或专业承包企业。例如：三级房屋建筑工程施工总承包企业、三级地基与基础工程专业承包企业，等等。

三、施工单位的资质

(一) 施工单位资质及资质等级的概念

1．施工单位的资质

施工单位的资质，是指施工单位的注册资本、资产状况、人员素质、技术装备和已完成工程业绩的总称。施工单位的资质，是衡量施工单位施工能力和施工业绩的标志，是施工单位从事建筑活动的基本条件。

一个施工单位要从事建筑活动，必须拥有一定的施工能力。在资质条件中，施工能力主要用人员、资金、装备来反映，也就是通常说的人、财、物。人员重点考察企业经理、技术人员和经济管理人员，包括数量和质量两个方面；资金包括注册资本金和净资产总额两项指标，反映企业的资金能力和承担风险的能力；装备的基本要求，是必须具有与承包工程范围相适应的施工机械和质量检测设备。

有了一定的施工能力，说明施工单位具备了从事建筑活动的基础条件，但并不能证明一定有好的施工业绩。所以，衡量一个施工单位的资质不仅要看施工能力，还要看实际完成的施工业绩。施工业绩用已完成的工程业绩和工程结算收入来体现。

2．施工单位的资质等级

施工单位的资质等级，是指政府建设行政主管部门根据施工单位的资质条件和建筑业企业资质等级标准，给施工单位核定的在资质方面拥有的等级。

划分资质等级的目的，是为了对施工单位进行分类管理，保证工程质量。因为建设工程种类繁多，结构复杂，资金投入大，使用期限长，施工单位必须具备符合工程特点的资质条件，在施工中才能确保工程质量。但是，任何一个施工单位都难以同时具备满足各类工程特点的资质条件，所以对施工单位实施资质分类分级管理就显得十分必要。

为了加强对建筑活动的监督管理，维护建筑市场秩序，保证工程质量，政府对施工单位进行资质分类分级管理。国务院建设行政主管部门根据各类工程的技术经济特点，对承包相应工程的建筑业企业的资质条件作了详细规定，划分了等级标准，明确了承包范围。每一个施工单位都必须根据自己的资质条件申请相应工程的资质，经审查合格，取得相应等级的资质证书后，才能在其资质等级许可的范围内从事相应工程的施工活动。

（二）施工单位的资质等级标准和承包范围

施工单位的资质等级标准和承包范围按承包工程的类别划分。施工总承包企业承包的工程分为12个类别，专业承包企业承包的专业工程分为60个种类，劳务分包企业承包的劳务作业分为13个小类。每一类工程又根据工程的难易程度和规模大小，将承包企业的资质分成若干等级，并明确各类工程各个等级的资质标准和承包范围。

按照我国《建筑业企业资质管理规定》：施工总承包企业的资质等级，除通信工程施工总承包企业和机电安装工程施工总承包企业分为一级、二级、三级外，其余的分为特级、一级、二级、三级；专业承包企业的资质等级，大多数分为一级、二级、三级，少部分只分两个等级，个别的不分等级；劳务分包企业的资质等级，分为一级、二级或者不分等级。

施工单位的资质等级标准内容很多，下面列举三个工程类别的施工单位资质等级标准和承包范围，分别说明施工总承包企业、专业承包企业和劳务分包企业在资质等级标准和承包范围方面的要求。

1．房屋建筑工程施工总承包企业资质等级标准和承包范围

房屋建筑工程施工总承包企业资质分为特级、一级、二级、三级。

特级资质等级标准：

（1）企业注册资本金3亿元以上。

（2）企业净资产3.6亿元。

（3）企业近3年年平均工程结算收入15亿以上。

（4）企业其他条件均达到一级资质标准。

一级资质标准：

（1）企业近5年承担过下列6项中的4项以上工程的施工总承包或主体工程承包，工程质量合格。

1）25层以上的房屋建筑工程；

2）高度100m以上的构筑物或建筑物；

3）单体建筑面积3万m^2以上的房屋建筑工程；

4）单跨跨度30m以上的房屋建筑工程；

5）建筑面积10万m^2以上的住宅小区或建筑群体；

6）单项建安合同额1亿元以上的房屋建筑工程。

（2）企业经理具有10年以上从事工程管理工作经历或具有高级职称；总工程师具有10年以上从事建筑施工技术管理工作经历并具有本专业高级职称；总会计师具有高级会计职称；总经济师具有高级职称。

企业有职称的工程技术和经济管理人员不少于300人，其中工程技术人员不少于200人；工程技术人员中，具有高级职称的人员不少于10人，具有中级职称的人员不少于60人。

企业具有的一级资质项目经理不少于12人。

(3) 企业注册资本金 5000 万元以上，企业净资产 6000 万元以上。
(4) 企业近 3 年最高年工程结算收入 2 亿元以上。
(5) 企业具有与承包工程范围相适应的施工机械和质量检测设备。

二级资质标准：

(1) 企业近 5 年承担过下列 6 项中的 4 项以上工程的施工总承包或主体工程承包，工程质量合格。

1) 12 层以上的房屋建筑工程；
2) 高度 50m 以上的构筑物或建筑物；
3) 单体建筑面积 1 万 m^2 以上的房屋建筑工程；
4) 单跨跨度 21m 以上的房屋建筑工程；
5) 建筑面积 5 万 m^2 以上的住宅小区或建筑群体；
6) 单项建安合同额 3000 万元以上的房屋建筑工程。

(2) 企业经理具有 8 年以上从事工程管理工作经历或具有中级以上职称；技术负责人具有 8 年以上从事建筑施工技术管理工作经历并具有本专业高级职称；财务负责人具有中级以上会计职称。

企业有职称的工程技术和经济管理人员不少于 150 人，其中工程技术人员不少于 100 人；工程技术人员中，具有高级职称的人员不少于 2 人，具有中级职称的人员不少于 20 人。

企业具有的二级资质以上项目经理不少于 12 人。

(3) 企业注册资本金 2000 万元以上，企业净资产 2500 万元以上。
(4) 企业近 3 年最高年工程结算收入 8000 万元以上。
(5) 企业具有与承包工程范围相适应的施工机械和质量检测设备。

三级资质标准：

(1) 企业近 5 年承担过下列 5 项中的 3 项以上工程的施工总承包或主体工程承包，工程质量合格。

1) 6 层以上的房屋建筑工程；
2) 高度 25m 以上的构筑物或建筑物；
3) 单体建筑面积 5000m^2 以上的房屋建筑工程；
4) 单跨跨度 15m 以上的房屋建筑工程；
5) 单项建安合同额 500 万元以上的房屋建筑工程。

(2) 企业经理具有 5 年以上从事工程管理工作经历；技术负责人具有 5 年以上从事建筑施工技术管理工作经历并具有本专业中级以上职称；财务负责人具有初级以上会计职称。

企业有职称的工程技术和经济管理人员不少于 50 人，其中工程技术人员不少于 30 人；工程技术人员中，具有中级以上职称的人员不少于 10 人。

企业具有的三级资质以上项目经理不少于 10 人。

(3) 企业注册资本金 600 万元以上，企业净资产 700 万元以上。
(4) 企业近 3 年最高年工程结算收入 2400 万元以上。
(5) 企业具有与承包工程范围相适应的施工机械和质量检测设备。

承包工程范围：

特级企业：可承担各类房屋建筑工程的施工。

一级企业：可承担单项建安合同额不超过企业注册资本金5倍的下列房屋建筑工程的施工：

（1）40层以下，各类跨度的房屋建筑工程；

（2）高度240m及以下的构筑物；

（3）建筑面积20万m^2及以下的住宅小区或建筑群体。

二级企业：可承担单项建安合同额不超过企业注册资本金5倍的下列房屋建筑工程的施工：

（1）28层以下，单跨跨度36m以下的房屋建筑工程；

（2）高度120m及以下的构筑物；

（3）建筑面积12万m^2及以下的住宅小区或建筑群体。

三级企业：可承担单项建安合同额不超过企业注册资本金5倍的下列房屋建筑工程的施工：

（1）14层以下，单跨跨度24m及以下的房屋建筑工程；

（2）高度70m及以下的构筑物；

（3）建筑面积6万m^2及以下的住宅小区或建筑群体。

注：房屋建筑工程是指工业、民用与公共建筑（建筑物、构筑物）工程。工程内容包括地基与基础工程，土石方工程，结构工程，屋面工程，内、外部的装修装饰工程，上下水、供暖、电器、卫生洁具、通风、照明、消防、防雷等安装工程。

2. 地基与基础工程专业承包企业资质等级标准和承包范围

地基与基础工程专业承包企业资质分为一级、二级、三级。

一级资质标准：

（1）企业近5年承担过下列5项中的3项以上所列工程的施工，工程质量合格。

1）25层以上房屋建筑或高度超过100m构筑物的地基与基础工程；

2）深度超过15m的软弱地基处理；

3）单桩承受荷载在6000kN以上的地基与基础工程；

4）深度超过11m的深大基坑维护及土石方工程；

5）单项工程造价500万元以上地基与基础工程2个或200万元以上地基与基础工程4个。

（2）企业经理具有10年以上从事工程管理工作经历或具有高级职称；总工程师具有10年以上从事地基与基础施工技术管理工作经历并具有相关专业高级职称；总会计师具有中级以上会计职称。

企业有职称的工程技术和经济管理人员不少于60人，其中工程技术人员不少于50人；工程技术人员中，地下、岩土、机械等专业人员不少于25人，具有中级以上职称的人员不少于20人。

企业具有的一级资质项目经理不少于6人。

（3）企业注册资本金1500万元以上，企业净资产1800万元以上。

（4）企业近3年最高年工程结算收入5000万元以上。

(5) 企业具有专用施工设备20台以上和相应的运输、检测设备。

二级资质标准：

(1) 企业近5年承担过下列4项中的2项以上所列工程的施工，工程质量合格。

1) 12层以上房屋建筑或高度超过60m构筑物的地基与基础工程；

2) 深度超过13m的软弱地基处理；

3) 深度超过8m的深大基坑维护及土石方工程；

4) 单项工程造价500万元以上地基与基础工程1个或200万元以上地基与基础工程2个。

(2) 企业经理具有8年以上从事工程管理工作经历或具有中级以上职称；技术负责人具有8年以上从事地基与基础施工技术管理工作经历并具有相关专业高级职称；财务负责人具有中级以上会计职称。

企业有职称的工程技术和经济管理人员不少于40人，其中工程技术人员不少于30人；工程技术人员中，地下、岩土、机械等专业人员不少于15人，具有中级以上职称的人员不少于10人。

企业具有的二级资质以上项目经理不少于6人。

(3) 企业注册资本金800万元以上，企业净资产1000万元以上。

(4) 企业近3年最高年工程结算收入2000万元以上。

(5) 企业具有专用施工设备10台以上和相应的运输、检测设备。

三级资质标准：

(1) 企业近5年承担过下列4项中的2项以上所列工程的施工，工程质量合格。

1) 6层以上房屋建筑或高度超过25m构筑物的地基与基础工程；

2) 软弱地基处理；

3) 地基与基础混凝土浇筑量累计1万m^3以上；

4) 单项工程造价100万元以上地基与基础工程。

(2) 企业经理具有3年以上从事工程管理工作经历；技术负责人具有3年以上从事地基与基础施工技术管理工作经历并具有相关专业中级以上职称；财务负责人具有初级以上会计职称。

企业有职称的工程技术和经济管理人员不少于20人，其中工程技术人员不少于15人；工程技术人员中，地下、岩土、机械等专业人员不少于10人，具有中级以上职称的人员不少于5人。

企业具有的三级资质以上项目经理不少于3人。

(3) 企业注册资本金300万元以上，企业净资产350万元以上。

(4) 企业近3年最高年工程结算收入500万元以上。

(5) 企业具有专用施工设备6台以上和相应的运输、检测设备。

承包工程范围：

一级企业：可承担各类地基与基础工程的施工。

二级企业：可承担工程造价1000万元及以下各类地基与基础工程的施工。

三级企业：可承担工程造价300万元及以下各类地基与基础工程的施工。

3. 木工作业分包企业资质标准和分包范围

木工作业分包企业资质分为一级、二级。

一级资质标准：

（1）企业注册资本金 30 万元以上。

（2）企业具有相关专业技术员或本专业高级工以上的技术负责人。

（3）企业具有初级以上木工不少于 20 人，其中，中、高级工不少于 50%；企业作业人员持证上岗率 100%。

（4）企业近 3 年最高年完成劳务分包合同额 100 万元以上。

（5）企业具有与作业分包范围相适应的机具。

二级资质标准：

（1）企业注册资本金 10 万元以上。

（2）企业具有本专业高级工以上的技术负责人。

（3）企业具有初级以上木工不少于 10 人，其中，中、高级工不少于 50%；企业作业人员持证上岗率 100%。

（4）企业近 3 年承担过两项以上木工作业分包，工程质量合格。

（5）企业具有与作业分包范围相适应的机具。

作业分包范围：

一级企业：可承担各类工程的木工作业分包业务，但单项业务合同额不超过企业注册资本金的 5 倍。

二级企业：可承担各类工程的木工作业分包业务，但单项业务合同额不超过企业注册资本金的 5 倍。

（三）施工单位资质的申请、审批和监督

1. 施工单位资质的申请

建筑业企业申请资质，应当按照《建筑业企业资质管理规定》的要求，根据所申请资质的类别和等级，分别向各级政府建设行政主管部门提出申请。

新设立的建筑业企业，到工商行政管理部门办理登记注册手续并取得企业法人营业执照后，方可到建设行政主管部门办理资质申请手续。申请时，应当向建设行政主管部门提供下列资料：

（1）建筑业企业资质申请表；

（2）企业法人营业执照；

（3）企业章程；

（4）企业法定代表人和企业技术、财务、经营负责人的任职文件、职称证书、身份证；

（5）企业项目经理资格证书、身份证；

（6）企业工程技术和经济管理人员的职称证书；

（7）需要出具的其他有关证件、资料。

建筑业企业申请资质升级，除向建设行政主管部门提供上述资料外，还应当提供下列资料：

（1）企业原资质证书正、副本；

(2) 企业的财务决算年报表;

(3) 企业完成的具有代表性工程的合同及质量验收、安全评估资料。

2．施工单位资质的审批

施工单位资质，根据资质的类别和等级，分别由各级政府建设行政主管部门审批。其中，铁道、交通、水利、信息等行业需经有关部门初审同意后审批。

新设立的建筑业企业，其资质等级按照最低等级核定，并设一年的暂定期。

建筑业企业申请晋升资质等级或者主项资质以外的资质，在申请之日前一年内有下列行为之一的，建设行政主管部门不予批准:

(1) 与建设单位或者企业之间相互串通投标，或者以行贿等不正当手段谋取中标的;

(2) 未取得施工许可证擅自施工的;

(3) 将承包的工程转包或者违法分包的;

(4) 严重违反国家工程建设强制性标准的;

(5) 发生过三级以上工程建设重大质量安全事故或者发生过两起以上四级工程建设质量安全事故的;

(6) 隐瞒或者谎报、拖延报告工程质量安全事故或者破坏事故现场、阻碍对事故调查的;

(7) 按照国家规定需要持证上岗的技术工种的作业人员未经培训、考核，未取得证书上岗，情节严重的;

(8) 未履行保修义务，造成严重后果的;

(9) 违反国家有关安全生产规定和安全生产技术规程，情节严重的;

(10) 其他违反法律、法规的行为。

3．施工单位资质的监督

施工单位的资质由政府建设行政主管部门监督管理，并实行资质年检制度。资质年检结果分为合格、基本合格和不合格三种结论。

(1) 合格条件。建筑业企业资质条件符合资质等级标准，且在过去一年内未发生《建筑业企业资质管理规定》第十四条所列行为的，年检结论为合格。

(2) 基本合格条件。建筑业企业资质条件中，净资产、人员和经营规模未达到资质等级标准，但不低于资质等级标准的80%，其他各项均达到标准要求，且过去一年内未发生《建筑业企业资质管理规定》第十四条所列行为的，年检结论为基本合格。

(3) 不合格。有下列情形之一的，建筑业企业的资质年检结论为不合格:

1) 资质条件中净资产、人员和经营规模任何一项未达到资质等级标准的80%，或者其他任何一项未达到资质等级标准的;

2) 有《建筑业企业资质管理规定》第十四条所列行为之一的。

建筑业企业资质年检不合格或者连续两年基本合格的，建设行政主管部门应当重新核定其资质等级。新核定的资质等级应当低于原资质等级，达不到最低资质等级标准的，取消资质。

建筑业企业连续三年年检合格，方可申请晋升上一个资质等级。

降级的建筑业企业，经过一年以上时间的整改，经建设行政主管部门核查确认，达到规定的资质标准，且在此期间内未发生本规定第十四条所列行为的，可以按照本规定重新申请原资质等级。

第四节 监理单位

一、监理单位的概念

监理单位是指依法取得监理资质证书，具有法人资格的工程监理企业的总称。包括独立设立的监理公司、监理事务所和兼承监理业务的工程设计、科学研究及工程建设咨询的单位。无论何种形式的监理单位，都必须满足两个基本条件：一是报建设行政主管部门进行监理资质审查，取得监理资质证书；二是向工商行政管理部门申请企业法人登记，取得法人资格。

监理单位是建筑市场的主体之一。一个发育健全的市场，应该具备三个方面的市场主体，即市场交易的买卖双方和协调交易双方、为交易双方提供交易服务的第三方——中介机构。就建筑市场而言，业主以支付货币的形式购买建筑产品，是市场交易的买方；承建单位生产建筑产品，移交给业主并收取工程费，是市场交易的卖方；监理单位提供交易服务，接受业主的委托对建筑活动进行监督管理，协调双方的交易活动，是市场交易的第三方——中介机构。建筑市场的中介机构，除了监理单位外，还有其他技术、经济咨询机构，如招标代理机构、造价咨询机构等。

当然，并不是所有市场都需要中介机构的协调才能完成交易。交易形式简单，交易过程简短的市场，买卖双方经协商自行可以完成交易活动时，中介机构的意义不大。但建筑市场不同，中介机构在交易中扮演着重要角色。因为，建筑产品的交易不是瞬间可以完成的，往往需要较长的周期，多次的阶段性交易。交易的时间越长，阶段性交易的次数越多，买卖双方产生矛盾的机率就越高，需要协调的问题也就越多，作为协调交易的中介机构当然就有了用武之地。况且，建筑市场交易活动的专业性很强，没有相当高的专业技术水平，很难顺利地完成建筑市场的交易活动，而每一个业主又不可能都具备建筑技术、建筑经济的全面知识，这就为以技术服务为主要经营业务的工程建设监理提供了广阔的市场。所以，监理单位在建筑市场的交易活动中，既有生存的必要，又有存在的条件，是建筑市场交易活动中不可缺少的市场主体之一。

二、监理单位的类别

监理单位有很多种类型，可以按不同的标志分为各种类型的工程监理企业。其中最重要的分类，是与建筑活动相关的两种分类方法，即按资质条件分类和按工程类别分类。

（一）按资质条件分类

按照资质条件可以把监理单位分为甲级工程监理企业、乙级工程监理企业和丙级工程监理企业。按资质条件对监理单位分类，是监理单位最富有行业特色和最重要的一种分类方式。工程监理企业只有达到了一定的资质条件，向有关部门申请资质，经审查合格，取得相应等级的资质证书后，方能在资质等级许可的范围内从事工程监理活动。

1. 甲级工程监理单位

甲级工程监理单位，是指达到工程监理甲级资质条件，经相关部门审查合格，取得了甲级工程监理资质证书的工程监理企业。

2. 乙级工程监理单位

乙级工程监理单位，是指达到工程监理乙级资质条件，经相关部门审查合格，取得了乙级工程监理资质证书的工程监理企业。

3. 丙级工程监理单位

丙级工程监理单位，是指达到工程监理丙级资质条件，经相关部门审查合格，取得了丙级工程监理资质证书的工程监理企业。

（二）按工程类别分类

建设工程涉及国民经济的各个行业，按照工程性质和技术特点可以分为若干类别。我国对于工程的类别，按照不同行业分成十几个大类，每一大类又分成若干小类。大的分类有：房屋建筑工程、冶炼工程、矿山工程、化工石油工程、水利水电工程、电力工程、林业及生态工程、铁路工程、公路工程、港口与航道工程、航天航空工程、通信工程、市政公用工程、机电安装工程等。

按照从事不同工程类别的监理业务，可以把监理单位分为不同工程类别的工程监理企业。例如：房屋建筑工程监理企业、冶炼工程监理企业、公路工程监理企业、市政公用工程监理企业等。同一个监理单位，只要资质条件达到要求，可以申请多个工程类别的监理业务，经审查合格领取相应资质证书，在核定的工程类别范围内从事工程监理活动。

三、监理单位的资质

（一）监理单位资质及资质等级的概念

1. 监理单位的资质

监理单位的资质，是指从事监理活动应当具备的人员素质、资金数量、专业技能、管理水平及监理业绩的总称。

资质反映了监理单位的监理能力和监理效果。所谓监理能力，指监理单位的人员、资金、技术、管理等要素综合起来所形成的监督管理工程项目的能力。所谓监理效果，指监理单位从事工程项目监理的实际效果，主要反映在业绩上。监理能力反映了监理单位内在要素的质量，以及监理单位的综合素质。但是，监理能力并不能完全说明监理效果，监理能力只是监理效果的基础而不能代替监理效果，不能说监理能力强监理效果就一定好。建筑市场需要的是监理能力强，监理效果又好的监理单位。所以，衡量监理单位的资质，既要看内在要素的质量，又要看实际效果，二者缺一不可。

2. 监理单位的资质等级

监理单位的资质等级，是指政府建设行政主管部门根据监理单位的资质条件和政府规定的监理资质标准，批准的监理单位在监理资质方面拥有的等级。

工程建设监理是一种高智能的技术服务，要求监理单位必须具有相适应的技术和管理水平。为了提高监理队伍的整体水平，保证工程建设监理的质量，国务院建设行政主管部门根据各类各级工程对监理活动的要求，将监理资质分成甲、乙、丙三个等级（简称为工程监理企业的资质等级），并按照工程性质和技术特点划分为若干工程类别，明确规定了各个级别的资质等级标准和监理活动的范围。实行资质等级制度，是为了对监理单位进行分类管理，使每一个工程监理企业都在自身的能力范围内从事监理活动，从而确保工程监理的质量。

每一个监理单位都必须根据自己的能力和业绩申请相应的资质等级，经审查批准取得资质等级证书，才能在规定的业务范围内从事监理活动。

(二) 监理单位的资质等级标准

工程监理企业的资质等级标准如下:

1. 甲级工程监理企业的资质标准

(1) 企业负责人和技术负责人应当具有15年以上从事工程建设工作的经历,企业技术负责人应当取得监理工程师注册证书;

(2) 取得监理工程师注册证书的人员不少于25人;

(3) 注册资本不少于100万元;

(4) 近三年内监理过五个以上二等房屋建筑工程项目或者三个以上二等专业工程项目。

2. 乙级工程监理企业的资质标准

(1) 企业负责人和技术负责人应当具有10年以上从事工程建设工作的经历,企业技术负责人应当取得监理工程师注册证书;

(2) 取得监理工程师注册证书的人员不少于15人;

(3) 注册资本不少于50万元;

(4) 近三年内监理过五个以上三等房屋建筑工程项目或者三个以上三等专业工程项目。

3. 丙级工程监理企业的资质标准

(1) 企业负责人和技术负责人应当具有8年以上从事工程建设工作的经历,企业技术负责人应当取得监理工程师注册证书;

(2) 取得监理工程师注册证书的人员不少于5人;

(3) 注册资本不少于10万元;

(4) 承担过二个以上房屋建筑工程项目或者一个以上专业工程项目。

(三) 监理单位的监理业务范围

各个工程类别的各级工程监理企业都有相应的监理业务范围。

1. 甲级工程监理企业的监理业务范围

甲级工程监理企业可以监理经核定的工程类别中一、二、三等工程。

2. 乙级工程监理企业的监理业务范围

乙级工程监理企业可以监理经核定的工程类别中二、三等工程。

3. 丙级工程监理企业的监理业务范围

丙级工程监理企业可以监理经核定的工程类别中三等工程。

各级工程监理企业的监理业务范围中所指的工程类别及工程等级详见表2-4。

工程类别及等级　　　　表2-4

序号	工程类别		一 等	二 等	三 等
一	房屋建筑工程	一般房屋建筑工程	28层以上;36m跨度以上(轻钢结构除外);单项工程建筑面积30000m²以上	14～28层;24～36m跨度以上(轻钢结构除外);单项工程建筑面积10000～30000m²以上	14层以下;24m跨度以下(轻钢结构除外);单项工程建筑面积10000m²以下

续表

序号	工程类别		一 等	二 等	三 等
一	房屋建筑工程	高耸构筑工程	高度120m以上	高度70~120m	高度70m以下
		住宅小区工程	建筑面积12万m^2以上	建筑面积6~12万m^2	建筑面积6万m^2以下
二	冶炼工程	钢铁冶炼连铸	年产100万t以上或单座高炉炉容1000m^3以上或单座公称容量转炉50t以上或电炉50t以上	年产100万t以下或单座高炉炉容1000m^3以下或单座公称容量转炉50t以下或电炉50t以下	
		轧钢工程	年产25万t以上或装备连续、半连续轧机	年产25万t以下	
		炼焦工程	年产50万t以上或炭化室高度4.3m以上	年产50万t以下或炭化室高度4.3m以下	
		烧结工程	单台烧结机90m^2以上	单台烧结机90m^2以下	
		制氧工程	小时制氧1000m^3以上	小时制氧1000m^3以下	
		氧化铝加工工程	年产30万t以上	年产10~30万t	年产10万t以下
		有色金属冶炼、电解	年产10万t以上	年产5~10万t	年产5万t以下
		有色金属加工工程	年产3万t以上	年产1~3万t	年产1万t以下
		水泥工程	日产2000t以上	日产1000~2000t	日产1000t以下
		浮法玻璃工程	日熔量400t以上	日熔量300~400t	日熔量300t以下
三	矿山工程	井工矿工程	年产120万t以上	年产45~120万t	年产45万t以下
		洗选煤工程	年产120万t以上	年产45~120万t	年产45万t以下
		立井井筒工程	深度800m以上	深度300~800m	深度300m以下
		露天矿工程	年产400万t以上	年产100~400万t	年产100万t以下
		铁矿采、选工程	年产100万t以上	年产60~100万t	年产60万t以下
		黑色矿山采选工程	年产200万t以上	年产60~200万t	年产60万t以下

续表

序号	工程类别		一等	二等	三等
三	矿山工程	有色砂矿工程采、选	年产100万t以上	年产60~100万t	年产60万t以下
		有色脉矿采、选工程	年产60万t以上	年产30~60万t	年产30万t以下
		磷矿、硫铁矿工程	年产60万t以上	年产30~60万t	年产30万t以下
		铀矿工程	年产30万t以上	年产20~30万t	年产20万t以下
		石膏矿、石英矿工程	年产20万t以上	年产10~20万t	年产10万t以下
		石灰石矿工程	年产70万t以上	年产40~70万t	年产40万t以下
四	化工石油工程	炼油化工工业工程	原油处理能力在500万t/年以上的一次加工及相应二次加工装置和后加工装置	原油处理能力在50~500万t/年的一次加工及相应二次加工装置和后加工装置	原油处理能力在50万t/年以下的一次加工及相应二次加工装置和后加工装置
		油田工业工程	原油处理能力150万t/年以上、天然气处理能力150万m³/天以上、产能50万t以上及配套设施	原油处理能力80~150万t/年、天然气处理能力50~150万m³/天、产能30~50万t及配套设施	原油处理能力80万t/年以下、天然气处理能力50万m³/天以下、产能30万t以下及配套设施
		输油气管道工程	100km以上	30~100km	30km以下
		储油气容器设备安装工程	压力容器8MPa以上；大型油气储罐10万m³/台以上	压力容器1~8MPa；大型油气储罐1~10万m³/台	压力容器1MPa以下；大型油气储罐1万m³/台以下
		乙烯工程	年产30万t以上	年产11~30万t	年产11万t以下
		合成橡胶合成树脂及塑料和化纤	年产4万t以上	年产2~4万t	年产2万t以下
		有机原料农药、染料	投资额2亿元以上	投资额1~2亿元	投资额1亿元以下
		轮胎工程	年产30万套以上	年产20~30万套	年产20万套以下
		制酸工业工程	年产硫酸16万t以上	年产硫酸8~16万t	年产硫酸8万t以下

续表

序号	工程类别		一等	二等	三等
四	化工石油工程	制碱工程	年产烧碱5万t以上 年产纯碱40万t以上	年产烧碱2~5万t 年产纯碱20~40万t	年产烧碱2万t以下 年产纯碱20万t以下
		化肥工业工程	年产20万t以上合成氨及相应后加工装置;年产24万t以上磷氨工程	年产8~20万t合成氨及相应后加工装置;年产12~24万t磷氨工程	年产8万t以下合成氨及相应后加工装置;年产12万t以下磷氨工程
五	水利水电工程	水库工程	总库容1亿m^3以上	总库容1000万~1亿m^3	总库容1000万m^3以下
		运河工程	流域面积1万km^2以上	流域面积1000~10000km^2	流域面积1000km^2以下
		水利发电站工程	总装机容量250MW以上	总装机容量25~250MW	总装机容量25MW以下
六	电力工程	火力发电站工程	单机容量30万kW以上	单机容量5~30万kW	单机容量5万kW以下
		核力发电站工程	核电站		
		输变电工程	330kV以上	220~330kV	220kV以下
七	林业及生态工程	林业局(场)总体工程	面积35万hm^2以上	面积35万hm^2以下	
		林产工业工程	投资额5000万元以上	投资额5000万元以下	
		生态建设工程	投资额3000万元以上	投资额3000万元以下	
八	铁路工程	铁路综合工程	新建、改建一级干线,单线铁路40km以上;双线30km以上及枢纽	新建、改建一级干线,单线铁路40km以下;双线30km以下,二级干线及站线	专用线、专用铁路
		铁路桥梁工程	桥长500m以上	桥长100~500m	桥长100m以下
		铁路隧道工程	单线3000m以上 双线1500m以上	单线2000~3000m 双线1000~1500m	单线2000m以下 双线1000m以下
		铁路通信信号、电力电气化工程	新建、改建铁路(含枢纽,配、变电所,分区亭)单双线2000m及以上	新建、改建铁路(不含枢纽,配、变电所,分区亭)单双线2000m及以下	
九	公路工程	公路工程	高速公路;一级公路	高速公路路基;一级公路	二级公路及以下各级公路
		公路桥梁工程	独立大桥工程;特大桥总长500m以上或单跨跨径100m以上	大桥总长100~500m或单跨跨径40~100m	中桥及以下桥梁工程总长100m以下或单跨跨径40m以下

续表

序号	工程类别		一等	二等	三等
九	公路工程	公路隧道	长度3000m以上	长度250~3000m	长度250m以下
		交通工程	通讯、监控、收费等公路机电工程；高速公路环保工程	标志、标线、护栏、护网、反光路标、轮廓标、防眩设施等公路交通安全设施；一级公路环保工程	二级公路及以下各级公路的标志、标线等公路交通安全设施；二级公路及以下各级公路环保工程
十	港口与航道工程	港口年吞吐能力	海港：杂货150万t以上，散货300万t以上；河港：杂货250万t以上，散货300万t以上	海港：杂货100~150万t，散货200~300万t；河港：杂货200~250万t，散货250~300万t	海港：杂货100万t以下，散货200万t以下；河港：杂货200万t以下，散货250万t以下
		码头吨位	海港：2.5万t级以上码头；河港：5000t级以上码头	海港：1~2万t级码头；河港：1000~5000t级码头	海港：5000t级以下码头；河港：500t级以下码头
		航道、疏浚	航道万吨级以上船舶沿海复杂航道；通航1000t级以上船舶的内河航运工程项目	航道万吨级以上船舶的沿海及长江干线航道；通航300~1000t级船舶的内河航运工程项目	航道万吨级以下船舶的沿海航道；通航300t级以下船舶的内河航运工程项目
		投资额	投资额在8000万元以上的其他水运工程项目（指建安费）	投资额在5000~8000万元的其他水运工程项目（指建安费）	投资额在5000万元以下的其他水运工程项目（指建安费）
十一	航天航空工程	民用机场工程风洞工程	飞行区指标为4E及以上大型跨音速、超音速风洞及特种风洞	飞行区指标为4D中型跨音速、超音速风洞及特种风洞	飞行区指标为4C及以下低速风洞及各类小型风洞
		航空专用试验设备工程	大型整机、系统模拟试验设备工程	大型部件模拟试验设备、整机试验设备工程	中、小型模拟试验设备、部件试验设备工程
		航天器及运载工具总装车间发射试验装置工程	研制、生产航天飞行器、运载火箭、大型动力装置等基地	总体设计部（所），总装厂，发动机、控制系统、惯性器件、地面设备及大型试验台、试车台等综合性建设项目	各类试验室、计算中心、仿真中心、地面测控站、研究用房和试制生产车间等单项工程
十二	通信工程	有线、无线传输通信工程，卫星、综合布线	省际通信、信息网络工程	省内通信、信息网络工程	地市以下通信、信息网络工程

续表

序号	工程类别	一等	二等	三等
十二	通信工程 / 邮政、电信、广播枢纽及交换工程	省会城市邮政、电信枢纽	地市级城市邮政、电信枢纽	县级邮政、电信枢纽
	发射台工程	总发射功率500kW以上短波或600kW以上中波发射台；高度200m以上广播电视发射台	总发射功率150~500kW短波或200~600kW中波发射台；高度100~200m广播电视发射台	总发射功率150kW以下短波或200kW以下中波发射台；高度100m以下广播电视发射台
十三	市政公用工程 / 城市道路工程	各类市政公用工程（地铁、轻轨单独批）	各类城市道路、单孔跨径20~40m桥梁；500~3000万元的隧道工程	城市道路（不含快速路）、单孔跨径20m以下的桥梁；500万元以下的隧道工程
	给水排水建筑安装工程		2~10万t/日的给水厂；1~5万t/日污水处理工程；0.5~3m³/秒的给水、污水泵站；1~5m³/秒以下的雨水泵站；各类给排水管道工程	2万t/日以下的给水厂；1万t/日以下污水处理工程；0.5m³/秒以下的给水、污水泵站；1m³/秒以下的雨水泵站；直径1m以下的给水管道；直径1.5m以下的污水管道
	热力及燃气建筑安装工程		总储存容积500~1000m³液化气贮罐场（站）；供气规模5~15万m³/日以下的燃气工程；中压以下的燃气管道、调压站；供热面积50~150万m²的热力工程	总储存容积500m³以下液化气贮罐场（站）；供气规模5万m³/日以下的燃气工程；2kg/cm²以下的中压、低压管道、调压站；供气面积50万m²以下的热力工程
	垃圾处理		各类城市生活垃圾工程	生活垃圾转运站
十四	机电安装工程	各类一般工业、公用工程及公共建筑的机电安装工程	投资额3000万元以下的一般工业、公用工程及公共建筑的机电安装工程	

注：1. 表中的"以上"含本数，"以下"不含本数。
    2. 表中"机电安装工程是指未列入前13项工程的机械、电子、轻工、纺织及其他工业机电安装工程；
    3. 未列入本表中的国务院工业、交通、信息等部门的其他工程，由国务院有关工业、交通、信息等部门按照有关规定在相应的工程类别中划分等级。

（四）监理单位资质的申请、审批和监督

1．监理单位资质的申请

按照《工程监理企业资质管理规定》，工程监理企业都必须向企业注册所在地的县级以上地方人民政府建设行政主管部门申请资质。中央管理的企业直接向国务院建设行政主管部门申请资质，其所属的工程监理企业申请甲级资质的，由中央管理的企业向国务院建设行政主管部门申请，同时向企业注册所在地省、自治区、直辖市建设行政主管部门

报告。

工程监理企业申请资质分两种情况，即新设立的工程监理企业申请资质和已取得资质等级的工程监理企业申请资质升级。

新设立的工程监理企业，首先要到工商行政管理部门登记注册，取得企业法人营业执照后，方可到建设行政主管部门办理资质申请手续。新设立的工程监理企业初次定级，其资质等级按照最低等级核定并设一年的暂定期。

新设立的工程监理企业申请资质，应当向建设行政主管部门提供下列资料：

（1）工程监理企业资质申请表；

（2）企业法人营业执照；

（3）企业章程；

（4）企业负责人和技术负责人的工作简历、监理工程师注册证书等有关证明材料；

（5）工程监理人员的监理工程师注册证书；

（6）需要出具的其他有关证件、资料。

已经取得资质等级的工程监理企业申请资质升级，除向建设行政主管部门提供上述资料外，还应当提供下列资料：

（1）企业原资质证书正、副本；

（2）企业的财务决算年报表；

（3）《监理业务手册》及已完成代表工程的监理合同、监理规划及监理工作总结。

2. 监理单位资质的审批

监理单位资质的审批，实行分级审批制度。各级政府建设行政主管部门及有关专业部门接到工程监理企业的资质申请后，按照《工程监理企业资质管理规定》审批。其中铁道、交通、水利、信息产业、民航、通信等行业应经有关部门初审同意后审批。

监理单位资质审批，新设立的工程监理企业主要是审查资质条件；申请晋升资质等级的工程监理企业，除了审查资质条件外，还要审查近期的监理行为。按照《工程监理企业资质管理规定》，工程监理企业申请晋升资质等级，在申请之日前一年内有下列行为之一的，建设行政主管部门不予批准。

（1）与建设单位或者工程监理企业之间相互串通投标，或者以行贿等不正当手段谋取中标的；

（2）与建设单位或者施工单位串通、弄虚作假、降低工程质量的；

（3）将不合格的建设工程、建筑材料、建筑构配件和设备按照合格签字的；

（4）超越本单位资质等级承揽监理业务的；

（5）允许其他单位或个人以本单位的名义承揽工程的；

（6）转让工程监理业务的；

（7）因监理责任而发生过三级以上工程建设重大质量事故或者发生过两起以上四级工程建设质量事故的；

（8）其他违反法律法规的行为。

经审查，工程监理企业资质条件符合资质等级标准，且未发生上述8条规定所列行为的，按申请资质的等级分别由各级建设行政主管部门颁发相应资质等级的《工程监理企业资质证书》。

3. 监理单位资质的监督

监理单位的资质管理是一个动态过程，经审批核定的资质等级并非一成不变，而是根据监理单位资质条件和监理业绩的变化而变动，可以升级，也可以降级。监理单位的资质实行年检制度。各级工程监理企业资质年检，按照资质等级的审批权限，分别由相应的建设行政主管部门年检。工程监理企业资质年检的内容，是检查工程监理企业资质条件是否符合资质等级标准，是否存在质量、市场行为等方面的违法违规行为。工程监理企业年检结论分为合格、基本合格、不合格三种。

（1）年检合格。在年检中工程监理企业资质条件符合资质等级标准，且在过去一年内未发生《工程监理企业资质管理规定》第十六条所列行为的为合格。

（2）年检基本合格，在年检中工程监理企业资质条件中监理工程师注册人员数量、经营规模未达到资质标准，但不低于资质等级标准的80%，其他各项均达到标准要求，且在过去一年内未发生《工程监理企业资质管理规定》第十六条所列行为的为基本合格。

（3）年检不合格。在年检中资质条件中监理工程师注册人员数量、经营规模的任何一项未达到资质等级标准的80%，或者其他任何一项未达到资质等级标准，以及有《工程监理企业资质管理规定》第十六条所列行为之一的为不合格。

根据资质年检的结论，分别对工程监理企业的资质等级作出以下处理：

资质年检不合格或者连续两年基本合格的，重新核定其资质等级。新核定的资质等级应当低于原资质等级，达不到最低资质等级标准的，取消资质。降级的工程监理企业，经过一年以上时间的整改，经建设行政主管部门核查确认，达到规定的资质标准，且在此期间内未发生《工程监理企业管理规定》第十六条所列行为的，可以按照规定重新申请原资质等级。

资质年检连续两年合格，可以申请晋升上一个资质等级。

工程监理企业资质的变动，是一项非常严肃的工作，必须按照规定的程序和方法进行。除了在年检时根据年检结论作出相应变动外，凡是在监理活动中违反了国家法律、法规的工程监理企业，都将视其违法行为的性质，按照有关规定对其资质等级做出降级或吊销资质证书的处理。

第五节 管 理 机 构

本章前面介绍的业主、勘察设计单位、施工单位和监理单位，都是建筑活动的直接参与者，是建筑市场的主体，他们在建筑活动中通常构成商品交易关系。但是，建筑市场的正常运转和建筑活动的正常开展，仅有参与者是不够的，还必须有管理者，即制定规则和监督执行的机构。

在我国，对建筑市场和建筑活动实施管理的机构主要有两大类，一是政府管理机构，二是行业管理机构。他们站在不同的角度，对建筑行业的运行，建筑市场的规范，建筑活动的开展等有关方面进行管理和监督。

由于我国建筑市场还不成熟，政府管理机构和行业管理机构的职责不够清晰，政府职能的转变没有完全到位，许多方面有待进一步改进。因此，本节只对建筑活动的管理机构作简单的叙述。

一、政府管理机构

我国《建筑法》规定:"国务院建设行政主管部门对全国的建筑活动实施统一监督管理"。因此,建设行政主管部门就是代表政府对建筑活动实施监督管理的政府管理机构。目前在我国,各级人民政府都设有建设行政主管部门,他们代表政府对所辖范围内的建筑活动进行管理。

实行市场经济,并不意味着不要政府管理经济,恰恰相反,还必须加强政府的管理和控制,只是管理的内容和形式必须符合市场经济的规律。不过,政府对经济的管理并不对经济活动直接操作,而是制定运行规则,从宏观上加以控制。

建筑活动关系到国民经济的健康发展,连接着千家万户的经济利益和生命安全,我国政府十分重视建筑活动的监督管理,制定出台了一系列有关建筑活动的法规,从制度上保证了建筑活动的正常开展和建筑市场的正常秩序。

我国政府管理机构对建筑活动的管理,重点放在立法、执法和重大问题的监督管理上。主要有以下工作:

(一)通过立法,从制度上保证建筑活动的健康发展

我国近代建筑业形成已近百年,但走上法制的轨道,是20世纪80年代改革开放以后的事情,特别是《中华人民共和国建筑法》出台以后。改革开放初期,建设行政主管部门先后制定了一些建筑活动的管理制度,对建筑业的发展起了重要作用,但不够系统,没有形成完整的制度体系。直到1997年11月1日第八届全国人民代表大会常务委员会第二十八次会议通过《中华人民共和国建筑法》,我国建筑活动开始了依法治理的重要时期。以后又陆续出台了一系列法律和规章制度,基本形成了监督管理建筑活动的法律制度体系。

目前,与建筑活动密切相关的法律、行政法规和部门规章多达上百种,对建筑活动的方方面面作了规定,从制度上保证了建筑活动的健康发展。经常使用的重要法规有:《中华人民共和国建筑法》、《中华人民共和国招标投标法》、《建设工程勘察设计管理条例》、《建设工程质量管理条例》、《建筑业企业资质管理规定》、《建设工程勘察设计企业资质管理规定》、《工程监理企业资质管理规定》、《工程建设项目施工招标投标办法》、《建筑工程设计招标投标管理办法》、《建设工程勘察质量管理办法》、《建设工程勘察设计市场管理规定》、《建筑工程施工许可管理办法》,等等。

(二)资质管理

资质管理是政府建设行政主管部门的一项重要工作,是保证工程质量的前提条件。建筑市场的三个重要主体,建筑业企业、建设工程勘察设计企业、工程监理企业都实行了严格的资质管理制度。通过资质管理,政府就把握住了生产建筑产品最关键的要素,为规范建筑市场,监督管理建筑活动,确保工程质量,创造了基础条件。

(三)从业人员执业资格管理

政府不仅对从事建筑活动的企业实施资质管理,还对从事建筑活动的专业技术人员实施执业资格管理,重要职业岗位实行了执业注册制度。如:注册建筑师、注册结构工程师、注册设备工程师、注册造价工程师、注册监理工程师,等等。从制度上保证了从业人员的基本素质,为全面提高建筑队伍的水平打下了基础。

(四)施工许可管理

政府对建筑工程施工实行施工许可制度。工程开工,必须经建设行政主管部门同意,

办理施工许可证后方能进行。施工许可证由建设单位申请办理，本章第一节谈到业主工作时，详细介绍过施工许可证的办理条件和方法，这里从略。实行施工许可制度，目的在于确保建筑工程的开工条件，避免因条件不具备而开工带来的损失。建筑工程一旦开工，多数情况下不可逆转，即使可以返工，也会造成损失。开工条件不具备，还经常出现停工，同样难以避免损失。所以，实行施工许可制度，对保证施工过程顺利进行，有非常积极的意义。

（五）建设工程质量与安全生产管理

建设工程质量与安全生产管理，是政府对建筑活动实施管理的重要任务。根据国务院颁发的《建设工程质量管理条例》和《建设工程安全生产管理条例》，建设行政主管部门是建设工程质量和安全生产的监督管理机构。但是，建设行政主管部门不可能直接从事建设工程质量和安全生产的具体管理工作，一般情况下是委托专门的行业管理机构进行实质性管理。通常做法是，政府建设行政主管部门制定相关制度，委托行业管理机构具体管理，企业按要求严格执行，政府主管部门对企业和行业管理机构的行为实行监督。

（六）招标投标管理

招标投标是建筑市场进行建筑商品交易的主要形式，无论是工程勘察设计、工程施工，还是工程监理，都要按要求实行招标投标。对于政府来说，招标投标也属于监督性管理。政府制定招标投标制度，企业按制度执行，行业机构实施实质性管理，政府监督。招标投标，不仅建筑行业存在，各行各业都有招标投标问题。在这方面，国家不仅颁布了法律，即《中华人民共和国招标投标法》，各有关行业还制定了相应的实施条例和办法，如《工程建设项目施工招标投标办法》、《建筑工程设计招标投标管理办法》等。

政府对建筑活动的管理还有许多方面，但随着改革的深入，政府职能的转变，许多工作要由行业管理机构来做或者企业自律，政府管理的重点则放在制定规则和监督上，从宏观上控制、引导建筑活动健康发展。

二、行业管理机构

行业管理是建筑活动正常开展的又一个重要环节。建筑行业是一个庞大的系统，建筑产品的质量要有统一的标准，建筑产品的价格要有大家能够接受的计算方法，建筑生产要有科学的工艺，建筑市场的交易活动要有符合市场规律的形式。这一切都说明，在建筑行业内部必须有管理这些事务的机构，这是建筑活动的复杂性所决定的，它本身构成建筑业运行机制中不可缺少的部分。如果没有行业管理机构，各个企业各自为政，仅靠建筑市场的自发机制调节，必然出现混乱，甚至造成重大损失。

在计划经济条件下，建筑行业的管理全部由政府来做，不仅导致政企不分，加重了政府的负担，还容易出现违反市场规律的行为。因为，政府本身并不构成建筑市场的组成部分，它可以不受市场机制的约束，违反市场规律难以避免。市场经济建立后，建筑行业的内部管理逐步形成，出现了许多行业管理机构。行业机构的管理具有双重身份，既受政府的某些委托行使监督管理，又带有行业自律性质。行业内部管理，既是建筑市场运转的客观需要，也是参与建筑活动各个企业的需要。同时，行业管理机构又是执行政府法规的组织，它的某些管理具有强制性。

建筑行业的行业管理机构很多，如各种协会、联合会、学会等。但从对建筑活动的监督管理而言，主要有工程招标投标管理、工程质量管理、工程造价管理等三个方面。这些工作，一般由相应的事业单位承担，他们和政府建设行政主管部门的管理构成有机整体。当然，就目前我国的实际情况来说，政府建设行政主管部门和行业管理机构的职责没有完全划清楚，有些行业管理机构还带有某些政府职能，建设行政主管部门也从事了一些行业管理的具体事务。随着市场经济的完善，这一切将逐步得到解决。

（一）工程招标投标管理

自从《中华人民共和国招标投标法》公布以来，我国招标投标工作走上法制的轨道。对于建筑活动，招标投标主要包括工程勘察设计招标投标、工程施工招标投标和工程监理招标投标三个方面。招标投标的行业管理，由各地设立的建设工程招标投标站在政府建设行政主管部门委托的范围内行使职权。建设工程招标投标站根据《中华人民共和国招标投标法》和各级政府建设行政主管部门制定的工程勘察设计、工程施工、工程监理方面的招标投标具体实施办法，对建设工程的招标投标进行管理。

建设工程招标投标站的主要任务是，贯彻执行各级政府关于建设工程招标投标的法规和政策，制定当地建设工程招标投标的具体操作办法，指导并监督业主或招标代理机构、承建单位的招标、投标工作，规范建设工程招标投标行为，等等。

（二）工程质量管理

如前所述，各地建设行政主管部门为建设工程质量的监督管理机构，而行业管理机构为建设工程质量管理的具体实施者。行业管理机构受政府建设行政主管部门的委托，对建设工程质量进行实质性监督管理。各地都设有建设工程质量监督管理站，作为建设工程质量的行业管理机构。

建设工程质量监督管理站的主要任务是，贯彻执行各级政府关于建设工程质量管理的法规和政策，制定当地建设工程质量监督管理的具体操作方法，监督所辖范围内的建设工程质量，派出代表对管理的工程进行监督，监督业主、承建单位在建设工程质量方面的工作，监督并指导工程监理活动，受政府委托组织建设工程质量的检查和评比，协助政府处理建设工程质量事故，为建设工程质量提供技术咨询，等等。

（三）工程造价管理

建筑产品由于自身的特点，决定了需要按一定的程序和方法来计算价格。这一点和一般商品不同。对于一般商品，价格是受市场的供需关系调节，由买卖双方通过"货比三家"决定。建筑商品却不能这样，因为没有同类的批量产品供选择，不可能采取"货比三家"的方式，通过买卖双方的讨价还价确定价格。在没有按一定的方式计算以前，无论是业主，还是承包方，都无法确认建筑产品的合理价格。因此，建筑产品的价格，一定要有大家共同认可的确定方式，制定建筑产品的价格成为一种专门的职业。建筑产品的价格，又称为工程造价。

为了加强工程造价管理，维护建筑市场的正常秩序，政府建设行政主管部门制定了一系列标准和规范，用于指导建设工程的计价。同时，政府建设行政主管部门还对工程造价领域的从业人员实施执业资格管理，实行了工程造价师注册制度。当然，工程造价的确定是建筑市场的行为，不可能由政府直接定价。政府组织制定工程造价的标准和规范的目的，在于规范建筑市场。

既然工程造价需要一定的确定方法，工程造价管理就是必须的。在我国各地都设有工程造价管理站，作为行业管理机构，专门负责此项工作。需要指出的是，工程造价管理机构并不直接为业主和承包单位确定工程造价,而是制定工程造价的确定方法。主要任务是,贯彻执行各级政府关于工程造价方面的政策,制定当地工程造价确定的操作方法,提供工程造价技术服务,监督所辖范围内工程造价的执行情况,调解业主和承包方在工程造价上的分歧,解释建设工程的计价规范,等等。

在建筑活动中,除了上述六类机构外,还有一些咨询类机构,如招标代理机构、工程造价咨询机构等。咨询机构也是建筑市场的主体,主要为业主、勘察设计单位和施工单位提供技术服务。目前在我国数量还比较少,本书从略。

思 考 题

1. 参与建筑活动的有哪些相关机构?各自的地位如何?
2. 在建筑活动中,业主应完成哪些工作?为什么这些工作要由业主来做?
3. 勘察设计单位在建筑活动中处于什么地位?
4. 勘察设计企业是如何分类的?
5. 对勘察设计企业、建筑业企业、工程监理企业实施资质管理有什么意义?对建筑行业的技术人员实行执业资格注册制度有什么意义?
6. 建筑业企业是如何分类的?其中总承包企业、专业承包企业和劳务分包企业的承包范围有什么不同?他们之间存在什么关系?
7. 实行工程监理对建筑活动有什么意义?监理企业和业主、承包单位是一种什么关系?
8. 政府建设行政管理部门在建筑活动中处于什么地位?主要作用是什么?
9. 行业管理机构在建筑活动中处于什么地位?主要作用是什么?行业管理机构和政府建设行政管理部门有什么不同?
10. 你认为在建筑活动中,业主、勘察设计单位、施工单位、监理单位、政府建设行政管理部门、行业管理机构处于什么样的关系才更加科学、合理?

第三章 建 筑 产 品

建筑业作为国民经济的一个重要物质生产部门，必然有特定的产品，建筑活动的目的就是生产出满足社会需求的建筑产品。建筑产品是社会总产品的重要组成部分，建筑业的各类机构围绕建筑产品的生产、交换、管理开展工作。与一般工业产品相比较，建筑产品无论是实物形态和价值形态都有其显著的特征，直接影响着生产过程和交换形式。

第一节 建筑产品的含义

一、建筑产品的概念

建筑业有广义和狭义之分，建筑产品也有广义的建筑产品和狭义的建筑产品之分。

广义的建筑产品，是指建筑业向社会所提供的具有一定功能、可供人类使用的土木工程以及附属设施工程，线路管道工程和设备安装工程以及装饰装修工程。这个定义包含了土木建筑产品、线路管道和设备安装产品、装修装饰产品三个大的部分。土木建筑产品的内容非常广泛，包括房屋建筑工程、交通工程、水利工程、电力工程、矿山工程、冶炼工程、化工工程、市政工程、通信工程等。线路管道和设备安装产品和装修装饰产品的内容也非常广泛，这里不再详细叙述。

狭义的建筑产品，是指建筑业向社会所提供的具有一定功能、可供人类使用的房屋建筑工程和附属设施工程，以及与其配套的线路管道工程和设备安装工程。这个定义包含了房屋建筑产品、附属设施产品、线路管道和设备安装产品三个部分。

房屋建筑产品，即各类房屋建筑工程。一般是指具有顶盖、梁柱、墙壁、基础以及能够形成内部活动空间，满足人们生产、生活所需功能的工程实体。包括民用住宅建筑、工业建筑、商业旅游建筑、文教卫生体育建筑、公共建筑等。

附属设施产品，是指与房屋建筑工程共同发挥作用的各类附属设施工程。包括水塔、烟囱、区内道路、停车场、污水处理、涵洞等设施。这些设施本身并不具备独立发挥作用的功能，必须和房屋建筑共同使用，其功能才能得到发挥。附属设施中有相当一部分没有内部活动空间，习惯上又把没有内部活动空间的工程叫做构筑物。

这里的线路、管道和设备安装产品，是指与房屋建筑工程配套的各类线路、管道、设备（含电梯）安装工程等，不包括独立施工的专业设备安装工程。

显然，狭义的建筑产品是围绕房屋建筑工程以及配套的设施安装工程定义的，所以通常又将这类建筑产品称为建筑与安装工程。

为了概念清楚，本章以下内容以狭义建筑产品为论述对象。

二、建筑产品的分类

建筑产品的种类繁多，其功能、结构、形状和大小等都千差万别，可以按不同的方法进行分类。

(一) 按照建筑产品生产工艺划分

根据建筑产品的生产工艺，可以分成土建工程施工和安装工程施工两种类型。

1. 土建工程施工产品

土建工程施工产品，又简称为建筑工程，是指房屋建筑工程和附属设施工程的土建工程部分。包括各类建筑物、构筑物。建筑工程是建筑产品的主导部分，其他产品都依附于建筑工程而存在。

2. 安装工程施工产品

安装工程施工产品，又简称为安装工程，是指与房屋建筑工程和附属设施工程配套的线路、管道、设备的安装工程部分。主要包括电气设备、暖气设备、空调设备、给排水设备、智能设备、工业设备的安装工程和大型非标准设备的制作、安装工程。在建筑产品中，安装工程丰富和完善了建筑工程的功能，是现代建筑不可缺少的组成部分。随着现代科学技术在建筑工程中的广泛运用和人们生活水平的进一步提高，安装工程的地位和作用将越来越重要。

(二) 按照建筑产品形成的程度划分

由于建筑产品的生产周期长，不可能一次性结算工程价款，因而一般按施工进度结算，以加速流动资金的周转。在这种情况下，形成了许多用于工程结算的"中间产品"。主要有：

1. 未完施工

未完施工，指已经投入一定的人工、材料，但未完成设计规定的全部工序的分部分项工程。所谓分部分项工程，是指建筑与安装工程的组成部分。例如，基础工程、主体工程、屋面工程、装修工程称为分部工程，钢筋工程、砌筑工程、油漆工程则称为分项工程。"未完施工"一般不能作为结算的依据，但对于工程量大且工期长的分部分项工程，也可根据"未完施工"完成的工程量预支部分工程价款。

2. 已完施工

已完施工，指已经完成设计规定的工序，不需要再进行加工生产的分部分项工程。建筑产品的供需双方可以将"已完施工"视为建筑产品的"中间产品"，据此结算该部分工程的价款。"已完施工"是工程结算中的一个重要概念，甲乙双方在办理中间结算时，主要是以"已完施工"为依据。

3. 未完工程项目

未完工程项目，简称未完工程，指已经投入一定的人工、材料，但未完成全部设计内容的单位工程、单项工程或建设项目。所谓单位工程，是指单体的建筑工程或者安装工程，单位工程由若干分部分项工程组成；单项工程，是指单体的建筑工程和与其配套的安装工程，单项工程由若干单位工程组成；建设项目，是指有独立的设计、预算和完备的使用功能的工程，建设项目由一个或若干个单项工程组成，可能是群体工程，也可能只是一个单体工程。

未完工程项目又称在建工程项目，它由若干个"未完施工"和"已完施工"组成，工程价款结算按"未完施工"和"已完施工"处理。

4. 已完工程项目

已完工程项目，简称已完工程，指已经完成全部设计内容的单位工程、单项工程或建设项目。已完工程是由工程项目的全部"已完施工"组成,只要一个项目中存在"未完施工",该项目就不能称为已完工程。在已完工程中,单位工程是工程造价结算的最小单位。施工中单位工程的全部设计内容完成后,就可以结算全部工程价款。

(三)按建筑产品的功能划分

按照建筑产品的功能,可以大致把建筑产品分为生产性建筑产品和非生产性建筑产品。

1. 生产性建筑产品

生产性建筑产品,是指直接用于物质生产或为物质生产服务的建筑产品。主要包括有工业建筑工程、公路及桥梁工程、市政工程、港口工程、铁路工程、农田水利工程以及动力工程、通讯工程、航空港工程、隧道工程、地下工程等。

2. 非生产性建筑产品

非生产性建筑产品,是指用于非物质生产或者用于人民物质文化生活的建筑产品。主要包括住宅建筑、生活服务建筑、文教建筑、托幼建筑、医疗卫生建筑、商业建筑、行政性建筑、交通建筑、通讯广播建筑、体育建筑、观演建筑、展览建筑、旅游建筑、园林建筑、纪念建筑等。

这种分类方法,只是一个粗略的划分。实际上许多建筑产品既可以用于生产,又可以用于生活。例如:铁路工程、市政工程、港口工程,通讯工程,等等。

三、建筑产品的特点

和一般工业产品相比较,建筑产品具有以下特点:

(一)产品地点固定

一般工业产品在生产过程中,可以在加工场所之间流动;在交换过程中,可以在加工场所与使用地之间流动;在使用过程中,可以在使用地与使用地之间流动。建筑产品却不一样,只能固定在使用地点。不论是加工过程,交换过程,还是建造好后的使用过程,建筑产品都不能随意移动。它的基础直接和大地连接在一起,和地球构成一体,直到使用寿命终结。虽然有的工业产品也存在一定的固定属性,但和建筑产品还是不一样。例如轮船,在生产过程中虽然是固定的,但建造以后则是流动的;再如重型设备,虽然使用过程是固定的,但生产过程和流通过程则是流动的;粮食产品也是一样,生产过程是固定的,也和大地连在一起,但产品的流通过程和使用过程却是流动的。只有建筑产品,从生产、流通到使用,自始至终固定在一个地点。

(二)产品类型多样

多数工业产品都可以批量生产,即同样一个型号的产品可以生产成千上万件,甚至几十万件,上百万件。但是,建筑产品的种类繁多,形式各异,很少有完全相同的。每一件建筑产品都有一套单独的设计图纸,必须按照图纸施工,不可能重复生产。因为,建筑产品绝大多数是按照用户的特定要求设计生产的,而用户对建筑产品的规模、功能、形式、价格、标准等方面的要求各不相同,导致类型的多样化。即使量大面广,功能要求基本一致的住宅建筑,也会因为时代、地域、环境的不同而有所变化;或者因为用户的文化、年龄、职业的不同而提出不同的要求。所以,很少有两件完全相同的建筑产品,表现出显著的产品多样性的特点。

(三)产品体积庞大

一般工业产品虽然也有体形庞大者，如大型机械设备，但和建筑产品比较却显得小得多。建筑产品由于使用功能上的要求，往往需要庞大的体积。房屋建筑工程的内部要容纳众多的人和物，需占据很大的空间；各种构筑物虽然内部没有空间，但体积却是非常庞大的。因此，建筑产品对环境的要求比较高，庞大的体积本身就构成了环境的一部分，建造建筑产品时必须特别注意环境的保护。

（四）产品寿命长

一般工业产品更新换代快，使用寿命比较短。虽然有的基础工业产品的使用寿命也可达到几十年，但和建筑产品比较起来，还是算短的。建筑产品经久耐用，更新换代慢，交付使用后少则几十年，多则上百年才会丧失使用功能，寿命特别长。因此，建筑产品对质量要求特别高，所谓"百年大计，质量第一"，主要就是针对建筑产品使用寿命长来说的。质量不好，功能不合理的建筑产品，往往还没有达到使用寿命就要拆除，造成极大的浪费。较长的使用寿命，还给建筑工程带来了维修问题。古建筑已经成为文物，如何保护，也成为一个问题。这些都是其他工业产品所不具有的特点。

第二节 建筑产品的使用寿命

建筑产品从建成投入使用以后到报废拆除的时间，称为建筑产品的使用寿命。根据建筑产品报废拆除的原因，可以将建筑产品使用寿命分为自然寿命、经济寿命和法定寿命三种类型。

一、建筑产品的自然寿命

（一）建筑产品自然寿命的概念

建筑产品的自然寿命，是指建筑产品由于使用过程中的损坏和自然力等方面的原因而决定的使用寿命。建筑产品在使用过程中，由于使用损坏和自然力的作用，结构和构造会逐步破坏而丧失使用功能，导致报废拆除。这个过程的时间，就是建筑产品的自然寿命。因为这些原因多数为自然环境和工程本身的物理性质所决定的，所以建筑产品的自然寿命也常称为物理寿命。建筑产品达到自然寿命，就完全丧失了使用功能，不能继续使用了。

（二）影响建筑产品自然寿命的因素

1. 设计质量和标准

设计标准决定了建筑产品的基本预期使用寿命。设计标准越高，使用寿命就越长。设计标准的高低，主要反映在结构形式，材料选用，功能要求等方面。设计质量则决定了在相同的设计标准情况下，建筑产品的预期使用寿命。设计质量越好，使用寿命就越长。设计质量表现为在相同设计标准的条件下，结构设计是否合理，材料选择是否恰当，功能布局是否实用等方面。

2. 施工的质量

施工质量对建筑产品的使用寿命，也会产生重要影响。例如，结构上有隐患，降低规范要求，没有达到设计标准等，都可能导致建筑产品无法达到设计预期使用寿命。

3. 材料的性能

选用材料的性能无法达到设计要求，也是影响建筑产品使用寿命的一个重要原因。包括材料的物理性能、化学性能、力学性能等。

4. 使用的方法、环境和维护

建筑产品在使用过程中的方法、环境和维护，都对使用寿命有影响。例如，使用方法不当，使用强度、频率超过设计标准，不合理的改造、甚至于破坏性使用；使用环境恶劣，存在有不利于建筑产品的温度、湿度、物质、震动等因素；使用中缺乏正确的维护，没有按要求定期维修，等等。

（三）确定建筑产品自然寿命的方法

1. 技术测定法

技术测定法是用技术手段，通过观察、试验、分析，对建筑产品的剩余寿命作出判断的方法。所谓建筑产品的剩余寿命，是指建筑产品建成投入使用一段时间后，还能够使用的时间。确定建筑产品的自然寿命的一个重要环节，就是要对其剩余寿命作出科学的判断。

影响建筑产品剩余寿命的主要原因是工程结构的安全问题，技术测定法的一个重要原理，就是要用科学的试验、分析手段来判断结构的安全性，推算出剩余寿命。例如，木结构工程测定木材的抗压强度，钢筋混凝土结构工程测定混凝土的炭化深度，钢结构工程测定钢材的腐蚀深度，等等。再结合结构变形等方面的分析，对建筑产品的剩余寿命作出综合判断。

2. 统计分析法

统计分析法，是根据过去已经报废拆除的同类工程或者类似工程的实际使用寿命的资料，经过分析整理，并结合测定工程对象的现实状况，分析计算建筑产品自然寿命的方法。

（1）简单平均数法。根据过去已经报废拆除的同类工程或类似工程的实际使用年限，求其简单平均数作为被测定建筑产品自然寿命的一种方法。自然寿命减去已使用年限，就是该产品的剩余寿命。

基本公式为：

$$\bar{t} = \frac{t_1 + t_2 + t_3 + \cdots + t_{n-1} + t_n}{n} = \frac{\sum_{i=1}^{n} t_i}{n}$$

式中 $\bar{t}$——过去报废拆除工程实际使用寿命的简单平均数，即被测定建筑产品的自然寿命；

t_i——过去报废拆除工程实际使用寿命；

n——过去报废拆除工程的个数。

（2）数学期望值法。根据过去已经报废拆除的同类工程或类似工程的实际使用年限，求其数学期望值作为被测定建筑产品自然寿命的一种方法。

基本公式为：

$$E(t) = \sum_{i=1}^{n} t_i p_i$$

式中 $E(t)$——过去报废拆除工程实际使用寿命的数学期望值，即被测定建筑产品的自然寿命；

t_i——过去报废拆除工程实际使用寿命；

n——过去报废拆除工程的个数；

p_i——过去报废拆除工程中使用寿命为 t_i 的概率。

概率 p_i 可以利用统计方法，抽取较大数量的样本，经分析计算得到。

二、建筑产品的经济寿命

（一）建筑产品经济寿命的概念

建筑产品的经济寿命，是指建筑产品由于经济方面的原因而决定的使用寿命。建筑产品在使用过程中，往往因为诸多方面的经济和社会原因，导致在自然寿命终结前提前报废拆除。如：运行费用、维修费用等使用费过高，继续使用不经济；经济发展带来了更加先进、合理的建筑，使得原建筑丧失了继续使用的价值；城市建设的需要，必须提前拆除；等等。因为这些原因，使建筑产品在还没有完全丧失功能时被拆除，这就是建筑产品经济寿命的意义。当然，这些原因中有许多并非是完全的经济问题，而是社会问题，所以建筑产品的经济寿命也可以叫做社会经济寿命。

（二）影响建筑产品经济寿命的因素

1. 使用费用增加

使用费用包括运行费用和维修费用两大类。建筑产品在使用过程中，总是要发生一定的运行费用，如能源、卫生、管理等费用；使用到一定时期，还要发生维修费用。一般情况下，这些费用会随着使用时间的推移逐年增加，当使用费用增加到一定程度，使继续使用变得不经济时，也就达到了它的经济寿命。

2. 土地价格上涨

土地是有限的，属于不可再生资源。在经济发展过程中，土地价格的上涨是不可避免的。土地价格的上涨，必然影响建造在土地上的建筑产品的价格。土地价格不断上涨，土地价格与土地上建筑产品价格的比值就会不断增加。当土地价格上涨到一定程度时，分摊到单位建筑产品中的土地费用变得过大，就显得不合理。此时，人们就会拆除原有建筑产品，在同样的土地上建造功能更加完备、面积更大、价值更高的建筑产品，以分摊日益高涨的土地价格。所以，建筑产品的寿命也就提前终结了。

3. 社会需求的变化

随着社会经济的发展，国民生活水平的提高，人们对建筑产品的要求越来越高，原来低标准的建筑产品虽然仍能继续使用，但已经不能满足社会的需求，不得不改建或者拆除重建。

4. 建筑环境的变化

任何建筑产品都是建造在一定的环境空间内的，当环境发生变化时，完全有可能提前结束建筑产品的寿命。例如，在城市规划中土地的使用性质发生了变化，原来属于工业用地，现在成为商业用地；原来是住宅用地，现在规划为教育用地，等等。

（三）确定建筑产品经济寿命的方法

通过以上分析可以看出，影响建筑产品经济寿命的因素是很复杂的，要合理确定建筑产品的经济寿命并非易事。因为，难以准确估计使用过程中可能出现哪些经济问题对建筑产品使用寿命有影响。

如果只考虑使用费用问题，常用年度综合费用法测算建筑产品的经济寿命。

建筑产品在使用年限内的综合费用由年平均折旧费（投资回收）和年平均使用费组成。所谓经济寿命，就是年平均综合费用最低的使用年限。在不考虑资金的时间价值情况下，可以用以下方式计算。

设：T——建筑产品的经济寿命；
P——建筑产品的工程造价；
R——每年固定的使用费；
Q——每年递增的使用费；
C——年平均综合费用。

建筑产品的年折旧费按等额计算，有：

$$建筑产品年平均折旧费 = \frac{P}{T}$$

建筑产品的使用费每年以 Q 值递增，有：

第一年的使用费 $= R$；
第二年的使用费 $= R + Q$；
第三年的使用费 $= R + 2Q$；
……
第 T 年的使用费 $= R + (T-1)Q$。

不难计算，在 T 年内平均的年使用费应为：

$$年平均使用费 = R + \frac{(T-1)Q}{2}$$

年平均综合费用应该是年平均折旧费和平均使用费之和，有：

$$C = \frac{P}{T} + R + \frac{(T-1)Q}{2}$$

为求得使 C 最小的 T，令：

$$\frac{dC}{dT} = \left[\frac{P}{T} + R + \frac{(T-1)Q}{2}\right]' = 0$$

得：

$$T = \sqrt{\frac{2P}{Q}}$$

例如：某建筑产品的造价为 1000 万元，从第二年起每年的使用费平均增加 2 万元，其经济寿命可以按上述公式计算。

$$T = \sqrt{\frac{2 \times 1000}{2}} = 31.62(年)$$

三、建筑产品的法定寿命

建筑产品的法定寿命，是指政府综合考虑建筑产品的自然和经济因素，用法律手段确定的折旧年限，即政府确定的建筑产品的使用寿命。政府确定建筑产品的使用寿命，主要有两个方面的意义。

一是建筑产品的安全问题。当政府有关部门经过科学论证确定了建筑产品的使用寿命后，就意味着建筑产品有了法定的使用年限。无论是设计，还是施工，都应该确保建筑产品的质量在法定的使用年限内不出问题，也就相当于给建筑产品制定了一个法定的质量保证期。

二是建筑产品的经济问题。正如前面所述，建筑产品在使用过程中，除了自然因素决定的寿命外，还有一个经济因素。政府确定建筑产品的法定寿命时，必须认真考虑使用过程中的经济问题。保证建筑产品在法定的使用年限内，能够做到经济实用。

如果所有建筑产品都按照法定寿命报废，就会出现以下情况：法定寿命长于自然寿命时，可能出现安全事故；法定寿命严重短于自然寿命，意味着建筑产品的功能得不到充分利用，造成浪费；法定寿命长于经济寿命，说明经济寿命到期后法律上虽可继续使用，但经济上不合理；法定寿命短于经济寿命，肯定造成浪费。

所以，政府在确定建筑的法定寿命时，必须综合考虑建筑产品的自然寿命和经济寿命。

第三节 建筑产品的经济范畴

一、建筑产品的价值

（一）建筑产品价值的概念

关于建筑产品的价值，可以从两个方面解释。

马克思政治经济学从一般商品属性出发，定义了商品的使用价值和价值，也称为商品的二重因素。商品的使用价值，是指商品具有满足使用需要的特定功能；商品的价值，是指凝结在商品中的一般的无差别的人类劳动或抽象的人类劳动。

建筑产品进入建筑市场就成为建筑商品，同样具有使用价值和价值。建筑产品的使用价值，表现为以自身的物质形态和所具备的功能，满足人们使用的需要，发挥其特有的效用；建筑产品的价值，表现为凝结在产品中的抽象劳动，也就是指生产该产品的社会必要劳动时间的价值量。建筑产品的价值包括：生产过程中消耗的生产资料的价值，劳动者为自身必要劳动创造的价值和为社会创造的价值三个部分。

从一般经济意义上讲，人们对价值的理解，又不单单指凝结在商品中的抽象劳动。说某一商品具有多少价值，就不单指生产该产品所消耗的社会必要劳动时间，还包含了该商品的效用、稀缺性和收益性等，是一个综合性的概念。例如，价值工程中就把价值定义为功能与费用之比。建筑产品一般经济意义上的价值，是一个综合概念，体现了产品功能的实用性，产品资源的稀缺程度，以及产品可能创造的收益等。

所以，建筑产品其商品属性中的价值和一般经济意义上的价值，是两个有联系但内涵完全不同的概念，不能混淆。为了便于区别，本书谈到的建筑产品的价值，在没有特别说明时，都是指商品属性中的价值。对于建筑产品一般经济意义上的价值，用其他词代替或者加以说明。

（二）建筑产品的经济价值

建筑产品的经济价值，是指建筑产品在使用、交换过程中所表现出来的经济价值。可以从两个方面分析。

1. 交换价值

所谓建筑产品的交换价值，是指建筑产品用于交换其他产品所表现出来的价值。

建筑产品的交换价值，首先取决于生产该商品所需要的社会必要劳动时间，也就是建筑产品的价值。换言之，建筑产品的交换价值以建筑产品的价值为基础。建筑产品的价值中所提到的社会必要劳动时间，是指生产该产品的社会平均消耗，即某产品的社会平均消耗水平。

假设生产某种建筑产品的企业有 n 个，各企业的产量为 Q_i，单位产品消耗时间为 t_i，则生产该建筑产品的社会必要劳动时间为：

$$\bar{t} = \frac{Q_1 t_1 + Q_2 t_2 + Q_3 t_3 + \cdots + Q_n t_n}{Q_1 + Q_2 + Q_3 + \cdots + Q_n} = \frac{\sum_{i=1}^{n} Q_i t_i}{\sum_{i=1}^{n} Q_i}$$

由于建筑产品具有多样性的特点，社会必要劳动时间不可能按最终产品表示。因为，每件建筑产品都不一样，不存在单件最终建筑产品的社会平均消耗水平问题。建筑产品通常按分部分项工程表示单位产品消耗的社会必要劳动时间，如每立方米混凝土的价值，每吨钢结构的价值，等等；或者按建筑面积表示单位产品消耗的社会必要劳动时间，如某种结构的房屋建筑工程每平方米建筑面积的价值。

但是，建筑产品的交换价值又不完全取决于它的价值。建筑产品在交换过程中所表现出来的价值，还取决于它的效用。效用是一个综合概念，它表示人们对某种产品的需要得到的满足程度，或者某种产品的稀缺程度。说一个产品的效用高，是说人们对这种产品的需要得到的满足程度低，人们更渴望得到这种产品，所以它的效用高；或者说这种产品很稀缺，人们不容易得到它，所以它的效用高。

产品的效用受到多种因素的影响，它与产品本身的使用价值有关，也与需求者所处的历史条件和经济地位甚至文化素养、习惯爱好有关。比如，某种产品的使用价值很高，人们非常需要，但它的供应量很大，完全能够满足需要，此时的效用不高反而低。再如，某种产品虽然很稀缺，按理说效用应该高，但由于某种原因当地的人不喜欢它，并没有得到它的愿望，其效用也高不起来。

正是因为产品的效用受到多种因素的影响，因此很难定量描述。不过，产品的效用毕竟是在市场交换中表现出来的，用供需关系的变化在一定程度上可以综合反映效用问题。

假设用 U 表示效用，Q_x 表示需要量，Q_g 表示供给量，则建筑产品的效用可以表示为：

$$U = \frac{Q_x}{Q_g}$$

公式表明：当某种建筑产品的需要量一定时，这种建筑产品的供给量越小，其效用就越大；反之，其效用就越小。当这种建筑产品的供给量一定时，这种建筑产品的需要量越大，其效用就越大；反之，其效用就越小。也就是说，建筑产品的效用与需要量成正比，与供给量成反比。

将表示建筑产品价值的公式和表示建筑产品效用的公式结合起来，则可得到建筑产品交换价值的公式。假设以 V_j 表示交换价值，有：

$$V_j = \bar{t} \cdot U = \bar{t} \cdot \frac{Q_x}{Q_g}$$

当 $U > 1$ 时，建筑产品的交换价值大于价值；当 $U < 1$ 时，建筑产品的交换价值小于价值；当 $U = 0$ 时，则说明该产品不具备使用价值（没有需要量），也就无交换价值可言。

2. 建筑产品的收益价值

所谓建筑产品的收益价值,是指建筑产品在价值转化过程中创造的收益。建筑产品作为固定资产,具有资本的功能。投资购买建筑产品,在使用过程中必然能够带来收益。否则,就不会有人购买建筑产品了。这一点,对于生产性建筑产品容易理解,对于非生产性建筑产品也可以通过使用成本间接推算收益。

建筑产品在使用中的收益一般按年计算。由于每年的收益发生在不同的年份,为了便于比较,需要把各年的收益折算为现值。这样,建筑产品的收益价值,就可以表示为建筑产品各年度收益的现值之和。

假设用 V_s 表示建筑产品的收益价值,用 V_t 表示建筑产品在第 t 年的收益,用 i 表示利率,用 T_j 表示建筑产品的经济寿命。则,建筑产品的收益价值可用下式表示:

$$V_s = \sum_{t=1}^{T_j} \frac{V_t}{(1+i)^t}$$

从上式可以看出,建筑产品的收益价值取决于年度收益、经济寿命和利率。

建筑产品的年度收益,等于年度收入与年度使用费的差额。由于建筑产品的使用寿命特别长,所以建筑产品的年度收益是一个变数,不同时期会因为各种因数的变化而有所不同。在计算建筑产品的收益价值时,对于年度收益只能参照同类产品进行估计、预测,不一定很准确。

建筑产品的使用寿命分为自然寿命、经济寿命和法定寿命三种。用经济寿命测算建筑产品的收益价值,是恰当的。因为,超过了经济寿命,通常情况下建筑产品的年度收入就会小于年度使用费,也就谈不上产品的收益价值了。当然,建筑产品经济寿命的测算往往受到多种不确定因素的影响,有可能和将来的实际情况存在较大差异。如果评价已使用若干年的旧建筑,其计算寿命应当选择剩余寿命。

利率主要应参考银行的贷款利率。当使用自有资金时,也可以取自有资金的平均收益率。自然,如果资金来自于多种渠道,利率则应当综合考虑。这完全取决于决策者的决策标准。

二、建筑产品的价格

(一)建筑产品价格的含义

建筑产品价格,是指建筑产品价值的货币表现形式。建筑产品的价值是一个抽象的概念,是抽象劳动的凝结;而建筑产品的价格是具体的,是表现价值的货币量。在市场经济条件下,受到供求关系的影响,建筑产品的价格总是围绕建筑产品的价值上下波动。关于建筑产品供求关系的问题,本书第五章将详细介绍。

建筑产品的价格受到多方面因素的影响。除了价值因素以外,建筑市场的价格主要取决于供求关系的变化。供过于求,价格就下降;供不应求,价格就上升。而建筑市场的供求关系,又受制于多种因素。如,收入、利率、产品质量、兴趣、爱好、收益预期,等等。前面介绍的建筑产品的交换价值、收益价值,也在一定程度上反映了供求关系,影响着建筑产品的价格。

(二)建筑产品价格的特点

与一般工业产品的价格相比较,建筑产品的价格有以下特点:

1. 单件性计价

所谓单件性计价,是指每件建筑产品必须单独计算价格。这和一般工业产品不一样。

一般工业产品可以批量生产，每一种产品只需计算一次价格，因此可以批量计价，以后生产的产品其价格都是一样的。如果材料价格等影响产品价格因素发生变化，也只需要作价格指数方面的简单调整，价格结构一般不会变化。建筑产品不能批量生产，当然就不能批量计价。每一件建筑产品都必须按照设计图纸，根据市场供求关系的变化，单独计算一次价格。

建筑产品的计价，在实际工作中通常称为工程造价的确定。建筑产品单件性计价的特点，使得工程造价确定的工作量很大，成为了一个专门的职业。

2. 组合性计价

所谓组合性计价，是指建筑产品的价格必须按建筑工程的各个分部分项工程分别计价，然后组合成总价。建筑产品的计价，不能像一般工业产品那样以最终产品确定单价。因为建筑产品具有多样性的特点，按最终产品确定其单价既没有实际意义，也没有可能性。所以，建筑产品只能按分部分项工程分别计算单价，然后组合成工程总造价。因此建筑产品所谓的单价，并非指最终产品的单位价格，而是指分部分项工程的单位价格或者建筑面积的单位价格。

建筑产品组合性计价的方式，在实际工作中被广泛的应用。工程量清单报价法，就是按组合性计价的原则，先确定各分部分项工程的单价，最后组合成总造价。工程结算中，按分部分项工程分别结算，也是组合性计价的实际应用。因为组合性计价方式中可以确定分部分项工程的单价，使得按分部分项结算成为可能。

3. 两次性计价

所谓两次性计价，是指建筑产品的价格必须通过工程预算和工程结算两次计价才能确定。一般工业产品都是根据产品生产成本、税金、利润，销售中的各种费用以及市场竞争情况，一次性确定产品价格。建筑产品由于生产周期长，施工过程中变化因素多，多数情况下不可能一次把价格定死。而是在订立合同时，根据工程预算确定一个初始价格，施工过程中双方对变化因素按照合同的约定加以确认，工程竣工后依据双方确认的变化项目对预算价格进行调整，最后办理工程结算确定最终价格。按照工程预算确定的初始价格，称为工程造价的预算价；按照工程结算确定的最终价格，称为工程造价的结算价。

两次性计价的方法，使得施工过程中的合同管理显得特别重要。甲乙双方的纠纷多数也是因为工程变更引起的。所以，两次性计价的关键是确定计价的原则和方法，必须在合同中明确约定价格调整的条件，结算时按照合同调整预算价格。

4. 共同性计价

所谓共同性计价，是指建筑产品的供需双方共同确定建筑产品的价格。一般工业产品在生产过程中和销售之前，多数情况下并不知道购买方是谁，谈不上双方共同定价。只能由供给方根据产品成本和市场情况先确定一个价格，在销售过程中再根据供需双方的意愿作适当调整。建筑产品的计价方式则大不相同，生产之前供需双方就已经确立了供求关系，不可能由供给方先确定价格，而只能由双方共同商定。况且，建筑产品存在多样性的特点，每件产品都有不同的设计，必须根据图纸施工，这使得供给方事先定价更加不可能。

建筑产品供需双方共同确定产品价格的具体方法，视其建筑市场的交易方式而有所不同。建筑市场的交易方式，本书第六章有详细介绍。单就招标投标方式而言，建筑产品的供需双方共同确定价格的基本做法是：招标时，需求方提供设计图纸和提出要求，认为必要时可制定标底作为预期价格（也可以不要标底）；投标时，供给方根据图纸和要求编制标价，作为投标的承诺价格；开标后，按照择优原则（有标底者参考标底）确定中标价格，即预算价格；签定合同时，明确价格调整的条件和方法；施工过程中，双方对价格的调整项目签字认可；竣工时，双方根据合同价格和调整项目办理结算，形成最后价格。

从上面分析中可以看出，建筑产品的价格特征非常明显，计价过程贯穿于整个生产过程，计价方法异常复杂。所以，建筑产品的计价是一项专业性非常强的工作，甲乙双方都必须设立专门人员，按照规定程序计算价格。

(三) 建筑产品价格的形式

在我国，随着计划经济体制向市场经济体制转化，建筑产品的价格形式也经历了一个发展演变过程，至今仍在不断改进变化。为了全面了解建筑产品价格形式的演变过程，下面逐一介绍建筑产品价格在不同条件下的主要形式。

1. 理论价格

建筑产品的理论价格，是指按建筑行业的平均成本和社会平均利润计算的价格。理论价格按价格与价值一致的原则确定，不考虑供求关系的变化对价格的影响导致的价格与价值的背离，也不考虑政府干预市场对价格的影响导致的价格与价值的背离。所以，理论价格并不是能够实际执行的价格，只是一个定价原则。

确定建筑产品的理论价格，有两个主要作用：

一是确定建筑产品与其他产品的比价，使不同部门和企业之间能够真正作到等价交换，客观反映建筑业在国民经济中的地位和作用。有了理论价格，就可以判断出实际价格和价值的背离程度，为政府宏观调控提供依据。

二是指导实际价格的制定。不论是建筑产品的需求方，还是建筑产品的供给方，在确定产品价格时都希望知道价格的平均水平，即理论价格。在理论价格的基础上根据供求关系的变化，确定出实际执行价格。这一点，对于双方都是十分重要的。在其他条件一定的情况下，实际价格低于理论价格，说明供给方的生产经营水平高于社会平均水平，同时意味着需求方的支出低于社会平均水平；实际价格高于理论价格，说明供给方的生产经营水平低于社会平均水平，同时意味着需求方的支出高于社会平均水平。

2. 计划价格

建筑产品的计划价格，是指由政府统一制定的价格。我国建筑产品的计划价格，通常按施工图预算的方法确定。由政府统一制定消耗定额、材料单价、费率标准、利润水平、计算程序等，使用者依据这些规定，按照施工图预算的方法计算出工程造价。计划价格的具体形式多种多样，例如：实报实销、平方米价格包干、综合造价包干、取费系数包干等。虽然这些形式的计价方法各有不同，但从本质上讲，都是按照政府规定的价格标准和计价方法确定建筑产品的价格，因而属于计划价格的范畴。

计划价格是计划经济的产物。这种价格完全由政府控制，没有把建筑产品作为商品对待。基本出发点是，由国家通过对建筑产品价格的控制，稳定基本建设投资规模，调节与之相关联的各类资源的配置。但是，这种计价方式和计划经济的其他手段一样，不符合经济的运动规律，严重制约了建筑市场的形成和发展，不利于建筑技术水平的提高，影响了建筑业的正常运行。随着市场经济的发展，建筑产品计划价格的几种形式逐步退出了建筑市场，被其他更符合市场规律的计价形式所替代。

3. 指导价格

建筑产品的指导价格，是指在计划价格的基础上，由政府规定价格的浮动范围，建筑产品的供需双方根据供求关系在规定的范围内，共同协商确定的价格。此时，政府确定的价格在定价中起指导作用，指导供求双方商定价格，故而称为指导价格。这种定价方式，计划价格是基础，供求双方只能在浮动的范围内协商，因此也称为浮动价格。

指导价格是对计划价格的改进。从市场经济角度讲，它比计划价格更符合市场规则，也比较容易操作，在我国相当长的一段时间内被广泛采用。具体做法是：招标投标中以施工图预算确定的建筑产品计划价格作为标底，并规定一定的上下浮动范围；投标单位根据市场供求关系在价格浮动范围内进行投标，凡超过浮动范围的标价为废标；以标底为评标的主要依据，在符合浮动范围内的标价中择优选择中标单位，确定最后的价格。

由此可见，指导价格实质上是在一定范围内浮动的计划价格。可以理解为是政府计划价格指导下的价格，也可以理解为是围绕政府计划价格浮动的价格。尽管指导价格保留了许多计划经济的特征，但毕竟在一定程度上引进了竞争机制，有利于建筑市场的培育和逐步完善。指导价格还有一个特征，就是为供求双方协商价格提供了一个基础，不至于盲目。这对于定价过程异常复杂的建筑产品来说，是很有好处的，双方容易接受。当然，指导价格并不是完全的竞争价格，仍然是政府干预下的定价，存在的弊端显而易见，主要问题是抑制了竞争机制在建筑市场中作用的充分发挥。

4. 市场价格

建筑产品的市场价格，是指完全根据市场供求关系确定的价格。市场价格是最适应市场经济本性的一种价格形式，它完全随着市场供求关系的变化而变化，不受政府计划价格的制约。建筑产品的市场价格是在竞争中形成的，它反映了供求关系的各种信息，在一定程度上体现了建筑市场的运行状态。

建筑产品的市场价格一般通过招标投标确定。招标单位在招标文件中首先提出工程条件并制定标底作为预期价格（也可不制定标底），投标单位根据条件和企业自身的能力报出响应价格，在所有响应价格中选出最优者作为最后定价。按照市场规则，最优者一般指其他情况相同条件下的价格最低者。但是，建筑市场竞争不是以建筑产品的实物形态为竞争形式，而需要在生产前确定供求关系，这就必须考虑竞争者的综合实力，以此判断将来产品的状况。所以，除了价格因素外，在选择中标者时还要综合考察竞争者其他方面的能力，在价格相当时选择综合实力强的企业。另外，在确定价格时，还必须考虑成本问题，竞争中低于成本的价格为不正当竞争。因此，确定建筑产品的市场价格时，往往需要制定一个最低的成本价格，低于此价格也不能选择。如果确定市场价格，只以最低价格为选择的惟一标准，而不考虑企业的综合实力和成本问题，就会给建筑市场带来混乱，导致恶性竞争，反而不利于市场健康发展。

（四）建筑产品价格的构成

从理论上讲，建筑产品的价格由成本、利润、税金构成。但在实际计算中，建筑产品价格的组成部分要复杂得多，很多费用不能简单的按理论分类，而要根据实际需要进行归类。按照（建标［2003］206号）文印发的《建筑安装工程费用项目组成》，我国目前建筑产品价格由以下内容组成。

1. 直接费

直接费是指直接消耗在施工过程中的费用，包括直接工程费和措施费两部分。

(1) 直接工程费。直接工程费指在施工过程中，直接消耗在工程实体上或有助于工程实体形成的各项费用，包括人工费、材料费和施工机械使用费。

1) 人工费。指直接从事建筑安装工程施工生产工人开支的各项费用。包括：

基本工资：指发放给生产工人的基本工资。

工资性补贴：指按规定标准发放的物价补贴，煤、燃气补贴，交通补贴，住房补贴，流动施工津贴等；

生产工人辅助工资：指生产工人年有效施工天数以外非作业天数的工资，包括职工学习、培训期间的工资，调动工作、探亲、休假期间的工资，因气候影响的停工工资，女工哺乳时间的工资，病假在六个月以内的工资及产、婚、丧假期的工资；

职工福利费：按规定标准计提的职工福利费；

生产工人劳动保护费：指按规定标准发放的劳动保护用品的购置费及修理费，徒工服装补贴，防暑降温费，在有碍身体健康环境中施工的保健费用等；

2) 材料费。指施工过程中消耗的构成工程实体的原材料、辅助材料、构配件、零件和半成品的费用。包括：

材料原价（或供应价格）；

材料运杂费：指材料自来源地运至工地仓库或指定堆放地点所发生的全部费用；

运输损耗费：指材料在运输装卸过程中不可避免的损耗；

采购及保管费：指为组织采购、供应和保管材料过程中所需要的各项费用。

包括：采购费、仓储费、工地保管费、仓储损耗；

检验试验费：指对建筑材料、构件和建筑安装物进行一般鉴定、检查所发生的费用，包括自设试验室进行试验所耗用的材料和化学药品等费用。不包括新结构、新材料的试验费和建设单位对具有出厂合格证明的材料进行检验，对构件做破坏性试验及其他特殊要求检验试验的费用。

3) 施工机械使用费。指施工机械作业所发生的机械使用费、安装拆卸费和场外运输费。其中机械使用费包括：

折旧费：指施工机械在规定的使用年限内，陆续收回其原值及购置资金的时间价值；

大修理费：指施工机械按规定的大修理间隔台班进行必要的大修理，以恢复其正常功能所需的费用；

经常修理费：指施工机械除大修理以外的各级保养和临时故障排除所需的费用。包括为保障机械正常运转所需替换设备与随机配备工具附具的摊销和维护费用，机械运转中日常保养所需润滑与擦拭的材料费用及机械停滞期间的维护和保养费用等；

安拆费及场外运费：安拆费指施工机械在现场进行安装与拆卸所需的人工、材料、机械和试运转费用以及机械辅助设施的折旧、搭设、拆除等费用；场外运费指施工机械整体或分体自停放地点运至施工现场或由一施工地点运至另一施工地点的运输、装卸、辅助材料及架线等费用；

人工费：指机上司机（司炉）和其他操作人员的工作日人工费及上述人员在施工机械规定的年工作台班以外的人工费；

燃料动力费：指施工机械在运转作业中所消耗的固体燃料（煤、木柴）、液体燃料（汽油、柴油）及水、电等；

养路费及车船使用税：指施工机械按照国家规定和有关部门规定应缴纳的养路费、车船使用税、保险费及年检费等。

(2) 措施费。措施费指为完成工程项目施工，发生在该工程施工前和施工过程中，但并非构成工程实体项目的费用。包括：

1）环境保护费。指施工现场为达到环保部门要求所需要的各项费用。

2）文明施工费。指施工现场文明施工所需要的各项费用。

3）安全施工费。指施工现场安全施工所需要的各项费用。

4）临时设施费。指施工企业为进行建筑安装工程施工所必须搭设的生活、生产用的临时建筑物、构筑物和其他临时设施的费用。

临时设施包括：临时宿舍、文化福利及公用事业房屋与构筑物，仓库、办公室、加工厂以及规定范围内道路、水、电、管线等临时设施和小型临时设施。

临时设施费用包括：临时设施的搭设、维修、拆除费或摊销费。

5）夜间施工增加费。指因夜间施工所发生的夜班补助费、夜间施工降效费、夜间施工照明设备摊销费和照明用电费等。

6）二次搬运费。指因施工现场狭小等特殊情况而发生的材料、设备等二次搬运的费用。

7）大型机械设备进出场费及安拆费。指机械整体或分体自停放场地运至施工现场，或者由一个施工地点运至另一个施工地点，所发生的机械进出场运输和转运费用，以及机械在施工现场进行安装和拆卸所需要的人工费、材料费、机械费、试运转费和辅助设施的费用。

8）混凝土、钢筋混凝土模板及支架费。指混凝土施工过程中需要的各种模板、支架的支、拆、运输费用和模板、支架的摊销（或租赁）费用。

9）脚手架费。指施工过程中需要的各种脚手架的搭、拆、运输费用和脚手架的摊销（或租赁）费用。

10）已完工程及设备保护费。指竣工验收前，对已完工程及设备进行保护所需的费用。

11）施工排水、降水费。指为确保工程在正常条件下施工，采取各种排水、降水措施所发生的各种费用。

2. 间接费

间接费是指为建筑安装工程施工的需要，间接发生的各种费用。包括规费和企业管理费。

(1) 规费。指政府和有关管理部门规定必须缴纳的费用。包括：

1）工程排污费。指施工现场按规定缴纳的用于排污处理的费用。

2）工程定额测定费。指按规定支付给工程造价管理部门测定定额的费用。

3）社会保障费。指企业按照规定交纳的职工养老保险费、失业保险费、医疗保险费。

4）住房公积金。指企业按照规定为职工交纳的住房公积金。

5）危险作业意外伤害保险。指企业为从事危险作业的施工人员购买的保险费。

(2) 企业管理费。指施工企业组织施工生产和经营活动所需要的管理费。包括：

1) 管理人员工资。指管理人员的基本工资、工资性补贴、施工福利费和劳动保护费等；

2) 办公费。指企业管理办公用的文具、纸张、账表、印刷、通讯、书报、水电、烧水和集体取暖（包括现场临时宿舍取暖）用煤等费用。

3) 差旅交通费。指职工因公出差、调动工作的差旅费、住勤补助费、市内交通费和误餐补助费，职工探亲的路费，劳动力招募费，职工离退休、退职的一次性路费，工伤人员就医路费和工地转移费，以及企业管理部门使用的交通工具的油料、燃料、养路费及牌照费。

4) 固定资产使用费。指管理和试验部门及附属生产单位使用的属于固定资产的房屋、设备仪器等的折旧、大修、维修或租赁费。

5) 工具用具使用费：指管理使用的不属于固定资产的生产工具、器具、家具、交通工具和检验、试验、测绘、消防用具等的购置、维修和摊销费。

6) 劳动保险费：指由企业支付离退休职工的易地安家补助费、职工退职金、六个月以上的病假人员工资、职工死亡丧葬补助费、抚恤费、按规定支付给离休干部的各项经费。

7) 工会经费：指企业按职工工资总额计提的工会经费。

8) 职工教育经费：指企业为职工学习先进技术和提高文化水平，按职工工资总额计提的费用。

9) 财产保险费：指施工管理用财产、车辆保险。

10) 财务费：指企业为筹集资金而发生的各种费用。

11) 税金：指企业按规定缴纳的房产税、车船使用税、土地使用税、印花税等。

12) 其他费用：包括技术转让费、技术开发费、业务招待费、绿化费、广告费、公证费、法律顾问费、审计费、咨询费等。

3．利润

利润是指施工企业完成所承包工程获得的盈利。按照不同的计价程序，利润也有不同的计算方法。计算利润的关键是确定计算基数和利润率，需要根据计价规则、企业水平和市场竞争状况确定。

4．税金

税金是指国家税法规定的应计入建筑安装工程造价内的营业税、城市维护建设税及教育费附加等。营业税的税额为营业额的3%；城市维护建设税按纳税人所在地区分别计算，所在地为市区的按营业税的7%征收，所在地为县镇的按营业税的5%征收，所在地为农村的按营业税的1%征收；教育费附加为营业税的3%。

三、建筑产品的成本

(一) 建筑产品成本的概念

建筑产品成本的一般概念，是指建筑产品在生产过程中各项费用消耗的总和。但在实际工作中，对建筑产品成本的划分和归结又有许多具体规定，和理论上的成本并不完全一样，因此存在理论成本和应用成本的区别。

1．理论成本

前面介绍建筑产品的价值时谈到，建筑产品的价值包括：生产过程中消耗的生产资料的价值，劳动者为自身必要劳动创造的价值和为社会创造的价值三个部分。其中，消耗的生产资料的价值和劳动者为自身必要劳动创造的价值，就构成建筑产品的理论成本。显然，建筑产品成本是建筑产品价值的组成部分，是建筑产品价格的最低限度。建筑产品价格低于成本，就意味着无法补偿生产中消耗的生产资料和劳动力，企业就会出现亏损，无法维持简单再生产。

建筑产品的理论成本，又有社会成本和个别成本之分。

建筑产品的社会成本，是指社会生产一定量的建筑产品的平均消耗量。其实质，表现在现有的社会正常的生产条件下，在社会平均的劳动熟练程度和劳动强度下，生产该类建筑产品所需要的物质消耗和劳动力消耗。建筑产品的社会成本是建筑产品价值的基础。

建筑产品的个别成本，是指建筑产品的供给者生产一定量的建筑产品的实际消耗量。包括全部物质消耗和劳动力消耗。在建筑产品的价格和价值基本保持一致的情况下，当建筑产品供给者的个别成本低于社会成本时，意味盈利；反之则亏损。所以，控制个别成本是一切建筑产品供给者必须解决的问题。

2. 应用成本

在实际工作中，建筑产品成本的构成是非常复杂的，表现为各种各样的费用，不太容易简单、清楚地归结到生产过程中的物质消耗和劳动力消耗两个部分。所以，实际工作中建筑产品成本的核算，也不可能完全按照理论成本划分的内容计算，而是要依据有关规定进行划归。

所谓建筑产品的应用成本，就是指按照国家现行制度和有关成本开支范围的规定，计算的建筑产品成本。建筑产品的应用成本有以下两种表示方法：

（1）按制造成本法表示的建筑产品成本。它是指生产过程中发生的各种耗费，包括人工费、材料费、机械使用费、措施费、间接费等。按制造成本法表示的建筑产品成本，亦可称为生产成本或工程成本。主要反映的是制造过程中在工程上发生的直接费和间接费，没有分摊企业管理中发生的费用和销售过程中发生的费用。所以，对于企业生产、销售建筑产品的全部耗费来说，生产成本只是一部分，属于不完全成本。

（2）按完全成本法表示的建筑产品成本。它是指企业为生产、销售建筑产品所发生的各种费用的总和，亦称为完全成本。完全成本除了生产成本以外，还包括企业在某一时期发生的管理费、财务费、销售费等期间费用。按照我国财务制度的规定，期间费用不进入生产成本，直接计入当期损益。但从成本理论上讲，期间费用也是耗费，管理中也可以按成本对待。

为了便于和实际工作接轨，下面在讨论具体问题时采用生产成本概念；讨论理论问题时，采用完全成本概念。

（二）建筑产品应用成本的类型

为了降低成本，提高盈利，建筑产品的生产者在成本管理的实际工作中，通常把成本分为以下几种类型。

1. 合同成本

所谓合同成本，是指业主和承包方在订立合同时确定的工程成本。工程成本是工程造价的组成部分，不包括工程造价中的期间费用、利润和税金。由于订立合同时一般采取工程预算的方法确定工程造价，因而合同成本又称为预算成本。合同成本决定了承包方的成本收入，建筑产品的生产者必须努力使自己的成本支出控制在合同成本的范围之内，才可能增加盈利。

2. 计划成本

所谓计划成本，是指建筑产品的生产者为了控制成本支出而编制的预期成本。计划成本的实质，是建筑产品的生产者在合同成本的基础上，通过分析工程施工条件和企业管理水平，作出的成本支出计划，反映了生产者对成本支出的预期。计划成本是建筑业企业常用的一种管理手段，也是成本管理的龙头和基础。

3. 实际成本

所谓实际成本，是指建筑产品的生产者在生产过程中实际发生的成本。实际成本显示了企业建造建筑产品实际达到的生产耗费水平，是企业各项工作的质量和水平的综合反映。

合同成本、计划成本、实际成本是工程成本核算中经常用到的三种形式，反映了建筑产品的生产者在不同时期的成本状态，可以综合表述为：合同成本反映工程成本的收入，计划成本反映工程成本的预计支出，实际成本反映工程成本的实际支出。

（三）建筑产品成本的分析

1. 固定成本

固定成本，指在一定的生产规模条件下，建筑产品成本中不随产量变化的成本。例如，自有设备折旧费、行政办公费、生活水电费，等等。这类费用，在一定生产规模范围内，不论产量多少都要固定支出的。需要指出，固定成本的"固定性"是建立在一定生产规模条件下的，当超过某一限度，固定成本就可能发生突变。

固定成本和一定生产规模条件下产量的关系，可以用图 3-1 表示。

由于固定成本在一定的生产规模条件下与产量无关，所以产量越高，固定成本在单位产量上分摊的比例就越低。为了使单位产量中的固定成本尽可能低，就要在一定生产规模范围内尽量提高生产能力，扩大产量。经济学界经常谈到的规模效益，也是这个道理。在一定范围内，生产规模越大，单位产量的固定成本越低，效益就越高。当然，这里谈到的规模和产量一样，都有一定的限度。事实上，每个行业都存在最佳的经济规模，也就是使单位产量固定成本最低的生产规模。

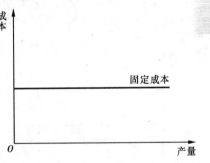

图 3-1　固定成本和产量的关系

单位固定成本与产量之间的关系可以用图 3-2 表示。

对固定成本进行分析时，准确划分固定成本是一个前提条件。有些费用与产量之间的关系不一定十分明确，既有固定成本的性质，又可能随产量以外的其他因素而变动。比如企业管理费中的许多费用，就很难说是绝对固定的。此时，应该分析费用的主要性质，采取恰当的方法和标准，给予适当划分。

2. 变动成本

变动成本，指建筑产品成本中随产量变化的成本。例如，材料费、设备租赁费、现场人工费、现场水电费，等等。这类费用，总是随着产量的变化而变化。产量越高，支出越大；产量越低，支出越小。

变动成本与产量之间的关系，可以用图 3-3 表示。

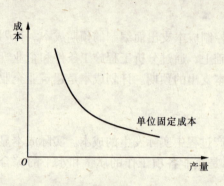

图 3-2　单位固定成本与产量的关系　　　　图 3-3　变动成本与产量的关系

变动成本又可分为线性变动成本和非线性变动成本。

线性变动成本是变动成本中的一种特殊形式，它表明变动成本和产量之间存在按相同比例变化的关系，产量变化多少，变动成本就等比例变化多少。图 3-3 所表示的就是线性变动成本与产量之间的比例关系。

非线性变动成本，是指不随产量变化而等比例变化的变动成本。当产量增加或者减少时，非线性成本也增加或者减少，但不是等比例的。非线性变动成本的定量分析比较复杂，经常可以简化为线性变动成本进行计算。

本书以下叙述中，在没有特别说明时所提到的变动成本都是指线性变动成本。

由于变动成本与产量之间存在等比例变化关系，因此在一定生产规模下单位产量的变动成本是一个常量。图 3-4 可以清楚地表示这一点。

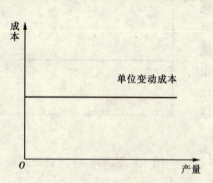 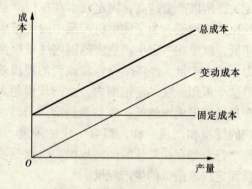

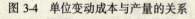

图 3-4　单位变动成本与产量的关系　　　　图 3-5　总成本与产量的关系

分析变动成本和固定成本一样，必须恰当地划分变动成本。尤其对于具有双重性质的费用，要依据性质的主要方面加以明确。

3．总成本

在一定生产规模条件下的固定成本和变动成本之和，就是总成本。由于固定成本是个常量，变动成本是按一定比例变化的变量，所以总成本也应该是按一定比例变化的变量。

把固定成本与产量的关系图和变动成本与产量的关系图叠加起来，就构成总成本与产量的关系图，见图3-5。

从图3-5中可以明显看出，当产量等于0时，由于没有变动成本，总成本等于固定成本；当产量大于0时，总成本等于固定成本与变动成本之和。总成本的变动率和变动成本的变动率是一致的。

把单位固定成本与产量的关系图和单位变动成本与产量的关系图叠加起来，就构成单位总成本与产量的关系图，见图3-6。

如果把总成本、总产量和总收入联系起来分析，就称为量、本、利分析。量、本、利分析的主要目的，是寻求总收入等于总成

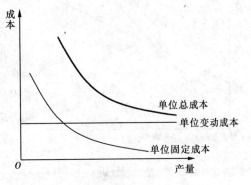

图3-6 单位总成本与产量的关系

本时的产量，即盈亏平衡点。盈亏平衡点也称为保本点，是企业成本分析中的一个重要概念。只有产量达到盈亏平衡点以后，企业才可能盈利。

假设：

TR——总收入，即一定时间内销售产品所获得的全部收入；

TC——总成本，即一定时间内固定成本和变动成本之和；

F——固定成本，即一定时间内所发生的全部固定费用；

V——变动成本，即一定时间内所发生的全部变动费用；

Q——总产量，即一定时间内生产的全部产品的数量，并假设总产量等于总销售量；

Q_0——平衡点，即盈亏平衡时的产量；

P_c——产品销售单价，即销售单位产品所获得的收入；

V_c——单位变动成本，即生产单位产品所需要的变动费用。

根据以上各指标之间的相互关系，有：

$$TR = P_c Q$$
$$TC = F + V = F + V_c Q$$

再根据盈亏平衡的原理，有：

$$TR =RC$$
$$P_c Q_0 = F + V_c Q_0$$

将上述公式简化，可以得到：

$$Q_0 = \frac{F}{P_c - V_c}$$

这就是盈亏平衡公式，它所表达的关系，可以用图清楚地表现出来。见图3-7。

通过公式和图都非常容易地分析产量、成本和利润之间的关系。当产量超过 Q_0 时，总收入 TR 大于总成本 TC，企业就盈利，反之则亏损；当产品销售单价 P_c 小于单位变动成本 V_c 时，企业就不可能有盈利。

量本利公式还可以进行多种情况分析。例如，知道盈亏平衡点、固定成本、变动成

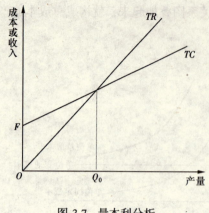

图 3-7 量本利分析

本,求保本的最低销售单价;知道盈亏平衡点、固定成本、销售单价,求保本的最大变动成本,等等。

4. 边际成本

所谓边际成本,是指在一定产量的基础上每增加一单位产量所引起总成本的增加值;还可以理解为在一定产量的基础上每减少一单位产量所引起总成本的减少值。边际成本在成本分析中,能够更为准确地描述产量变动对总成本的影响。

假设 M_c 为边际成本,ΔQ 为产量的增加值,ΔTC 为总成本的增加值,则有:

$$M_c = \frac{\Delta TC}{\Delta Q}$$

实际上,在一定的生产规模范围内,边际成本只与变动成本有关,而与固定成本没有关系。从总成本的公式中可以清楚看到,当产量变动时,引起总成本变化的只是变动成本,固定成本并不发生变动。换句话说,总成本的变动数量和变动成本的变动数量是一致的。有:

$$M_c = \frac{\Delta TC}{\Delta Q} = \frac{\Delta V}{\Delta Q} = V_c$$

以上公式说明,在一定生产规模范围内,当变动成本为线性变动成本时,边际成本是一个常数,并等于单位变动成本。

当然,当变动成本为非线性成本时,边际成本就不会是一个常数。如果超过了一定的生产规模,固定成本将发生变化,情况则要复杂得多,必须具体分析固定成本变化的条件和规律。这里不再详细叙述。

第四节 建筑产品的流通与消费

在市场经济体制下,建筑产品的流通与消费是通过建筑市场交易实现的。关于建筑市场的问题,本书第五章、第六章将详细介绍。这里只对建筑产品流通与消费的一些特点作简要阐述。

一、建筑产品流通的特点

流通是社会再生产的一个重要环节,是市场经济的基本特征。建筑产品只有在流通中才能实现其使用价值、交换价值和收益价值。

建筑产品的流通,具有以下特点:

(一)建筑产品的流通中不存在实物形态的产品流动

建筑产品具有固定性的特点,在流通过程中也是不可能移动的。所以,建筑产品在流动过程并不表现为产品实物形态的流动。这一特点容易使人产生"建筑产品没有流通"的误解,甚至导出建筑产品不是商品的错误结论。实际上,商品流通的本质并不是产品实物形态的流动,而是所有权的转移。只不过对于一般商品的流通,所有权转移的同时往往伴随着实物形态的转移,一件商品所有权从一个所有者转向另一个所有者时,它的实物形态也发生了空间上的移动。建筑产品的实物形态虽然不能移动，但建筑产品的所有权是可以转移的。所以，建筑产品的流通是能够实现的，只不过流通时只发生所有权的转移，没有实物形态的产品流动而已。

（二）建筑产品的流通一般只能发生在一定的地域里

这个特点也是由建筑产品固定性的特征决定的。建筑产品只能固定在一个地方使用，这就给流通带来了地域上的限制，尤其是限制了使用者的选择。因为，建筑产品流通时，只能在一定地域范围内选择使用者，超过了一定的范围，使用起来就会感到不方便，甚至成为不可能。所以，建筑产品的流通只能限制在一定的区域范围内，在某个地域的市场主体之间实现交换。当然，随着交通的发达，建筑产品的流通地域会不断扩大，但终究不会像一般商品那样在全球范围内流通。

（三）建筑产品的流通有固定的对象

建筑产品不可能像其他工业产品那样，生产出很多件产品让用户选择，而必须在生产前确定产品的使用者，然后按用户的要求组织生产，具有定货加工的性质。所以，建成的建筑产品在流通前总是有固定的购买对象。这个性质决定了建筑产品的流通必须"先"于生产进行，生产前先确定购买者，建成后双方再完成交换。

（四）建筑产品的流通形式多样化

建筑产品的流通形式与建筑工程的承发包方式有关。建筑工程的承发包方式有很多类型，本书将在第五章中详细介绍，这里从略。建筑工程的承发包方式决定了建筑产品的流通形式，不同的承发包方式就会有不同的流通形式。例如：采取总分包方式的，建筑产品的流通是在业主与总包单位之间，总包单位与分包单位之间流通；采取分阶段发包的，建筑产品则反映为分阶段多次流通，等等。

二、建筑产品消费的特点

建筑活动是为了满足社会对建筑产品的需求，从根本上讲也即是满足人们对建筑产品消费的需要。生产和消费是社会发展的两个相互联系的环节。只有生产出相应的产品，消费才有了可能；而另一方面，只有产品被消费了，生产才实现了目标，也才能进行再生产的循环。正是生产和消费相互作用，推动了社会不断进步和发展。

建筑产品的消费，具有以下特点：

（一）建筑产品的消费具有普遍性

这是建筑产品消费的最大特点。国民经济的各行各业乃至全社会的所有团体、组织，他们的活动都离不开建筑产品，都是建筑产品的消费者；全社会的所有人，都需要建筑产品，也都是建筑产品的消费者。建筑产品通过消费过程，联系着各行各业，联系着千家万户。衣、食、住、行是人类的基本消费需要，其中"住"和"行"两个方面都涉及建筑产品的消费。

（二）建筑产品的消费具有长期性

建筑产品的使用期长，少则几十年，多则上百年，属于耐用消费品。对于一般建筑产品的消费者，更新换代是不容易的事情。由于有了这个特点，建筑产品的生产者必须在经久耐用上下工夫，满足人们对建筑产品长期使用的需要。此外，城市规划也要具有长期性，尽量延长建筑产品的使用寿命，提高建筑产品的使用效益。不能因为城市建设和发展，过早地结束建筑产品的寿命，这样做不仅造成资源的浪费，还会破坏城市文化的沉淀和积累。

（三）建筑产品的消费投资大

建筑产品的价值高，消费建筑产品需要很大的投资。无论是生产性建筑产品消费，公用性建筑产品消费，还是生活性建筑产品消费，对于消费者来说都是一种基础性投资，必须考虑长期使用问题。生产性建筑产品消费，将长期影响投资者的投资方向；公用性建筑产品消费，将长期影响投资者的事业发展；生活性建筑产品消费，将长期影响投资者的居住环境。建筑产品的消费投资，往往占据投资者相当大的消费比例，使得投资者在消费时必须慎重决策。

（四）建筑产品的消费受经济发展的影响大

由于建筑产品消费需要的投资大，因此严重受到经济发展状况的影响。这和一般价值低的消费品不一样。价值低的消费品，不太容易受到经济发展状况的影响，尤其是消费必须品，人们最低限度的消费总是必须满足而且也容易满足。建筑产品是一种高价值的耐用品，消费水平的变化幅度大，不论是对于一个自然人，一个社会组织，还是整个社会，必须要具备一定的经济基础和积累，才能追求更高层次的建筑产品的消费。经济发展的快速增长时期，固定资产投资增大，必然带动建筑产品的消费；反之，则抑制建筑产品的消费。同样道理，社会总积累和消费基金增多，必然带动公用性、生活性建筑产品消费的增加；反之，则会减少建筑产品的消费。

思 考 题

1. 什么是建筑产品？对建筑产品进行适当分类有什么意义？
2. 建筑产品有什么样的一些特点？这些特点对建筑业的活动有什么影响？
3. 建筑产品的寿命有几种表现形式？建筑产品的这几种寿命之间有什么联系和区别？
4. 熟悉建筑产品经济寿命的测定方法。
5. 怎样理解建筑产品价值的概念？
6. 建筑产品的价格有什么特点？为什么存在这些特点？
7. 建筑产品的几种价格形式说明了什么？
8. 建筑产品的价格由哪些内容组成？
9. 研究建筑产品的成本有什么意义？
10. 为什么要研究建筑产品的固定成本和变动成本？什么是边际成本？
11. 掌握量、本、利的分析方法。
12. 建筑产品的流通和消费各有什么特点？

第四章 建 筑 生 产

建筑生产是建筑活动中最广泛、最核心的部分。建筑业向社会提供的建筑产品，需要经过建筑生产环节才能实现。建筑业企业在进行建筑生产活动时，必须解决生产什么，生产多少，如何生产等一系列问题。建筑产品本身具有的特点，也要求建筑产品的使用者了解建筑生产的基本过程，以解决如何购买的问题。研究建筑生产，对于生产者和消费者同样都是重要的。

第一节 建筑生产的特点

建筑生产的特点，在很大程度上是由建筑产品的特点决定的。相对于一般工业生产，建筑生产具有以下主要特点：

一、生产流动

由于建筑产品在生产、使用过程中只能固定不动，必然导致建筑产品生产过程的流动。在一般工业产品的生产过程中，工人和设备通常不需要移动，而是产品或半成品在各设备和生产场所之间流动，形成成品后再"流动"到使用地点。这种类型的生产过程，可以简单概括为："产品流动，生产固定"。但是，建筑产品的生产过程却不同。由于建筑产品本身不能移动，只有工人和设备在产品之间流动。工人和设备在某个地点生产完这件产品，再移动到别的地方生产另外的产品。不仅如此，在同一件产品的生产过程中，工人也必须携带工具、材料在产品的不同部位之间流动。这种类型的生产过程，也可以简单概括为："产品固定，生产流动"。

建筑生产的流动性，给建筑业企业的生产组织带来了一系列问题。

首先，同一件建筑产品的生产组织中，工人必须在产品的不同部位之间流动完成对产品的加工，而建筑产品各工序之间存在着先后施工顺序，因此生产的流动线路必须按照工序间的固有规律进行。也即是说，要遵循施工程序。在建筑施工组织中普遍采取的流水法施工，就是针对建筑生产流动性的特点而形成的一种生产流动方法。

再者，建筑生产的工人和设备要在不同产品之间流动，而且流动的范围还很大。所以，建筑生产的环境是多变化的，建筑产品的成本也会因为生产流动而增加。工人和管理机构大范围的转移，必然导致相关费用的增加。机械设备大范围的移动，尤其是大型施工机械的进出场，安装、拆卸，都会增大施工费用。

二、单件生产

建筑产品类型的多样性，决定了建筑生产的单件性。一般工业产品的生产往往是批量进行，同样一件产品可以生产成千上万件。而建筑生产却不一样。由于建筑产品种类繁多，要求各异，每一件产品都必须根据用户的要求单独设计和施工。即使采用标准设计方案，也会因为地质、气象以及各种社会经济环境的不同而采用不同的施工方法。所以，建筑产品不能批量生产，只能组织单件生产。

在工业产品的批量生产中，产品设计和工艺设计紧密相连。因为每一种产品要生产若干件，为了提高质量、降低成本，就必须在产品设计的同时充分考虑到加工工艺，设计出高效的生产线。而在建筑产品的生产中却做不到这一点。因为每一件产品只生产一次，而每一类产品又有多种设计方案和施工方案可供选择，所以产品设计时不可能指定施工方案。再者说，花很大工夫设计只用一次的生产线，也没有这个必要。建筑产品类型的多样性，决定了设计和施工的适当分离。设计单位根据用户的要求设计出产品，施工单位根据设计图纸、现场条件和自身能力确定施工方案，组织施工。

设计和施工的适当分离，并不意味着建筑产品生产不需要工艺设计。恰恰相反，每一件建筑产品必须单独进行工艺设计，也就是施工中经常提到的施工组织设计。需要指出的是，虽然建筑生产没有统一的工艺设计，但并不是说没有工艺标准。建筑产品需要单件生产，无法进行统一的工艺设计，但建筑产品的各个分部分项工程，却具有相同的工艺过程。例如模板工程，无论哪种类型的建筑产品，只要是模板工程这个分项工程，其工艺过程大体上是一致的。所以，建筑产品的工艺标准，是针对分部分项工程制定的，并不以建筑产品的整体为对象。各地区、各大型建筑业企业集团制定的施工工艺标准，实质上就是建筑产品各个分部分项工程的工艺标准。

三、生产周期长

建筑产品形体庞大，结构复杂，生产中要占用大量的人力、物力和财力，由众多的人协同劳动，经较长时间加工才能最终完成。再加上建筑产品不能移动，须按一定的顺序对各部位加工，作业空间受到限制，也延缓了施工进度。所以，建筑产品的生产周期一般较长，少则数月，多则数年。

建筑产品的生产周期长，直接影响工程的结算方式。建筑产品在交易过程中不可能一次性完成付款，必须根据工程进度分阶段多次进行。完成一部分工程，付一部分工程款，工程全部竣工后进行结算。

建筑产品的生产周期长，直接影响工程的验收方式。建筑产品的验收分为中间验收和竣工验收两种类型。隐蔽工程和主要分部工程完工后，都必须进行中间验收，待工程全部完工后再进行竣工验收。

建筑产品的生产周期长，增加了供需双方的风险。在建筑产品生产过程中，经常会受到社会、经济、自然、技术和人为等诸多因素的影响，出现一些生产之前难以预料的情况，造成一些意外的损失，致使预定的工期、费用和质量目标出现偏差，给供需双方带来风险。因此，必须采取相应的措施，尽量减少和避免这些风险。

四、生产不均衡

建筑生产受到固定资产投资和房地产市场的影响。当固定资产投资规模增大，投资速度加快时，就会带动建筑生产规模的扩大和速度的提升；同样道理，房地产市场的升温，也会带动建筑生产规模的扩大和速度的提升。反之，则会导致建筑生产规模的萎缩和速度的减缓。而固定资产投资和房地产市场又与国民经济的状况密切相关，尤其与政府对宏观经济的调控反应敏感。政府在对国民经济进行宏观调控时经常采用的一个重要手段，就是通过加大或减少固定资产的投入和控制房地产市场的规模来实现目标。因此，建筑生产受国家宏观经济政策的影响很大。政府对国民经济的宏观调整，反应在建筑生产上就呈现出不均衡性，随着调控政策的变化而变化。即使在国民经济比较稳定的时期，也会因为地区间和部门间发展的不均衡状况而影响建筑生产的均衡性。

不仅如此，建筑生产还受到自然环境的影响，导致不均衡性。建筑产品体形庞大、不能移动，只能露天作业，必然会受到风、雨、雪、气温等自然条件的影响。遇到这些不利条件时，多数情况下都会减缓施工，甚至停止施工，难以做到全年均衡生产。例如在有冰冻季节的地区，冬季施工就很困难，没有特殊措施室外生产活动将会停止，有的地区甚至要停工几个月。雨季、夏季的高温期间也会在一定程度上影响施工。所以，建筑生产因为受到自然条件的影响，很难做到均衡生产，停工、窝工现象时有发生。

建筑生产的不均衡性，还体现在建筑产品的生产过程中。建筑产品的生产过程，从开工到竣工是极不均衡的。开工初期，投入的人力、材料、设备很少，生产的强度不大；随着工程施工的进行，工作面逐步展开，投入的人力、材料、设备增多，生产强度加大，施工进入高峰阶段；到了工程收尾阶段后，生产强度又逐步降低，直到竣工。因此，对于单件建筑产品而言，很难组织均衡生产。这和一般工业产品的生产不一样。一般工业产品，对于单件产品生产虽然也存在不均衡性，但是由于是批量生产，所以可以将多个产品的各工序同时展开，通过各工序设备、工人的调剂，达到整个生产过程的均衡生产。但是，建筑产品是单件生产，不太容易通过产品之间的工序来调节生产过程，不均衡性难以避免。

五、生产环境多变化

建筑产品固定性的特点，使建筑生产的环境经常处于变动之中。不同的施工地点其工程地质、气候等自然条件差异很大，当地的政策、用户心理、物资供应、道路运输、价格变化等社会环境也有较大差异。建筑业企业的生产经常处于这样一种变化的环境之中，增大了生产的难度，预见性及可控性较差。

由于环境的变化，同样一种类型的产品在不同的地点生产，往往在施工组织上也会有一些变化。例如，同样施工工业厂房，在有加工能力的地区，可以直接订购构件安装；在没有加工能力的地区，就只能现场预制加工。这在生产组织上的差异是很大的，直接影响生产的可靠性。

即使在同一个地区施工，建筑生产的小环境也在不断地发生变化。因为建筑生产是露天作业，受到气候等条件的影响，雨季、风季、冬季等都会在一定程度上改变生产环境，影响生产的正常进行。遇到特殊的气候条件，必须采取相应的技术措施才能保证施工质量和施工安全。有的时候，环境的变化甚至会导致停工，无法组织生产。

第二节 建筑生产的主要要素

建筑生产能力的大小，取决于建筑生产各个要素相互结合的程度。生产力可以理解为在生产过程中由生产的各个要素相结合所形成的总体能力，表现为人类利用自然，进行物质生产的能力，其本质是人类生存和发展的能力。

影响建筑生产的因素很多，例如人员、材料、设备、土地、技术、资本、信息，等等。但从形成生产力的角度讲，建筑生产的基本要素可以归结为马克思经济学中阐明的劳动力、劳动资料、劳动对象三个要素，其他因素可以直接或者间接地反映在这三个要素上。例如，资本进入生产领域后总是会形成劳动资料、劳动对象，或者支付劳动力的工资；技术的核心是人，同时也反映在设备和材料上，等等。

不过，在建筑生产的实践中，并不严格按照劳动力、劳动资料和劳动对象来分类管理建筑生产的要素，而是根据实际工作的需要划分管理对象，实施生产要素的分类管理。

下面，就对实际工作中建筑生产的主要要素进行阐述。

一、劳动者

这里所说的劳动者，不仅指直接从事建筑生产活动的工人，还包括工程技术人员、经营管理人员和其他人员，也就是指建筑业的全部从业人员。劳动者在生产过程中表现出来的劳动能力，称为劳动力。劳动力是存在于劳动者体内的体力和脑力的总和。在生产力的诸要素中，劳动力是最活跃、起决定作用的要素。任何先进的工艺、设备、材料，都是由人研究、开发、制造和控制的，提高劳动者的素质是推动生产力发展的最根本动力。

（一）劳动者的管理

1. 劳动者的录用

劳动者进入建筑生产领域，必须经过录用环节。任何一个建筑业企业组织建筑生产，首先要通过正当途径录用劳动者。我国目前录用劳动者，主要有以下途径：

（1）在各类学校应届毕业生中直接招聘。普通高等学校、中等职业学校的毕业生，凡符合劳动法规定的人员都可以直接录用。

（2）在人才市场上招聘。各地人事行政主管部门都批准成立了人才市场，主要面向各类专业人才，用人单位可以直接在人才市场上招聘所需人员。普通高等学校、中等职业学校的毕业生也可通过人才市场进入用人单位。

（3）在劳务市场上招聘。劳务市场一般按不同的行业划分，主要面向专业人才以外的各类人员，用人单位可以直接在劳务市场上招聘所需劳务人员。建筑劳务市场的劳务人员一般由建筑劳务基地提供。

2. 劳动合同

劳动合同是劳动者与用人单位确定劳动关系，明确双方权利和义务的协议。订立劳动合同，应当遵循平等自愿协商一致的原则，不得违反法律、行政法规的规定。依法订立的劳动合同具有法律约束力，当事人必须履行合同规定的各项义务。劳动合同的订立、变更和解除都必须依法进行，符合法律和行政法规的规定，按法定的程序和方法办理。

劳动者一经用人单位录用，就应订立劳动合同。劳动合同应当以书面形式订立，并具备下列内容：

（1）劳动合同期限；

（2）工作内容；

（3）劳动保护和劳动条件；

（4）劳动报酬；

（5）劳动纪律；

（6）劳动合同终止的条件；

（7）违反劳动合同的责任。

3. 劳动者的培训

用人单位有培训劳动者的义务和要求劳动者接受培训的权利。同样道理，劳动者也有接受培训的权利和参加培训的义务。对劳动者进行培训，其目的是为了使劳动者掌握劳动技能和安全生产的知识,更好地从事建筑生产活动。劳动者培训的内容很多,主要包括:文化素质、专业知识、技术理论、专业技能、操作技能、安全知识和技能,等等。

4. 劳动者的辞职和辞退

(1) 劳动者的辞职。劳动者辞职,是指劳动者提出辞去工作,终止和用人单位的劳动关系,解除劳动合同的行为。

劳动者因各种原因辞职,可以要求与用人单位解除劳动合同,但应当提前三十日以书面形式通知用人单位。

有下列情形之一的,劳动者可以随时通知用人单位解除劳动合同:

1) 在试用期内的;
2) 用人单位以暴力、威胁或者非法限制人身自由的手段强迫劳动的;
3) 用人单位未按照劳动合同约定支付劳动报酬或者提供劳动条件的。

(2) 劳动者的辞退。劳动者的辞退,是指用人单位提出解除劳动者的工作,终止用人单位与劳动者的劳动关系,解除劳动合同的行为。

用人单位解除劳动合同,辞退劳动者,必须符合法律的有关规定,根据不同的辞退性质采取相应的辞退方式。

劳动者有下列情形之一的,用人单位可以解除劳动合同:

1) 在试用期间被证明不符合录用条件的;
2) 严重违反劳动纪律或者用人单位规章制度的;
3) 严重失职,营私舞弊,对用人单位利益造成重大损害的;
4) 被依法追究刑事责任的。

劳动者有下列情形之一的,用人单位可以解除劳动合同,但是应当提前三十日以书面形式通知劳动者本人:

1) 劳动者患病或者非因工负伤,医疗期满后,不能从事原工作也不能从事由用人单位另行安排的工作的;
2) 劳动者不能胜任工作,经过培训或者调整工作岗位,仍不能胜任工作的;
3) 劳动合同订立时所依据的客观情况发生重大变化,致使原劳动合同无法履行,经当事人协商不能就变更劳动合同达成协议的。

劳动者有下列情形之一的,用人单位不得依据上述两条的规定解除劳动合同:

1) 患职业病或者因工负伤并被确认丧失或者部分丧失劳动能力的;
2) 患病或者负伤,在规定的医疗期内的;
3) 女职工在孕期、产期、哺乳期内的;
4) 法律、行政法规规定的其他情形。

(二) 劳动生产率

1. 劳动生产率的含义

劳动生产率是指劳动者在生产中的劳动效率,它是建筑生产效率中最重要的一种形式。劳动生产率反映劳动者生产的合格产品的数量(或价值)与所消耗的劳动时间的比值。

劳动生产率有两种表现形式。一种是用单位劳动时间内生产某种合格产品的数量(或产值)来表示,亦称劳动生产率的正指标;另一种是用生产单位合格产品所消耗的劳动时间来表示,亦称劳动生产率的反指标。提高劳动生产率,意味着在单位劳动时间内生产合格产品数量(或价值)的增加,或者生产单位产品所消耗的劳动时间的减少。

劳动生产率的正指标和反指标存在互为倒数的关系。二者的形式虽然不同,但其内容是完全一致的,都反映劳动者的劳动成果与劳动消耗之间的比例关系。

2. 劳动生产率的计算方法

(1) 用产值计算的劳动生产率。基本公式为:

$$劳动生产率 = \frac{建筑业增加值}{全部劳动者平均人数}$$

(2) 用实物量计算的劳动生产率。基本公式为:

$$劳动生产率 = \frac{实际完成的竣工工程面积}{全部劳动者平均人数}$$

3. 提高劳动生产率的意义

(1) 提高劳动生产率,是发展生产的主要途径。发展生产,提高生产总值有两条途径。一是通过增加劳动时间来实现,即增加劳动者或者延长劳动者的工作时间。增加劳动者有一定限度,延长劳动者的工作时间违反劳动法,所以这条途径不可取。依靠增加劳动时间发展生产没有体现社会进步,不可能成为主要途径。另一条途径,就是提高劳动生产率。它通过技术进步和改善管理,在不增加人力的条件下生产出更多的建筑产品,为社会创造更多的财富,达到发展生产的目的,是发展生产的根本途径。

(2) 提高劳动生产率,是降低工程成本的重要手段。建筑工程的成本,由物资消耗和劳动消耗构成。提高劳动生产率,意味着减少了单位产品上的劳动消耗,即减少了所消耗的活劳动,从而使产品成本降低。对于整个社会来说,提高劳动生产率,标志着社会生产总成本的全面减低。因为,在全社会的范围内,物资消耗和劳动消耗,最终都体现为劳动时间的消耗,节约劳动时间就是降低生产成本。

(3) 提高劳动生产率,是提高人们生活水平的重要条件。随着劳动生产率的提高,社会财富不断增加,国民收入也不断增加,从而为提高人们生活水平创造了条件。劳动生产率的水平,是社会进步的重要标志。只有不断提高劳动生产率,才能推动社会不断发展,使人们过上更加美好的生活。

(三) 劳动报酬

劳动者的劳动报酬,是保证劳动者正常工作和生活的物质条件。正确处理劳动者的物资利益,是调动劳动者积极性的重要工作。

劳动者的劳动报酬,主要体现在工资、奖金、津贴和福利上。

1. 工资的含义

劳动的工资,是依据劳动者提供的劳动量(包括数量和质量),用人单位付给劳动者个人的劳动报酬。广义的工资概念,包括支付给劳动者的全部劳动报酬;狭义的工资概念,主要指支付给劳动者的固定劳动报酬。

用人单位在一定时期内直接支付给本单位所有劳动者的全部劳动报酬,称为用人单位的工资总额。工资总额由以下四部分组成:

(1) 计时工资。按计时工资标准和工作时间支付给劳动者的劳动报酬。

(2) 计件工资。按计件单价和完成的工作量支付的劳动报酬。

(3) 奖金。支付给劳动者的超额劳动报酬和增收节支的劳动报酬。

(4) 津贴和补贴。指为了补偿劳动者特殊或额外的劳动消耗和其他原因而支付给劳动者的津贴，以及为了保证劳动者工资水平不受物价等因素影响而支付给劳动者的补贴。

2．工资制度

工资制度是关于确定工资标准及支付工资的制度。常见的有以下几种：

(1) 等级工资制。等级工资制是根据劳动者的劳动熟练程度及其从事工作的技术复杂程度、劳动繁重程度和工作责任大小，划分为若干等级，按等级规定相应工资标准的工资制度。

等级工资制由工资标准、工资等级和技术等级标准三部分组成。

1) 工资标准。工资标准又称工资率，是指在一定工作时间，按不同的工资等级规定的工资数额。工资标准一般以月表示，日工资标准和小时工资标准可按下式计算。

$$日工资标准 = \frac{月工资标准}{全月法定工作日} = \frac{月工资标准}{21.5}$$

$$小时工资标准 = \frac{日工资标准}{每日法定工作时数} = \frac{日工资标准}{8}$$

2) 工资等级。工资等级含三个指标：工资等级的级数；工资等级系数，即每级的工资标准与最低一级工资标准的比值；工资级差，即两个相邻等级工资标准之间的差距，工资级差又可进一步分为等比级差、等差级差和无规则级差等形式。

3) 级数等级标准。对同类工作按照工作的技术复杂程度，劳动繁重程度和责任大小划分的等级，以及对各级工作的要求和标准。

等级工资制适用于技术差异比较大，劳动者的技术水平会直接影响工作质量和劳动效率的工作。

(2) 岗位工资制。岗位工资制指按劳动者的工作岗位确定其标准的一种工资制度。岗位工资制要求，凡在同一岗位工作的劳动者，能独立操作，达到该岗位的要求，则可领取同样数额的报酬。即一岗一薪制。

岗位工资制适用于专业分工较细，技术要求简单，工作对象和工作程序（生产工艺）都比较稳定的部门或工种。在这样的工作条件下，同一岗位的技术要求差异不大，生产效果的好坏主要取决于劳动者的积极性、操作熟练程度和责任心。也就是说，在相同的职位中不再分级别，一岗只有一个工资标准。劳动者只要能够上岗工作，就拿取本岗位的工资，不存在升级问题。只有变动工作岗位或者用人单位调整工资标准时，劳动者才能变动工资。

(3) 结构工资。结构工资制是按照工资的不同作用和决定工资的不同因素，将工资划分成几个部分，通过合理确定这几部分的数额，构成全部工资的一种工资制度。结构工资一般由基础工资、职务工资、工龄工资、活动工资等几部分组成。

基础工资是保障劳动者基本生活的工资，是维持劳动力再生产所必需的劳动报酬。

职务工资主要反映工作的复杂程度和责任的大小。它按劳动熟练程度，技术复杂程度，劳动条件的优劣，责任大小等因素分成若干等级，并规定各级职务的工资标准，以体现必要的差别。

工龄工资又称年功工资，主要反映劳动者参加工作年限的长短在劳动报酬上的差别。

这部分的工资数额和工龄成正比例关系。

活动工资由浮动工资、奖金、津贴等组成，其数额根据用人单位的经济效益和劳动者个人工作业绩而定。

结构工资是对等级工资和岗位工资的一种改进，吸取了二者的特点，即能反映劳动者在工作中的差别，又能在一定程度上反映劳动者的积累贡献。用人单位对于订立了长期劳动合同的劳动者，常采取这种工资制度。

用人单位应根据自身的情况，按照按劳分配的总原则制定出符合实际需要的工资制度。但不论实行什么样的工资制度，支付给劳动者的工资不得低于当地最低工资标准。

3. 工资形式

无论采取何种工资制度，都必须按一定的方式给劳动者具体计算工资。工资形式就是指计算劳动报酬的具体形式。建筑行业经常采用的工资形式主要有以下几种：

(1) 计时工资。计时工资是根据一定的工资标准，按劳动者的实际工作时间支付劳动报酬的一种工资形式。

计时工资计算简便，使用范围非常广泛。凡是机械化、自动化程度较高，或不宜根据产品的数量分别计算个人劳动成果的部门和工种，都可以实行这种工资制度。

计时工资的主要缺点是，只能反映劳动者的技术熟练程度、劳动繁重程度和劳动时间的差别，而无法反映在出勤时间相等的情况下，劳动者所付出的实际劳动量和获得的劳动报酬上的差别。实际工作中，多数用人单位采取计时工资加奖励的办法，克服所存在的缺点。

计时工资有时工资、月工资、日工资三种形式。劳动者一月出全勤，按月工资标准支付工资。缺勤或加班时，按日工资标准或时工资标准减发或加发工资。

(2) 计件工资。计件工资是按劳动者完成产品的数量和质量计算、支付劳动报酬的一种工资形式。

计件工资能够比较准确地反映出劳动者实际付出的劳动量和提供的劳动成果，能够较好地体现多劳多得、少劳少得、不劳不得的分配原则，可以把劳动者的工资收入和所完成的工作数量和质量更直接、更紧密地联系起来，从而使劳动者从个人物质利益上关心自己的劳动成果，促进提高技术水平，提高劳动生产率。

计件工资的主要缺点是，容易出现片面追求产量，忽视安全生产，设备保养等现象。因此实行计件工资的同时，必须加强产品质量，原材料消耗，设备状况，安全生产等方面的检查和考核工作。另外，计件工资使用面较窄，主要适用于机械化程度较低，依靠手工操作进行生产的工作。对于机械化程度高，主要依靠机械作业的工作不宜用计件工资形式。因为这部分工作的效果，在很大程度上取决于技术装备的先进程度，而不取决于操作人员的熟练程度和对工时的利用程度。计件工资也不适用管理岗位的工作，因为管理工作多数无法准确考核工作数量。

计件工资有以下几种具体形式：

1) 无限计件工资。所谓的无限计件工资，是指按照劳动者单位时间所生产的合格产品的数量，用统一的计件单价计算劳动报酬的一种计件工资形式。采取这种方法计件，不论劳动者完成多少工作量，都用同一个计件单价计算工资。它适用于比较成熟的定额项目，或需突击完成的任务。

2) 有限计件工资。所谓有限计件工资，是指规定超额工资最高限额的一种计件工资形式。采取这种计件形式，劳动者的最高工资水平受到限制，主要目的是防止定额不准而导致的工资超支。它适用于定额不成熟，或一次性定额的计件工作。

3) 超定额计件工资。所谓超定额计件工资，是指劳动者完成工作定额发给标准工资，超过定额其超过部分按统一计件单价计算超额工资的一种工资形式。超定额计件工资是在无限计件工资的基础上派生出来的一种形式，基本思想是在定额内发标准工资以体现劳动者在技术、工龄等因素上的差别，超定额部分发计件工资以体现多劳多得的分配原则。

4) 累进计件工资。所谓累进计件工资，是指按累进的计件单价计算劳动者报酬的一种计件工资形式。这种计件形式，劳动者完成任务越多，计件单价越高，对劳动者有强烈的物质鼓励作用，适用于劳动强度大，作业条件差，要求紧迫的生产任务。

(3) 包工工资。包工工资是将单位工程或分部、分项工程的全部施工任务及完成任务所需的人工费包给劳务作业队的一种工资形式。这种工资形式，将工资与工期、质量、安全、工效、消耗等多项指标挂钩，有利于提高施工生产的综合效益。

包工工资是劳务分包企业普遍采取的一种工资形式，具体做法各地区各企业不尽相同。有的只包工资，同时考核主要经济技术指标；有的除包工资外，还包工程质量、材料费、机械费、周转材料摊销费等。

4. 奖金和津贴

奖金和津贴是劳动者收入的组成部分，是基本工资的补充，也称辅助工资。

(1) 奖金。奖金是基本工资的一种补充形式，是用人单位对劳动者超额劳动和工作成绩的一种奖励。有两种主要形式：

1) 单项奖。所谓单项奖，是为了突出工作重点，针对某一具体目标而专门设置的奖项。例如：质量奖、安全奖、节约奖、合理化建议奖、技术创新奖等。单项奖的内容单一，目标明确，对于生产中的某些环节，能收到显著的效果。

2) 综合奖。所谓综合奖，是以考核劳动者完成各项工作指标而设置的奖项。它把劳动者工作中的各个方面和奖金挂钩，根据各项指标的完成情况和劳动态度确定奖金的数额。综合奖的奖励条件比较全面，能推动各方面工作的开展，对于各类人员都适用。

(2) 津贴。津贴是基本工资的另外一种补充形式，是对劳动者在特殊的劳动强度和劳动条件下付出的额外劳动的报酬。有以下几种基本形式：

1) 补偿劳动者额外劳动消耗的津贴。一般指在劳动者法定劳动时间以外从事劳动时给予的补偿，以及少数人在同一劳动时间内比同等级的劳动者支付较多劳动或承担较多责任时给予的补偿。例如：夜班津贴、加班津贴、班组长津贴等。

2) 保护劳动者健康的津贴。指劳动者在有害身体健康和安全的特殊劳动条件下工作的津贴。例如：高空津贴、高温津贴、有害环境的保健津贴等。

3) 弥补生活费额外支出的津贴。指由于各种原因造成劳动者实际工资减少，或者生活费额外支出增大而建立的津贴。例如：地区津贴、流动施工津贴、物价补贴、交通费补贴等。

4) 保障劳动者基本生活的津贴。指劳动者在某些情况（国家规定范围内）下没有参加用人单位劳动，为保障基本生活而建立的津贴。例如：探亲假期间的津贴，病假期间的津贴，脱产学习期间的津贴，非劳动者本人原因造成的停工时的津贴等。

5. 福利

劳动者的福利分为个人福利和集体福利。个人福利主要体现在发给个人的各种生活津贴和补贴上；集体福利由用人单位举办，体现劳动者的共同需要。除了用人单位建立的福利外，社会也针对全体人民建立了各种福利，例如养老、医疗和失业保险，各种公益事业，公共设施等。

集体福利是用人单位为满足劳动者的共同需要，减轻劳动者的生活负担和家务劳动，为劳动者提供各种便利条件而举办的各种福利事业。集体福利是劳动者经济利益的组成部分。

用人单位集体福利包括：食堂、澡堂、宿舍、医疗室、托儿所、疗养院等生活设施；阅览室、俱乐部、体育用品及场所等文化娱乐设施；交通车等交通设施。

(四) 劳动保护

1. 劳动保护的意义

劳动保护，指为保护劳动者在劳动过程中的安全和健康而采取的各种措施。

关心劳动者在劳动中的安全与健康，是党和国家的一贯方针，是我国的一项基本劳动政策，也是用人单位对劳动者管理的一条基本原则。所有用人单位都必须重视安全生产和劳动保护工作，遵守国家在安全生产和劳动保护方面的各项法规。2002年6月29日中华人民共和国第九届全国人民代表大会常务委员会第二十八次会议通过了《中华人民共和国安全生产法》，标志着我国安全生产和劳动保护工作走上了法治轨道。

建筑产品生产，多属高空露天作业，现场环境复杂，劳动条件差，不安全因素多，建筑业是一个工伤事故发生频率较高的行业，安全生产和劳动保护工作有特别重要的意义。要求全体从业人员尤其是各级领导必须从思想上高度重视安全生产和劳动保护工作，在技术和组织上采取有利措施，保证安全生产，保护劳动者的生命安全和身体健康。

劳动保护是保证安全生产，使生产顺利进行的重要措施。劳动保护工作做得不好，安全生产就无保障。工地一旦发生安全事故，轻者影响生产正常进行，重者造成人员伤亡，损坏设备，停工停产。

劳动保护是调动劳动者积极性的重要保证。搞好劳动保护工作，让劳动者在安全卫生的环境中工作，能促进身心健康，激发工作热情，提高工作效率，促进生产发展。

2. 劳动保护的内容

劳动保护主要包括安全技术、工业卫生、劳动保护制度三个方面的内容。

(1) 安全技术。是指在生产过程中，为了保护劳动者的安全和健康，防止和消除伤亡事故而采取的各种技术组织措施。主要有：机械设备安全、电器设备安全、动力锅炉安全、厂房建筑物安全、建筑安装施工安全等。

建筑业企业应特别注意建筑安装施工的安全技术，坚持使用安全网、安全帽、安全带，防止高空作业人员坠落和落物伤人事故，脚手架和各种起重设备应符合安全规定，保证可靠性。

(2) 工业卫生。指在生产过程中，为改善劳动条件，保护劳动者的健康，防止和消除有害有毒物质对劳动者的影响，在医疗卫生方面采取的一系列措施，主要包括：高温、粉尘、噪声、毒物等威胁劳动者健康的防止措施。

(3) 劳动保护制度。指为保护劳动者在生产过程中的安全和健康的有关规程、规定。

包括：国家颁发的安全生产与劳动保护方面的法律法规，如：安全生产法；用人单位自定的有关安全生产和劳动保护方面的规定和制度，如安全操作规程、安全生产责任制、安全生产的监督与检查制度、工伤事故调查分析制度、加班加点审批制度、设备维修检修制度、安全教育制度等。

（五）劳动保险

1. 劳动保险的含义

劳动保险是国家和用人单位为保护和增进劳动者的身体健康，在劳动者暂时或永久丧失劳动能力时，给予社会保障性物质经济帮助的一种福利制度。劳动保险是一种社会保险制度，用人单位和劳动者个人必须依法参加社会保险，交纳社会保险费。

劳动保险的对象是劳动者，实施范围限于劳动者的生育、伤残、病、退休、失业等事件，从业人员死亡后，其遗属依法享受遗属津贴。

劳动保险是劳动者的一项基本社会权利。在我国，这种权利是通过立法加以保证的。20世纪50年代我国就建立了从业人员的劳动保险制度，以后逐步完善，劳动法颁布后逐步形成了一套较完备的劳动保险体系。

2. 劳动保险的种类

（1）医疗健康保险。指对劳动者非因工的原因引起的疾病、伤害、死亡、生育等事件的保险，以及对从业人员供养的直系亲属的医疗健康保险。分为：

1）疾病伤害保险。包括：劳动者疾病与非因工伤害保险，供养直属亲属疾病与意外伤害保险，预防性医疗保险。

2）死亡保险。包括：劳动者死亡保险，供养直属亲属死亡保险。

3）生育保险。女工生育孕产保险，男工配偶生育保险。

（2）养老保险。指对劳动者因年龄、疾病、体弱等原因，丧失劳动能力而退休时的保险。包括：退休金保险，退休后的医疗保险，退休后的死亡丧葬保险、遗属补偿保险等。

（3）失业保险。指对非主观原因而暂时失业的人员，给予经济补偿的一种保险。

以上三种保险是强制性的社会保险，劳动者个人和用人单位都必须按规定按时交纳。

（4）劳动事故保险。指对劳动者在劳动过程中，因工作引起的职业病、负伤、致残、死亡事故的保险。

劳动事故保险按事故原因分为：劳动者因工生病保险、负伤保险、残废保险、死亡保险等；按事故责任分为：用人单位责任保险、个人责任保险、共同责任保险等。事故发生后，应由用人单位技术安全部门、工会、劳动安全部门和社会保险机构共同组成专门鉴定小组，经过调查分析确定责任性质后，再按规定分别付与劳动者相应的保险金。

二、建筑材料

（一）建筑材料的含义

用于建筑生产的生产资料可以分成劳动对象和劳动资料两部分。建筑材料，就是指生产建筑产品所需的各种劳动对象。包括原材料和各种构件、配件。这里所说的构件、配件是指建筑业或其他行业加工形成的用于建筑生产的各种半成品，如钢结构件、混凝土预制构件等。它们都属于劳动对象。

在建筑生产的实际工作中，除了上述建筑材料外，习惯上还把属于劳动资料的工具、用具、周转材料等归为材料管理的范围。所以，建筑生产中所指的建筑材料，不仅包括生产建筑产品的全部劳动对象，还包括工具、用具、周转材料等部分劳动资料。

建筑材料在建筑生产中有非常重要的意义，主要表现在：

1. 建筑材料是生产建筑产品的重要物质保证

建筑产品的生产过程，同时也是建筑材料的消耗过程。任何一种材料缺货，都可能影响施工生产的正常进行，甚至导致停工。建筑生产消耗的材料，不仅数量多，而且品种杂，给供应工作带来很大困难。因此，材料管理是建筑生产的重要环节，必须加强管理，才能保证生产的需要。

2. 建筑材料的质量是提高工程质量的重要保障

建筑产品是由各种建筑材料组成的工程实体。材料的质量如何，直接影响工程的质量。建筑生产中的材料管理，其重要的工作内容之一，就是要利用各种管理措施，为施工生产提供符合质量要求的建筑材料，从物质上保障工程的质量。

3. 建筑材料的成本是影响工程成本的主要原因

材料成本是工程成本的重要组成部分。在建筑产品的成本构成中，建筑材料的成本所占比重最大，一般在60%以上，如遇高级装修，甚至超过90%。材料费的超支与节约，直接影响工程成本的高低。这就要求在建筑生产中加强材料成本核算，在材料的采购、运输、保管、发放、使用等各环节上加强管理，努力减少损耗和浪费，降低成本。

4. 建筑材料的供应过程是影响资金周转的重要因素

建筑产品生产周期长，造成材料储备量大，资金占用多。建筑生产在材料上占用的资金，约占全部生产资金的一半以上。如何加速这部分资金的周转，成了非常重要的问题。基本途径是在满足施工生产需要的前提下，尽量减少材料储备，从而降低储备资金占用，加速资金周转。

（二）建筑材料的分类

1. 按在施工生产中的作用分

（1）主要材料。指直接用于建筑产品上，构成建筑产品实体的各种材料。如砂、石、水泥、钢筋、木材等。

（2）结构件。指经过安装后能够构成建筑产品实体的各种半成品。如钢结构件、钢筋混凝土构件、木构件。结构件由建筑材料加工而成。

（3）机械配件。指维修机械设备所需的各种零件和配件。如曲轴、活塞、轴承等。

（4）周转材料。指在施工生产中能够多次反复使用，而又基本保持原有形态并逐渐转移其价值的材料。如脚手架、模板、枕木等。

（5）低值易耗品。指使用期较短或价值较低，不够固定资产标准的各种物品。如用具、工具、劳保用品、玻璃器皿等。

（6）其他材料。指不构成建筑产品实体，但有助于建筑产品形成，或者便于施工生产进行的各种材料。如燃料、油料等。

2. 按材料的自然属性分

（1）非金属材料。包括无机材料和有机材料。

1）无机材料。如砂石、水泥、石灰、玻璃、黏土砖等；

2）有机材料。如木材、油漆、沥青、塑料等。

（2）金属材料。包括黑色金属和有色金属。

1) 黑色金属。如生铁、碳素钢、合金钢等；
2) 有色金属。如铜、铅、铝、锡等。

(三) 建筑材料的消耗

建筑材料的消耗，是建筑生产过程的基本特征。建筑生产的过程，也是建筑材料消耗的过程。有效地控制材料消耗，是控制建筑产品成本的关键环节。

1. 建筑材料消耗的构成

建筑产品的材料消耗大致分为有效消耗、工艺损耗和管理损耗三部分。

(1) 有效消耗。指构成工程实体的材料净用量。有效消耗是生产建筑产品的必须消耗。

(2) 工艺损耗。指由于工艺原因，在施工过程中发生的损耗。工艺损耗又称施工损耗，包括操作损耗、余料损耗和废品损耗。工艺损耗中的这三个方面是不可能完全避免的，总是会发生一部分。不可避免的损耗，属于工艺损耗中的合理部分，应该进入建筑材料的消耗；而有些损耗是可以避免的，属于不合理的损耗，不应进入材料消耗。建筑材料管理的一项重要任务，就是要尽量避免材料消耗中不合理的工艺损耗。

(3) 管理损耗。指由于管理原因，在材料运输、保管、施工过程中发生的损耗。管理损耗又叫非工艺损耗。如运输途中的损耗，仓储保管中的损耗，施工过程中非工艺原因造成的损耗，等等。

2. 建筑材料消耗的控制

建筑材料消耗的控制，一般通过材料消耗定额的制定和执行来实现。材料消耗定额的制定和执行，是建筑生产中控制建筑材料消耗的重要手段。

(1) 材料消耗定额的含义。指在一定条件下，生产单位建筑产品（或完成单位工程量）合理消耗建筑材料的数量标准。

这个概念中有两个基本问题：

1) 材料消耗定额是在一定条件下制定的。这个条件，是指施工生产过程中的技术、工艺、管理、材质、环境、工人等因素。制定材料消耗定额时，要求这些因素处于正常状态，即处于"一定条件"的范围内。因为上述因素的变化，将直接影响材料消耗的水平。所以，制定材料消耗定额时就必须作一定的规定，即确定材料消耗的标准条件。标准条件必须和实际情况相吻合，既不能太苛求，也不能太宽松。只有在合理的标准条件下制定的材料消耗定额，对建筑材料消耗的控制工作才有指导意义。

2) 材料消耗定额确定的是合理的材料消耗数量标准。这里有两层含义，一是合理的消耗，不应包含材料消耗中的不合理损耗；二是提出了一个数量标准，即生产单位产品材料消耗量的限额。

(2) 材料消耗定额的分类。材料消耗定额可以按不同的方法分类，主要有：

1) 按材料消耗定额的用途分。可以分为材料消耗概算定额、材料消耗预算定额、材料消耗施工定额。

① 材料消耗概算定额。是指在设计资料不齐备，有较多不定因素的条件下，用以估算建筑产品所需材料的定额。材料消耗概算定额又可分成三种表达形式：按施工产值确定的材料消耗量定额，即每万元施工产值材料消耗的数量标准；按单位建筑面积确定的材料消耗量定额，即每平方米建筑面积材料消耗的数量标准；按分部分项工程实物工程量确定

的材料消耗量定额,即每单位工程量材料消耗的数量标准。

② 材料消耗预算定额。是指用以计算建筑产品预算价格的定额。材料消耗定额是建筑工程预算定额的组成部分。

材料消耗预算定额,是各地区材料消耗的社会平均水平,具有"统一标准"的作用。由于预算定额确定的是某一地区社会平均消耗水平,因此制定时必须依据现行设计标准、设计规范、标准图纸、施工验收规范、质量检验评定标准、施工工艺标准、合理的施工组织设计、施工条件、当地消耗水平等因素,经反复测算后确定。预算定额测定颁发后,经一段时间使用,由颁发单位根据定额条件的变化统一组织修订。

材料消耗定额一般以分部分项为单位确定材料的消耗量,项目划分的粗细各地不尽一致。有的地区为了计算简便,对分部分项适当扩大,制定出预算综合定额。

材料消耗定额的主要用途是确定建筑产品的价格,它为建筑产品的买卖双方提供了一个价格平台,便于在此基础上协商。在计划经济条件下,预算定额是强制执行的;在市场经济条件下,预算定额具有指导作用,是买卖双方讨论的基础。

③ 材料消耗施工定额。指建筑业企业内部控制材料消耗的定额。施工定额的和预算定额的内容相近,但在制定方法和标准上有所区别。主要区别有:

施工定额有企业自行制定,试用于企业内部;预算定额由行业管理机构制定,适用于一个地区。

施工定额按本企业实际水平编制,而预算定额按地区社会平均水平编制。

施工定额的项目接近操作程序,项目划分一般较细;预算定额重在定价,项目划分一般要综合一些。

施工定额主要是材料消耗的实物量,而预算定额强调实物量和价值量的统一。

2) 按消耗定额涉及的材料分。可以分为主要材料消耗定额、其他材料消耗定额、周转材料消耗定额。

① 主要材料(含结构件)消耗定额。主要材料和结构件直接构成工程实体,一次投入消耗,其定额由净用量加一定损耗构成。

② 其他材料消耗定额。其他材料是建筑产品生产的辅助材料,不直接构成工程实体。辅助材料的用量相对较少,但品种多而且复杂,其消耗定额一般通过主要材料消耗定额间接确定。

③ 周转材料(含低值易耗品)消耗定额。周转材料和低值易耗品可以多次使用,逐渐消耗并转移价值。在定额中,周转材料和低值易耗品只列周转一次的摊销量。

建筑材料消耗的控制,就是要按照消耗定额对建筑生产中的材料消耗进行管理。对于建筑产品的生产者来说,应尽量使自己的实际消耗低于社会平均消耗,也就是要使本企业的施工定额水平高于预算定额水平,通过降低材料成本达到降低建筑产品成本的目的。

(四)建筑材料的采购、运输和储备

1. 建筑材料的采购

材料采购的关键问题是确定供应单位和采购时间、采购批量。

(1)选择供应单位。对于采购量大的建筑材料,一般采取招标的方式确定供应商。招标是大宗物质采购常用的方法,可以保证质量,降低成本。但招标的过程比较长,不适合量少而又急需材料的采购。对于零星材料的采购,可根据材料的质量、价格和供应商的信誉，综合评价后选定供应单位。

（2）确定采购时间和采购批量。采购时间和采购批量直接影响现场材料的供应和材料成本。采购时间早了或采购批量大了，会造成库存积压，加大材料成本；采购时间迟了或采购批量小了，则会形成供应中断，影响生产。

确定采购时间和采购批量是材料采购中的重要环节，主要有以下两种方法：

1) 定量采购法。所谓定量采购法，是指固定采购批量，根据库存量的变化确定采购时间的一种方法。采用这种方法，采购批量固定不变，采购时间随库存材料消耗的快慢而变化，只要库存材料降到一定数量就立即组织采购。

这种方法的关键问题是合理确定采购材料时的库存量，这个库存量要保证在材料采购期间施工生产的需要。采购材料时的库存量，称为采购点库存量，简称采购点。

采购点可以用下面公式测算：

$$C_c = T_c H_r + C_b$$

式中　C_c——采购点的库存量；

　　　T_c——采购期，采购所需要的时间；

　　　H_r——平均日耗量；

　　　C_b——保险储备量，为防止意外而建立的储备，计算方法见材料储备。

2) 定期采购法。所谓定期采购法，是指固定采购时间和采购周期，根据库存量的变化确定采购批量的一种方法。采用这种方法，采购时间和采购周期固定不变，只要到了采购时间就组织采购，采购批量则根据采购时的库存量而定。

这种方法的关键问题是合理确定采购批量，可以用以下公式测算：

$$C_p = C_j + C_b + T_c H_r - C_s$$

式中　C_p——采购批量；

　　　C_j——经常储备，正常情况下的储备量，计算方法见材料储备；

　　　C_s——采购材料时的实际库存量。

其他字母的含义同定量采购法的公式。

2. 建筑材料的运输

建筑材料的运输，重点要解决运输工具和运输线路。建筑材料多数属于大众材料，长距离的运输可选择铁路或者水陆，近距离的可选择公路。在选择运输线路时，应尽量避免下列不合理的运输方式。

对流运输：指同种材料在同一线路上或两条平行线路上对流；

重复运输：指把可以直接运到目的地的材料，经不合理的中转运到目的地；

迂回运输：指没有选择最短线路而绕道运输；

倒流运输：指将材料由甲地运到乙地，经乙地中转后又运回甲地使用；

过远运输：指舍近求远，购买较远产地的材料，造成不合理的远距离运输。

3. 建筑材料的储备

我们知道，施工生产是连续不断进行的，客观上要求建筑材料也必须连续不断地供应。但是，材料从采购到进货总是要花费一定的时间，这段时间施工生产的用料，就只能用库存材料解决。因此，建立一定的材料储备是必要的。

建筑材料储备的目的，就是要保证材料不间断供应，以满足施工生产的需要。在这个前提下，尽量降低材料储备量，以减少资金积压。

(1) 储备量的确定。为保证施工生产在各种条件下都能正常进行，一般应建立以下几种储备。

1) 经常储备量的确定。所谓经常储备，是指在施工生产正常情况下建立的储备。常用以下方法确定储备量：

① 供应间隔期法：用平均供应间隔期和平均日耗量计算材料经常储备量的一种方法。公式如下：

$$C_j = T_g \cdot H_r$$

式中　C_j——经常储备量；

　　　T_g——供应间隔期，即两次供货之间的间隔期；

　　　H_r——平均日耗量。

用这个公式计算的储备量，可以保证在正常消耗条件下两次进货的间隔期间内的材料供应。

② 经济批量法。用经济采购批量作为材料经常储备量的一种方法。在同样材料总量的前提下，采购次数越多，则采购批量越小，经常储备越少，采购成本越高；采购次数越少，则采购批量越大，经常储备越多，储备费越高。显然，存在一个经济批量问题，即采购费与储备费之和最低的采购批量。

经济批量可以用下面的方法计算。假设：

　　Q——某个时期材料的总需求量；

　　C_j——采购批量（经常储备量）；

　　P——材料单价；

　　C_d——单次采购的采购费；

　　C——采购和储备的总费用；

　　A——单位价值材料在计算期内的储备费率。

则有：

$$C = \frac{Q}{C_j} C_d + \frac{1}{2} C_j PA$$

用微分方法可以求得使总费用 C 最小的采购批量 C_j（经常储备量）。有：

$$C_j = \sqrt{\frac{2QC}{PA}}$$

2) 保险储备量的确定。所谓保险储备，是指为防止异常情况造成待料而建立的储备。在材料供应工作中，经常因为采购、运输等原因造成供应误期，或者实际消耗加快导致材料短缺等现象。此时，经常储备显然不能满足需要，必须建立一定量的保险储备。

保险储备可按以下方法确定：

① 平均误期天数法。根据统计资料测算出材料供应的平均误期天数，再依据平均误期天数和材料平均日消耗量计算保险储备。公式如下：

$$C_b = T_w \cdot H_r$$

式中　C_b——保险储备；

T_w——平均误期天数；

H_r——平均日消耗量。

② 安全系数法。按经常储备的一定比例，作为保险储备。公式如下：

$$C_b = K \cdot C_j$$

式中　C_b——保险储备；

K——安全系数；

C_j——经常储备量。

③ 采购时间法。根据材料采购时间内的材料需求量，作为保险储备。公式如下：

$$C_b = T_c \cdot H_r$$

C_b——保险储备；

T_c——采购期，采购所需时间；

H_r——平均日消耗量。

3) 季节储备量的确定。经常储备和保险储备都是以货源充足，随时可以进货为前提条件的。但实际情况并非完全如此，有的材料因受季节影响而不能保证连续生产供应。如砂、石，在洪水季节就无法生产。为了满足材料供应中断时期施工生产的需要，就必须建立相应的储备。

所谓季节储备，就是为防止季节性生产中断造成待料而建立的储备。可以用下列公式计算：

$$C_z = T_z \cdot H_r$$

式中　C_z——季节储备；

T_z——季节供货中断间隔期；

H_r——平均日消耗量。

(2) 储备重点的确定。建筑生产所需材料的品种、规格、型号很多，不可能也没必要对每种材料都严格按照上述储备管理的方法严格控制储备量。在实际工作中，经常采取重点控制的方法。建筑生产用的材料虽然种类很多，但耗用量并不均衡，消耗最多的往往只是少数品种的材料。这些材料的品种少，但消耗量大，资金占用反而多，因此必须重点加以控制。

在材料储备管理中经常采用 ABC 分类法确定控制的重点。所谓 ABC 分类法，是指根据储备材料的品种、资金占用等因素，按一定的原则排队分类，确定出控制重点的一种管理方法。ABC 分类法，又称为 ABC 分析法或者重点管理法等。

ABC 分类法要求以材料的品种和价值两个方面来分析材料的重要程度，把全部材料按一定标准分为 ABC 三类，实施分类管理。分类标准如下：

A 类材料：品种占总品种的 5%～20%，价值占总价值的 70%～90%；

B 类材料：品种占总品种的 25%～40%，价值占总价值的 10%～25%；

C 类材料：品种占总品种的 50%～70%，价值占总价值的 5%～15%。

控制的基本原则是：

A 类材料：重点控制对象，严格控制储备量，尽量以经济批量进货；

B 类材料：一般控制对象，按定额控制储备量，以定量采购的批量或者定期采购的批量进货；

C 类材料：非控制对象，不严格控制储备量，保证需要即可。

三、机械设备

机械设备是建筑生产最重要的劳动资料，在施工生产中起着十分重要的作用。随着建筑技术的发展，机械施工将逐步替代繁重的体力劳动，建筑机械和各种设备在建筑生产中扮演着越来越重要的作用。

建筑生产常用的机械设备包括：运输机械、施工机械、动力机械、维修加工设备、测量仪器、研究实验设备等。

（一）机械设备的购置

购置机械设备必须坚持实用、先进和经济的基本原则，用综合评价的方式全面衡量所购设备的性能。通常评价的指标有：购入价格、生产效率、使用费、使用年限、工作质量、安全性能、节能性能、维修性能、灵活性、利用程度等。在综合评价这些指标的基础上，通过招标购置所需机械设备。

假如机械设备的技术指标都能满足要求，单从经济角度考虑如何购买，经常用以下方法决策。

1. 年等值成本法

年等值成本法，是指以年等值成本作为选择机械设备标准的方法。所谓年等值成本，指在机械设备在使用期限内，将购入价格（包括按复利计算的利息）减去残值（包括按复利计算的利息）加上平均使用费，均匀摊入每年的成本。

年等值成本的计算公式如下：

设备年等值成本 = 设备收入价 × 资金回收系数 − 残值 × 偿还基金系数 + 设备年使用费

式中：设备购入价指原始价值；设备年使用费指在使用期限内，每年平均支付的经常性费用，包括安拆、运输、动力、人工及维修费等；残值指使用寿命终结时，设备残存的价值；资金回收系数及偿还基金系数按下列公式分别计算。

$$资金回收系数 = \frac{i(1+i)^n}{(1+i)^n - 1}$$

$$偿还基金系数 = \frac{i}{(1+i)^n - 1}$$

式中 i——银行年利息率；

n——设备使用年限。

年等值成本越低，说明设备的使用效益越好。

2. 单位工程量成本比较法

单位工程量成本比较法，是以完成单位工程量的成本支出为选择机械设备标准的方法。

机械设备的成本按其性质可以分为固定费用和变动费用两部分。

固定费用包括：一定时期机械设备应计提的折旧费、大修理费、购买机械设备贷款的利息、固定资产占用费、设备保管费等。固定费用按一定时期计提，以一定比例摊入工程成本之中，不受机械设备在计提期内操作时间变化的影响。

变动费用包括：机上人工费、燃料动力费、小修理费、按操作时间计算的管理费等。

变动费用随机械设备操作时间的增减而变动。

单位工程量成本计算公式如下：

$$C_d = \frac{F + V \cdot X}{X \cdot Q}$$

式中　C_d——单位工程量成本；
　　　F——一定时期机械设备固定费用；
　　　V——单位时间的变动费用；
　　　X——机械设备在一定时期内的实际作业时间；
　　　Q——机械设备单位作业时间的产量。

单位工程量成本越低，说明机械设备使用的经济效益越好。这个公式在计算单位工程量成本时，同时考虑了机械设备的生产效率、利用时间等因素，具有一定的综合评价作用。

3. 界限时间比较法

界限时间比较法，以机械设备单位工程量成本相等的作业时间为选择标准的方法。

设备单位工程量成本相等的作业时间，称为界限时间。有时候，一部设备看来固定费用比较高，但由于有效作业时间长，分摊到单位工程量的成本反而低；反之如果有效作业时间短，单位工程量成本就会增高。由于各种机械设备的单位工程量成本随操作时间变化的幅度不一样，因此我们可以求出两种设备单位工程量成本相等的界限时间，用界限时间来决策应选用何种设备。

界限时间就是两种设备单位工程量成本相等的时间，固有：

$$\frac{F_a + V_a X}{Q_a X} = \frac{F_b + V_b X}{Q_b X}$$

由上式可以推导出：

$$X = \frac{F_b Q_a - F_a Q_b}{V_a Q_b - V_b Q_a}$$

式中　X——界限时间；
　F_a、F_b——两种设备的固定费；
　V_a、V_b——两种设备的变动费；
　Q_a、Q_b——两种设备的单位时间的产量。

通过以上公式，容易证明：

如果$(F_b Q_a - F_a Q_b) > 0$且$(V_a Q_b - V_b Q_a) > 0$时，使用时间低于X，应选择A设备，反之则选择B设备；如果$(F_b Q_a - F_a Q_b) < 0$且$(V_a Q_b - V_b Q_a) < 0$时，使用时间低于X，应选择B设备，反之则应选择A设备。

如果X计算出来是负数，说明不存在界限时间。无论作业时间长短，始终有一种设备的单位工程量成本低于另一种设备的单位工程量成本。

（二）机械设备的损耗

1. 机械设备损耗的类型

机械设备在使用过程中不可避免的要发生损耗。这种损耗有两种基本形式：一是有形损耗（即物质损耗），二是无形损耗（即精神损耗）。

(1) 有形损耗。指机械设备物质形态的损耗，包括使用过程中的磨损和损坏，以及由于自然力的作用对设备造成的腐蚀和损坏。

(2) 无形损耗。指由于劳动生产率的提高而使原机械设备贬值，或者由于性能更好的新设备出现而使原设备效能相对降低，形成的一种"损耗"。

机械设备上述的损耗中，使用过程中的磨损是损耗的主要部分。磨损是一种自然现象，不可避免，但可通过机械设备的维修减轻磨损的程度，恢复设备的性能。

2. 机械设备的磨损规律

机械设备各个零件的磨损情况千差万别，但从大量实践中观察，磨损仍具有一定的规律，大致分成三个阶段。

(1) 初期磨损阶段（磨合期磨损阶段）。初期磨损阶段包括制造和大修理中的磨合磨损和使用期的走合磨损。这个阶段，机械零件表面不十分光洁，磨损较快。因此必须执行走合期的使用规定，以减少磨损，延长设备的使用寿命。

(2) 正常磨损阶段。这个阶段因机械的零件经走合期磨损，表面已经较为光洁，润滑条件也有了改善，磨损较慢，在较长时间内基本上处于稳定的均匀磨损状态。这个阶段称为正常工作阶段，只要加强保养就能降低磨损量，延长正常工作时间。

(3) 剧烈磨损阶段。该阶段的机械零件已经磨损到一定程度，零件之间的间歇增大，产生冲击负荷，加之润滑油流失多，磨损加剧。此时设备的精度、性能和效率都已降低，如再使用就可能很快损坏，必须进行保养和维修。所以，机械设备应在剧烈磨损前修理，以免事故性损坏。

(三) 机械设备的更新

机械设备的更新，是指用新设备代替丧失功能或经济性能不好的老设备。机械设备随着使用时间的延长，将由于有形损耗和无形损耗的作用而逐步降低或丧失继续使用的价值。对于丧失功能无法使用的设备，或者由于功能降低使运转费增加，生产性能下降的设备，就需要用新设备来代替。

1. 机械设备的使用寿命

机械设备更新的时间称为使用寿命。决定机械设备使用寿命的原因有自然因素、经济因素和技术因素，构成机械设备的三种寿命。机械设备这三种寿命的含义和建筑产品寿命的含义有所不同。

(1) 自然寿命。机械设备的自然寿命是指由有形损耗的原因决定的使用寿命。机械设备在使用过程中由于磨损和自然力的腐蚀作用，会逐步老化或丧失功能，导致报废。这个过程的时间，就是机械设备的自然寿命。机械设备达到自然寿命，就完全丧失了使用功能，不能继续使用了。

(2) 技术寿命。机械设备的技术寿命是指由于技术进步，劳动生产率的提高所决定的使用寿命。随着科学技术的不断发展，在设备的使用过程中经常会有技术上更加先进，经济上更加合理的新设备出现，使老设备的技术性能和经济性能相对降低而在技术寿命尚未结束前更新。

(3) 经济寿命。机械设备的经济寿命是指在使用过程中经济上是否合理决定的使用寿命。机械设备在自然寿命的后期，由于设备老化和磨损加剧，使用设备的有关费用，如维修费用、能源消耗、事故停产损失、效率降低等损失的费用将日益增多，使继续使用显得不经济,这时就应对设备进行更新。

2. 机械设备经济寿命的确定

机械设备在使用期限内的费用由年平均折旧费和经常使用费组成。机械设备的经济寿命和建筑产品的经济寿命类似,也就是年平均总费用最低的使用年限。可以按下面的方法计算。

设:

T——经济寿命;

P——设备的原始价值;

λ——每年递增的使用费。

按照第三章介绍的建筑产品经济寿命的计算方式,有:

$$T = \sqrt{\frac{2P}{\lambda}}$$

3. 机械设备更新的形式

机械设备的更新有以下形式:

(1) 原型更新。机械设备的原型更新,又称简单更新,是指用结构相同、技术相当的新设备更换已经损坏或者磨损严重,不能再继续使用的老设备。这种更新主要解决报废设备的更换问题,不存在技术上的进步。

(2) 技术更新。机械设备的技术更新,是指用技术上更加先进的设备去更换原有的技术性能已经落后的老设备。这种更新不仅能够保持原有装备的生产能力,还从技术上改善了设备的性能,使装备水平得到了提高,具有技术进步的性质。在科学技术飞速发展的今天,技术更新是企业更新设备的主要形式。

第三节 建筑生产的主要活动

一、建设工程勘察设计

(一) 建设工程勘察

建设工程勘察,是指根据建设工程的要求,查明、分析、评价建设场地的地质地理环境特征和岩土工程条件,编制建设工程勘察文件的活动。建设工程勘察是建筑生产的首要环节,为其他建筑生产活动提供基础条件。

勘察活动一般分为踏勘、初勘、详勘三个阶段,工作深度随设计要求而增减。主要内容包括:地形测量,提出不同比例的地形图,反映建设工程所在地附近的地形、地貌及建筑物的坐标位置;工程地质,要求对建设工程所在地地质条件的稳定性和适应性作出评价,并为建设工程结构方案的设计、地基的处理和加固,不良地质现象的预防措施等提供资料;水文地质,查明建设工程附近的水文地质条件、水源范围、地下水资源的数量和质量,并提出合理的保护方案或开发方案。

(二) 建设工程设计

建设工程设计,是指根据建设工程的要求,对建设工程所需的技术、经济、资源、环境等条件进行综合分析、论证,编制建设工程设计文件的活动。建设工程设计是施工活动的依据。

设计活动一般分为初步设计、技术设计和施工图设计三个阶段。

初步设计，是对建设项目的建设指导思想、建设规模、总体布局、建设工期、主要功能、主要技术经济指标、总概算的设计。主要目的是对建设工程进行总体上的把握，从总目标上控制建设工作。

技术设计，是在初步设计的基础上，对建设工程的重大技术问题制定解决方案。如工业项目的工艺过程，建筑工程的结构方案等。技术设计要求对初步设计的内容进一步细化，明确设计中可能遇到的各种技术问题的解决方案。在一般中小型建设工程的设计中，经常把初步设计和技术设计合并在一起进行。

施工图设计，是在初步设计和技术设计的基础上，对建设工程的建设内容进行完整地表达。其成果就是设计绘制出施工图，为施工提供依据。对于一般工程，施工图主要包括：总平面图、建筑施工图、结构施工图、设备安装施工图等，以及主要技术经济指标和施工图预算。

二、施工准备

施工准备是为保证建筑施工活动顺利进行而事先必须完成的工作。建筑施工则指按照施工图设计的要求，在施工现场组织的建筑产品的生产活动。包括：建筑工程施工活动，安装工程施工活动，构配件加工生产活动和其他辅助生产活动。

施工准备的主要任务是为施工活动创造必要的条件，在施工活动的各个阶段都存在施工准备问题。

施工准备活动的主要内容有：

（一）调查研究、收集资料

（1）技术经济条件调查。包括：工程所在地区的能源、交通、材料、结构件、价格等条件。

（2）施工现场调查。包括：地形、地貌、工程地质、水文地质、气象、周边环境、障碍物等方面的调查。

（3）社会环境调查。包括：工程所在地区的政治、经济、文化、科技、风俗民情等。

（4）政策调查。主要调查当地与施工活动相关的各种政策和要求。

（二）技术经济文件准备

（1）熟悉、审查设计文件。对设计资料进行全面熟悉和审查，了解设计意图、特点和不足，为参加图纸会审做准备。

（2）编制施工组织设计。施工组织设计是指导施工全过程的一个综合性技术经济文件。

（3）编制施工预算。施工预算是建筑业企业的内部预算，用以控制施工消耗。包括：工程量、劳动量、材料消耗量、机械台班量、其他消耗量等。

（三）施工现场准备

按照施工组织设计的要求进行施工现场的准备，为正式施工创造良好的条件。包括：施工场地的控制网测量，场地的"三通一平"、补充勘探，建造临时设施，安装、调试施工机具，建筑材料的堆放场地布置，冬、雨季施工准备，新技术项目的试验与试制，设置消防、安全设施等。

（四）物资准备

按照施工组织设计和施工预算,进行物质准备。包括:建筑材料的订货、采购、运输、储存;构配件的加工、订货;施工机械设备的租赁、进场、安装、调试;安装设备的订货等。

(五) 施工队伍准备

成立项目管理机构,组建项目经理部;组织施工队伍,集结施工力量,组织劳务队伍进场;对职工进行技术、安全交底,组织安全学习;组织特殊工艺的技术培训。

(六) 冬、雨季施工准备

1. 冬季施工准备

主要包括:合理安排冬季施工的项目;落实各项热源的供应;做好气象的监测;施工项目和临时设施的保温防冻;已完工程的保护;安全教育。

2. 雨季施工准备

主要包括:现场排水与预防洪水的措施,合理安排雨季施工的项目,运输道路的保护,物资储备,施工机具的保护,安全教育。

(七) 申请开工

当各项施工准备工作都已完成后,可以申请开工。开工条件如下:

(1) 施工图纸已会审并有会审纪要;
(2) 施工组织设计已编制并已审核批准;
(3) 施工图预算已编制和审定;
(4) 已领取施工许可证;
(5) 施工现场"三通一平"已实现,并能满足文明施工的要求;
(6) 建筑材料、施工机械设备已落实并能保证连续施工的需要;
(7) 临时设施已建成并能满足需要;
(8) 工程测量标志已完成;
(9) 各种安全生产措施已落实。

三、施工进度控制

(一) 确定控制目标

施工进度控制的任务,在于保证实现合同工期。为了做到这一点,必须分阶段明确施工进度的目标,通过各阶段进度的控制而实现工程的合同工期。

在确定施工进度目标时应考虑下列因素:

(1) 施工合同对施工工期的要求;
(2) 同类工程的工期定额;
(3) 资金的保障程度;
(4) 施工的人力条件;
(5) 施工的物质条件;
(6) 施工现场的自然环境;
(7) 施工现场的地质条件;
(8) 其他因素。

施工进度控制的目标,用施工进度计划的形式表现出来。施工进度计划是施工组织设计的重要组成部分。

（二）施工进度计划实施中的控制

1. 落实施工进度计划的执行者

施工进度计划是按分部分项工程编排的，各分部分项工程由不同工种的作业班组施工。计划实施前，应对各执行班组进行交底，提出工期要求，把进度计划分别落实到具体的执行者。

2. 定期检查施工进度计划的执行情况

建设工程施工的均衡性差，可变因素多，施工中调整进度是常有的事。检查的目的在于掌握施工进度和各类资源的供应状况，及时发现问题，分析原因，采取措施加以纠正。一般按以下程序进行：

（1）将施工的实际进度和计划进行对比，从中发现偏差。对比的具体方法有横道图比较法、时标网络图比较法、"香蕉"曲线图检查法等。

（2）分析偏差的原因。一般存在三种情况，一是计划本身不切合实际，无法执行，需要调整计划；二是实际环境发生了变化，使原计划无法执行，需要调整计划；三是执行中不严格，随意性大，此时需要纠正执行的行为。

（3）针对偏差的不同原因，分别采取措施加以纠正。

在调整中要注意关键工序的进度，因为在众多的工序中总是存在某些决定工期的关键工序，只要调整好了这部分工序的施工时间就能控制住总进度。

四、施工质量与安全控制

（一）施工质量控制

1. 施工质量控制的内容

（1）对施工全过程进行控制。包括施工准备阶段的控制，施工过程中的控制和竣工阶段的控制。

1）施工准备阶段的质量控制。主要控制：施工人员的素质，建筑材料的质量，施工机械设备的状况，施工工艺的选择，施工现场技术和管理制度，开工条件的严格审批。

2）施工过程中的质量控制。主要控制：设计图纸的审查、交底，施工工艺流程的控制，工序之间的连接质量，中间产品的质量验收。

3）竣工阶段的质量控制。主要控制：竣工工程的质量检验、评定，工程质量鉴定文件。

（2）对施工质量的要素进行控制。不论哪个阶段的质量控制，都应该对工程质量的5个基本要素进行全面控制。这5个基本要素是：人的要素，对参与施工生产人员的质量控制；材料要素，对施工中所用建筑材料的质量控制；设备要素，对进入施工现场的机械设备的质量控制；工艺要素，对采用的施工方法、检验方法的质量控制；环境要素，对技术环境、劳动环境、管理环境的质量控制。

2. 施工质量控制的依据

施工质量控制的依据包括技术标准和管理标准。

技术标准主要有：工程设计文件，原材料、半成品、构配件验收标准，建筑安装工程施工验收规范，建筑工程质量检验与评定标准，施工工艺标准，施工合同中规定采用的有关标准等。

管理标准有：国家和地方政府颁发的有关工程质量管理方面的法规，企业的质量保证体系，企业的管理制度，施工组织设计等。

3. 施工质量控制的程序和方法

施工质量控制的基本程序是：工序质量控制→分项工程质量控制→分部工程质量控制→单位工程质量控制→竣工验收质量控制→合格产品办理交工手续。

施工质量控制的基本方法有：技术控制法、技术检验法、检查验收法和质量管理法。

（二）施工安全控制

1. 施工安全控制的组织保障

从事施工的单位应当具备国家有关法律、行政法规和国家标准或者行业标准规定的安全生产条件；不具备安全生产条件的，不得从事建筑生产活动。

施工单位的主要负责人对本单位安全生产工作负有下列职责：

（1）建立、健全本单位安全生产责任制；

（2）组织制定本单位安全生产规章制度和操作规程；

（3）保证本单位安全生产投入的有效实施；

（4）督促、检查本单位的安全生产工作，及时消除生产安全事故隐患；

（5）组织制定并实施本单位的生产安全事故应急救援预案；

（6）及时、如实报告生产安全事故。

施工单位应当设立安全生产管理机构，配备专职安全生产管理人员。专职安全生产管理人员负责对安全生产进行现场监督检查。发现安全事故隐患，应当及时向项目负责人和安全生产管理机构报告；对违章指挥、违章操作的，应当立即制止。

2. 施工安全控制的主要措施

（1）施工人员的安全措施。进入施工现场作业的人员，必须进行安全教育和培训，对所从事的工作按照有关规定采取严格的安全措施。

对于垂直运输机械作业人员、安装拆卸工、爆破作业人员、起重信号工、登高架设作业人员等特种作业人员，必须按照国家有关规定经过专门的安全作业培训，并取得特种作业操作资格证书后，方可上岗作业。

施工单位的主要负责人、项目负责人、专职安全生产管理人员应当经建设行政主管部门或者其他有关部门考核合格后方可任职。

施工单位应当对管理人员和作业人员每年至少进行一次安全生产教育培训，其教育培训情况记入个人工作档案。安全生产教育培训考核不合格的人员，不得上岗。作业人员进入新的岗位或者新的施工现场前，应当接受安全生产教育培训。未经教育培训或者教育培训考核不合格的人员，不得上岗作业。采用新技术、新工艺、新设备、新材料时，应当对作业人员进行相应的安全生产教育培训。

施工单位应当为施工现场从事危险作业的人员办理意外伤害保险。意外伤害保险费由施工单位支付。实行施工总承包的，由总承包单位支付意外伤害保险费。意外伤害保险期限自建设工程开工之日起至竣工验收合格止。

施工前，施工单位负责项目管理的技术人员应当对有关安全施工的技术要求向施工作业班组、作业人员作出详细说明，并由双方签字确认。施工单位应当向作业人员提供安全防护用具和安全防护服装，并书面告知危险岗位的操作规程和违章操作的危害。

作业人员有权对施工现场的作业条件、作业程序和作业方式中存在的安全问题提出批评、检举和控告,有权拒绝违章指挥和强令冒险作业。在施工中发生危及人身安全的紧急情况时,作业人员有权立即停止作业或者在采取必要的应急措施后撤离危险区域。作业人员应当遵守安全施工的强制性标准、规章制度和操作规程,正确使用安全防护用具、机械设备等。

(2) 危险工程的安全措施。对于危险性较大的分部分项工程,应采取特殊的施工方案严格控制施工安全。

施工单位应当在施工组织设计中编制安全技术措施和施工现场临时用电方案,对下列达到一定规模的危险性较大的分部分项工程编制专项施工方案,并附安全验算结果,经施工单位技术负责人、总监理工程师签字后实施,由专职安全生产管理人员进行现场监督:

1) 基坑支护与降水工程;
2) 土方开挖工程;
3) 模板工程;
4) 起重吊装工程;
5) 脚手架工程;
6) 拆除、爆破工程;
7) 国务院建设行政主管部门或者其他有关部门规定的其他危险性较大的工程。

(3) 施工现场的安全措施。在施工现场的危险场所和影响施工人员健康的场所,应设置完善的安全防范措施。主要有:

施工单位应当在施工现场入口处、施工起重机械、临时用电设施、脚手架、出入通道口、楼梯口、电梯井口、孔洞口、桥梁口、隧道口、基坑边沿、爆破物及有害危险气体和液体存放处等危险部位,设置明显的安全警示标志。安全警示标志必须符合国家标准。

施工单位应当根据不同施工阶段和周围环境及季节、气候的变化,在施工现场采取相应的安全施工措施。施工现场暂时停止施工的,施工单位应当做好现场防护。

施工单位应当将施工现场的办公、生活区与作业区分开设置,并保持安全距离;办公、生活区的选址应当符合安全性要求。职工的膳食、饮水、休息场所等应当符合卫生标准。不得在尚未竣工的建筑物内设置员工集体宿舍。现场临时搭建的建筑物应当符合安全使用要求。施工现场使用的装配式活动房屋应当具有产品合格证。

施工单位应当遵守有关环境保护法律、法规的规定,在施工现场采取措施,防止或者减少粉尘、废气、废水、固体废物、噪声、振动和施工照明对人和环境的危害和污染。在城市市区内的建设工程,应当对施工现场实行封闭围挡。

施工单位应当在施工现场建立消防安全责任制度,确定消防安全责任人,制定用火、用电、使用易燃易爆材料等各项消防安全管理制度和操作规程,设置消防通道、消防水源,配备消防设施和灭火器材,并在施工现场入口处设置明显标志。

(4) 施工机具与安全用品的安全措施。施工中使用的机械设备和安全用具,必须符合有关规定。

施工单位采购、租赁的安全防护用具、机械设备、施工机具及配件,应当具有生产(制造)许可证、产品合格证,并在进入施工现场前进行查验。施工现场的安全防护用具、机械设备、施工机具及配件必须由专人管理,定期进行检查、维修和保养,建立相应的资料档案，并按照国家有关规定及时报废。

施工单位在使用施工起重机械和整体提升脚手架、模板等自升式架设设施前，应当组织有关单位进行验收，也可以委托具有相应资质的检验检测机构进行验收；使用承租的机械设备和施工机具及配件的，由施工总承包单位、分包单位、出租单位和安装单位共同进行验收。验收合格的方可使用。验收合格之日起30日内，向建设行政主管部门或者其他有关部门登记。登记标志应当置于或者附着于该设备的显著位置。《特种设备安全监察条例》规定的施工起重机械，在验收前应当经有相应资质的检验检测机构监督检验合格。

五、施工成本控制

施工成本控制，是指在施工成本的形成过程中，根据事先制定的成本目标，运用必要的技术与管理手段、方法，对施工中发生的各项成本费用进行严格的计量、监督和限制，确保原定成本目标得以实现的一系列活动。

施工成本是建筑产品成本的重要组成部分。关于建筑产品的成本问题，第三章有过详细介绍，这里只是对成本的控制过程作简要阐述。

施工成本控制的过程，包括施工成本预测、施工成本计划、施工成本形成控制和施工成本核算和分析等主要环节。

（一）施工成本预测

1. 施工成本预测的依据

(1) 施工利润目标，根据企业要求和工程实际情况确定；

(2) 市场价格变化，根据市场调查情况进行估计测算；

(3) 同类工程的成本水平；

(4) 施工预算。

2. 施工成本预测的程序

(1) 编制施工预算；

(2) 估算施工成本，根据施工预算，市场价格变动预期，同类工程成本水平进行估算；

(3) 确定成本目标，根据估算的施工成本，企业利润目标和工程实际情况确定成本目标。

（二）施工成本计划

施工成本计划一般按以下程序编制：

1. 分解施工成本目标，形成成本目标体系

施工成本的形成，依赖于施工过程中各部门、各环节、各工序的活动。编制施工成本目标计划，首先要将成本目标分解到各部门、各环节和各工序，落实到具体的执行主体，以确保成本计划目标的实现。

2. 制定成本降低措施，明确评价方案

在保证施工质量和施工进度的前提下，针对各部门、各环节、各工序的工作特点和条件，制定有效的降低成本措施。并用科学的方法对降低成本的各项措施进行评价，分析方案的可行性和有效性。

3. 编制施工成本计划表

施工成本计划表一般由成本计划和措施计划两部分组成。

（三）施工成本形成过程控制

1．落实施工成本责任制，实行成本归口管理和分级管理

施工成本责任制是经济责任制的重要组成部分，它通过明确规定成本形成过程中各部门、各人员的责、权、利关系来保证成本目标的实现。落实施工成本责任制应注意以下问题：成本目标明确，责任主体明确，责任主体的权责利明确，考核方法具体，保障措施落实。

成本归口管理，是指在企业财务部门负责成本管理的基础上，将成本的有关内容分摊到相关部门各自承担的一种成本管理方法。主要内容包括：技术人员负责技术措施落实，降低技术措施费，减少事故损失；施工组织人员负责控制工期，降低施工间接费用；劳务管理人员负责控制用工量，降低人工成本；材料人员负责控制供料，减少材料损失，降低材料成本；机械管理人员负责设备的利用、完好和效率，降低机械费；质量管理人员负责质量成本；工程造价人员负责合同索赔管理，做好各种经济签证；等等。

成本分级管理，是指施工项目管理机构的各级组织分担成本责任的一种成本管理方法。要求明确各管理层次的成本责任，实行层层负责，层层考核，从项目经理到作业班组，都有明确的成本责任。

2．严格执行成本计划

定期对成本计划执行情况进行检查，及时发现问题，分析原因，纠正偏差，保证成本计划目标的实现。

成本计划检查的主要内容：检查成本支出项目是否正常，检查成本降低措施是否得到落实，分析成本偏差产生的原因，制定纠正偏差的措施，审查施工索赔是否按期办理了相关手续。

（四）施工成本核算和分析

施工成本的最终结果，要以财务报告的指标确定。施工成本核算和分析的主要内容，由会计核算和分析完成，本书从略。

六、竣工验收

竣工验收是建筑生产活动的最后一个环节，也是对建筑生产活动的成果进行评价的过程。

（一）竣工验收资料

竣工验收资料是竣工验收的重要依据，施工单位应按合同要求和有关制度规定，提供全套竣工验收所必须的资料。主要内容包括：

1．工程开工报告；

2．工程竣工报告（含竣工工程项目一览表）；

3．分部分项工程和单位工程技术人员名单；

4．图纸会审和设计交底记录；

5．设计变更通知单；

6．技术变更核定单；

7．工程质量事故调查及处理资料；

8．水准点位置、定位测量记录、沉降及位移观测记录；

9．材料、设备、构件的质量合格证明材料；

10. 试验、检验报告；
11. 隐蔽工程验收记录和施工日志；
12. 竣工图；
13. 质量检验评定资料；
14. 工程竣工验收资料。

（二）竣工验收程序

1. 施工单位竣工预检

施工单位竣工预检，是施工单位自行组织的内部模拟验收。一般分三个层次进行：

(1) 作业单位自检；
(2) 项目机构组织自检；
(3) 施工企业组织预检。

通过竣工预检，确认工程项目是否符合施工图设计和合同要求。如达到竣工标准，可填写竣工报告，申请正式竣工验收。

2. 审查施工单位提交的验收申请报告

验收申请报告和交工验收资料一并提交监理工程师。监理工程师收到后，应根据施工合同和验收标准认真审核，确认准确、完整、真实后签证并将竣工报告提交建设单位。

3. 现场初验

验收申请报告审查合格后，由监理工程师组织验收班子对工程进行初验。若发现问题应通知施工单位及时处理。

4. 正式竣工验收

在初验的基础上，由建设单位组织设计单位、施工单位、监理单位、行业质量检查监督部门对工程进行正式竣工验收。

建设工程竣工验收应当具备下列条件：

(1) 完成建设工程设计和合同约定的各项内容；
(2) 有完整的技术档案和施工管理资料；
(3) 有工程使用的主要建筑材料、建筑构配件和设备的进场试验报告；
(4) 有勘察、设计、施工、工程监理等单位分别签署的质量合格文件；
(5) 有施工单位签署的工程保修书。

建设工程经验收合格的，方可交付使用。

（三）工程交接

经验收合格的工程项目，承包单位和建设单位办理工程移交手续。一般程序如下：

(1) 办理竣工结算；
(2) 移交有关资料；
(3) 处理其他遗留事项；
(4) 办理交接签证。

建设单位应当严格按照国家有关档案管理的规定，及时收集、整理建设项目各环节的文件资料，建立、健全建设项目档案，并在建设工程竣工验收后，及时向建设行政主管部门或者其他有关部门移交建设项目档案。

思 考 题

1. 建筑生产有哪些特点？这些特点对建筑生产活动有什么影响？
2. 劳动合同有哪些主要内容？为什么要订立劳动合同？
3. 在什么样的情况下，劳动者可以提出解除劳动合同？
4. 在什么样的情况下，用人单位可以提出解除劳动合同？
5. 为什么对解除劳动合同的条件，劳动法要作出详细规定？
6. 什么是劳动生产率？劳动生产率有哪些表达方法？
7. 提高劳动生产率有什么意义？
8. 建筑业企业有什么主要工资制度和工资形式？
9. 劳动保护有哪些主要内容？为什么要特别重视劳动保护工作？
10. 什么是劳动保险？有哪些主要内容？
11. 材料消耗由哪几部分内容组成？材料消耗定额有什么作用？
12. 定期采购法与定量采购法有什么不同？
13. 为什么要建立必要的材料储备？
14. 有哪几种主要的材料储备？各自的意义有什么不同？
15. 什么是重点管理法？重点管理法的基本原则是什么？
16. 掌握年等值成本的计算方法。
17. 机械设备有哪几种寿命？如何确定经济寿命？
18. 施工准备有哪些主要工作？
19. 控制施工进度有什么意义？
20. 控制施工质量有什么意义？
21. 控制施工成本有什么意义？
22. 安全生产有什么重要意义？
23. 了解施工现场安全生产的主要措施。
24. 竣工验收应当具备哪些条件？提供哪些主要资料？

第五章 建筑市场概述

在市场经济条件下，建筑产品通过交换才能实现自身的价值，用于交换的建筑产品也就是建筑商品。建筑商品的交易必须在建筑市场才能完成，建筑市场成为建筑业正常运转的基本条件。

第一节 建筑市场的含义

一、市场的基本知识

建筑市场是社会市场体系中一个重要组成部分，它既服从于一般市场的普遍规律，又有其自身的运行特征。认识建筑市场之前，有必要首先了解一般市场的基本知识。

（一）市场的概念

市场的含义从不同的角度可以作出不同的解释，有广义的市场概念和狭义的市场概念之分。

狭义的市场概念是指商品交易的场所，即供需双方买卖商品的地方。某种商品在某个地方实现了交易，人们习惯于把这个地方称之为该商品交易的市场，如农贸市场、电脑商城等。狭义的市场概念又可分为有形市场和无形市场。所谓有形市场，是指有固定交易场所的市场，如前面所提到的农贸市场、电脑商城等，都属于有形市场的范围，供需双方在这个固定的场所完成商品的买卖。所谓无形市场，是指没有固定交易场所，靠广告、洽商等手段沟通买卖双方，促成交易的市场，如某些专利市场、咨询市场、房地产市场等。这些市场交易的商品，要么本身就是无形的，没有必要到一个固定的场所去交易；要么体积庞大，不可能移动集中到一个固定场所去交易。这样便形成了所谓的无形市场。无形市场的供需双方，不需要到固定的场所去买卖商品，而是通过其他手段完成商品的交易。

广义的市场概念是指商品供求关系的总和。它不单单指商品交易的场所，而是一个内涵更加丰富的经济范畴。在市场经济的实践中，市场除了商品交换本身外，还表示某种商品在某地区内的需求程度。比如说某种商品在某个地区的市场大，就不单指交易场所多，而主要是说用户对商品的需求量大。在这个意义上，市场和商品的销路，商品的需求具有相同的意思。在当今社会，市场已经成为社会经济活动枢纽，连接着国民经济各产业部门从生产到消费的全过程，调节着整个社会经济生活的各种经济关系。在这个意义上，市场的内涵已经扩展到与商品交换过程相联系的各种经济关系。所以，将广义的市场概念定义为商品供求关系的总和是恰当的，包括商品的交易场所、商品的需求程度、商品交易过程的经济关系，等等。

（二）市场的构成要素

市场的有效运转依赖于构成市场的各个要素的有机联系和相互作用。无论是广义的市场或是狭义的市场，其形成都必须包括以下几个要素：

1. 市场主体

市场主体，指在市场从事交易活动的组织和个人。按照市场主体参与交易活动的目的不同，又可将其分为买方、卖方和中介机构。买方的目的是获得所需要的商品，卖方的目的是获得价值的补偿，而中介机构则通过为买卖双方提供服务获得一定的报酬。市场主体可以是自然人，也可以是法人。在通常情况下，市场主体包括企业、事业单位、政府机关、社会团体，以及居民和各种组织机构。其中，企业是最重要的市场主体。

市场主体是市场存在的基本要素，没有市场主体就不可能有市场的交易活动。任何一件商品进入市场，必须有买卖双方才能实现交换，有买无卖或有卖无买都无所谓市场。因为，商品的交换活动是由从事商品买卖的人来进行的，只有存在买卖双方，才能形成市场。需要说明的是，有些商品（例如建筑商品）由于交易过程非常复杂，仅仅依靠买卖双方往往不能达成交易，此时就需要中介机构的参与，通过中介机构的服务使交易活动得以顺利实现。

2. 市场客体

市场客体是市场主体在市场活动中的交易对象，即市场上交易的商品。他们是市场主体在交易过程中结成的各种经济关系的载体。在市场经济条件下，市场客体的内容十分广泛，凡符合法规能够进入市场的各类资源、产品、技术、资金等都属于市场客体的范围。

市场本身是商品交换的产物。人类开发出来的各类资源，生产出来的各类产品，创造出来的各类技术，如果不用于交换就不能成为商品，没有商品就没有市场存在的必要。在市场交易活动中，市场客体往往制约着市场主体的行为，其制约程度随市场客体的供需情况而变化。当市场客体消除后，自然也就不存在围绕该市场客体进行交易活动的市场主体。

3. 市场价格

市场价格是商品价值在一定交易条件下的货币表现。由于买卖双方是两个独立的主体，有着各自不同的经济利益，只有当市场价格双方都能接受时，商品交易才能完成。所以，自愿交换是商品交易的一般规律，违背这个规律的要求，商品就不能得以顺利进行，或者造成不良后果。

市场价格是市场的一个重要要素，在市场运行中具有多种功能，能在一定程度上反映或左右市场。主要有：

（1）传递信息。市场价格一方面取决于商品本身的价值，另一方面也受商品供需情况的影响。因此，市场主体可以从市场价格的变化看出商品相对需求的程度，从而作出相应的决策。

（2）配置资源。市场价格的变动可以引起商品供给和需求、生产和消费的变动，进而引起资源流向的变化。整个社会的经济发展，正是通过市场价格这一主要经济杠杆，调节资源在各行业间的配置和社会总供给与总需求的平衡，改变市场结构，从而提高资源的利用效率。

（3）促进技术进步。市场价格的涨落，犹如一支无形的力量，调节着市场主体各自的利益，指挥着生产者的行为，牵动着消费者的神经。价格竞争是市场竞争的主要形式。为了在竞争中获胜，商品的生产者必须通过技术进步提高商品的功能，降低商品的成本，吸引更多的消费者，获取更广阔的市场。

4. 市场环境

商品交易除了上述的市场主体、客体、价格三个基本要素外，还必须有适当的市场环境才能完成。市场环境就是指满足商品交易的各种条件。包括软硬件两个方面，主要有市场规则、市场机制和市场物资条件等。

(1) 市场规则。市场规则是市场的管理机构（立法机构、政府、行业）根据市场运行的客观要求和市场实践中的常规作法，用法律、法规、制度等形式所规定的市场行为准则。主要包括市场准入规则、市场竞争规则、市场交易规则三个方面。关于市场规则，本章将在后面介绍，这里不赘述。

(2) 市场机制。市场机制是市场在运行过程中，由于价值规律的作用，各因素互相联动所形成的内部调节功能。主要包括价格机制、竞争机制、供求机制、风险机制等。关于市场机制，本章也将在后面介绍，这里不赘述。

(3) 市场物资条件。市场物资条件是保证市场正常运行的基本设施。如交易场所、通讯设施、交通工具、仓储设备、办公条件等。不论是有形市场还是无形市场，必要的硬件设施总是不可缺少的。

(三) 市场的分类

市场是由多种元素构成的一个庞大体系，可以按不同的标准进行分类。主要的分类方式有：

1. 按市场交易的商品划分

按市场交易的商品可以将市场划分为产品市场和要素市场两大类。

(1) 产品市场。即国民经济各行业生产的用于市场交易的各类产品所形成的市场。产品市场可以进一步从纵向划分为基础产品市场、中间产品市场、最终产品市场；从横向划分为消费品市场、生产资料市场、服务市场。

(2) 要素市场。即用于市场交易的各种要素形成的市场。要素市场可以按对象的性质进一步划分为劳动力市场、金融市场、信息市场、科技市场等。每一要素市场又可以按不同的标准进行细分。

2. 按市场运行的状态划分

按市场运行的状态可以将市场划分为买方市场、卖方市场、均势市场。

(1) 买方市场。所谓买方市场，即市场运行的状态有利于买方，买方在交易中处于支配地位的市场。当商品供大于求时，一般形成买方市场。在这种状态下，商品相对富余，买方购买商品有多种选择途径，而卖方必须有竞争优势才可能将商品出售，出现买方选择卖方的局面，进而有利于买方。买方市场是现代市场经济的普遍状态，有利于产品更新换代和技术进步，推动社会的发展。但是，商品供大于求也必须有一定的限度，否则会造成资源的浪费和经济结构的比例失调。

(2) 卖方市场。所谓卖方市场，即市场运行的状态有利于卖方，卖方在交易中处于支配地位的市场。当商品供小于求时，一般形成卖方市场。在这种状态下，商品相对短缺，卖方不愁商品卖不出去，而买方没有多余的选择余地，出现卖方选择买方的局面，进而有利于卖方。卖方市场是市场经济不发达时期或新商品出现初期的一般状态，由于竞争不激烈，卖方以生产为中心，不利于技术进步和商品的更新换代。

(3) 均势市场。所谓均势市场，即市场的运行使买卖双方达到平衡，在交易中处于均势状态的市场。当商品供求处于平衡时，一般形成均衡市场。在这种状态下，商品供求平衡，交易中买卖双方处于均势。不过，均势市场往往是相对的、暂时的，随着商品供求关系的变化经常会被打破。

3. 按市场交易的方式划分

按市场交易的方式可以将市场划分为现货交易市场、期货交易市场、贷款交易市场。

（1）现货交易市场。现货交易指在限定的极短时间内完成交割的一种交易方式。也就是一般老百姓所说的"一手交钱，一手交货"。这种交易方式，关系明确，手续简单，不容易产生纠纷，是小宗商品交易普遍采取的方式。

（2）期货交易市场。期货交易指商品买卖的双方先达成交易契约，然后在约定的将来某一时间进行交割的一种交易方式。这种交易方式的交易时间比较长，必须依靠明确详尽的合同条款加以约束，否则容易产生纠纷。它是大宗商品、定制加工商品，或者没有现货需要一定时间组织货源的商品交易普遍采取的方式。

（3）贷款交易市场。贷款交易指通过借贷关系所进行商品交易的一种方式。这种交易方式要有银行参与，利用银行借贷的资金完成交易，以后按约定归还银行贷款。它适用于单位价值高，使用周期长的商品交易。

4. 按市场交易商品的流动范围划分

按市场交易商品的流动范围可以将市场划分为国内市场和国际市场。

（1）国内市场。国内市场指商品交易以一个国家为活动空间的市场。国内市场又可以进一步划分为区域市场和国内统一市场。所谓区域市场是商品交易活动只在一个国家某一地区进行的市场，而国内统一市场则是指商品在全国范围内交易的市场。当一种商品还没有国际化时，通常形成的是国内市场。

（2）国际市场。国际市场指商品交易以两个以上国家为活动空间的市场。当商品交易跨越国界，在国家与国家之间流动时，就形成了国际市场。

除了上述几种分类方法外，市场还可以按其他标准进行分类。例如，按商品的形态可以分为有形商品市场和无形商品市场；按市场竞争程度可以分为完全竞争市场、不完全竞争市场、非竞争市场、完全垄断市场等。

二、建筑市场的概念

从上述的一般市场概念可以推知，建筑市场也有广义和狭义之分。

狭义的建筑市场是指交易建筑商品的场所。由于建筑商品体型庞大、无法移动，不可能集中在一定的地方交易，所以一般意义上的建筑市场为无形市场，没有固定交易场所。它通过招标投标等手段，沟通甲乙双方达成协议，完成建筑商品的交易，交易场所随建筑工程的建设地点和成交方式不同而变化。不过，为了进一步规范建筑市场的交易行为，近年来我国许多地方提出了建筑市场有形化的概念。即在一个地区设立统一固定的建筑商品交易场所，这个地区所有建筑工程的招标投标活动都在此进行，建筑商品的供需双方进入"有形市场"达成交易关系。这种做法提高了招标投标活动的透明度，有利于竞争的公开性和公正性，对于规范建筑市场有着积极的意义。但是，由于建筑商品的特殊性，建筑市场有形化的问题需要进一步完善，提高可操作性。

广义的建筑市场是指建筑商品供求关系的总和。包括狭义的建筑市场、建筑商品的需求程度、建筑商品交易过程中形成的各种经济关系等。建筑商品的交易过程比较复杂，所形成的经济关系涉及许多方面，所以广义的建筑市场是一个内涵十分丰富的概念。其基本内容可以从以下几个方面分析：

首先，广义建筑市场不仅指交易最终建筑产品的市场，还包括与之相关联的勘察设计市场、建筑劳务市场、建筑物资市场、建筑技术市场、建筑资金市场、中介服务市场、拆除维修市场等，这些内容共同构成了广义建筑市场的体系。

其二，广义建筑市场包含了建筑市场的主体和相关机构，以及在交易活动所形成的各种经济关系。业主、承包单位、中介机构构成建筑市场的主体，他们之间围绕建筑商品交易活动，从不同方面形成买卖关系和服务关系。为了保证建筑市场的正常运行，除了建筑市场主体直接进行交易外，行业和政府的管理、监督机构也参与市场活动。这些机构和组织虽然不直接交易建筑商品，但他们对交易活动从行业和政府的角度进行监管，和建筑市场主体之间也形成各种经济关系。

其三，广义建筑市场的客体不仅指房屋建筑工程，还包括装饰装修工程、设备安装工程、道路桥梁工程、市政公用工程，以及各种专业工程。这些工程共同构成了广义建筑市场的客体体系。

显然，广义的建筑市场其内容十分广泛。为了叙述方便、清楚，本书以下内容在没有特别说明处，主要针对房屋建筑工程构成的最终建筑产品为对象的建筑市场进行讨论。

三、建筑市场的特点

在第三章和第四章中曾经谈到建筑产品和建筑生产的特点，这些特点直接导致建筑市场存在有不同于一般市场的特征。主要表现在：

（一）建筑市场采取订货方式进行交易

建筑市场不可能采取一般市场"一手交钱，一手交货"的现货方式进行交易，而只能采取订货方式进行交易。建筑商品的购买方首先提出对产品的基本要求，买卖双方通过法定的程序洽商订立合同，出售方根据合同生产出产品，最后用交工结算的方式完成交易。

建筑市场的这个特点，是由建筑产品的固定性、多样性和建筑生产的单件性所决定的。在一般市场，同一类商品具有同质性，相互能够替代，消费者可以在众多商家提供的商品中进行比较、选择后实现交易。而建筑市场却不一样。建筑产品具有固定性，不能任意搬动，只能按用户的要求在指定的地点生产；建筑产品具有多样性，只能按用户的要求组织单件生产。因此，建筑市场也就不可能像一般市场那样，由众多的制造商预先生产出同一类产品（如汽车、电视机、空调机、钢材、水泥等），通过商业销售环节进入市场，供需求方挑选和购买，而只能按照用户的要求在指定的地点生产。所以，建筑市场必须采取订货交易的方式。按照这种方式，买卖双方并不直接就建筑商品的实物形态进行交易，而是针对商品的规格、数量、质量、功能、价格、工期、付款方式等内容达成交易条件，并用合同的形式固定下来，双方通过履行合同完成交易。

（二）建筑市场有独特的竞争和定价方式

建筑市场由于交易方式限制，使得不能像一般市场那样通过"货比三家"直接用商品的实物形态进行竞争，而只能采取恰当的形式在企业之间直接竞争。建筑市场普遍采取招标投标作为竞争的主要方式。招标投标是大批量商品交易的重要方式，尤其适用于建筑商品的交易。为了规范建筑市场，我国招标投标法明确规定，各类建筑工程的交易一律实行招标投标。实行招标投标，业主或代理机构按照法定的程序选择承包单位，承包企业按照法定程序展开企业间的直接竞争。招标投标有利于建筑市场竞争的公开、公平和公正，也有利于承包企业提高技术和经营管理水平，进而提高建筑产品质量，推动社会进步。建筑工程招标投标的具体作法，第六章将作详细介绍。

建筑市场的定价也不能按照一般市场对商品进行整件一次性定价的方法，而是将建筑商品按分部分项工程进行划分，按预结算的方式定价。这里有两个方面的特点：首先，建筑商品不能简单地整体定价，而是要按照工程量清单的方法划分成若干分部分项工程，对各分部分项工程定价后汇总构成工程的总造价（即整件建筑商品的价格）；其次，建筑商品也不能简单地一次性定价。因为，建筑商品的建造过程比较复杂，周期长，变化因素多，一次性把价格定死对于买卖双方都会增大风险。通常的作法是，订立合同时确定一个基准价并明确造价调整的条件和方法，在建造过程中如果出现了变化，只要符合价格调整的条件就按约定方法进行调整，工程完工后统一结算。

（三）建筑市场的交易过程长

一般情况下，现货交易的过程非常短暂，在一个短暂的时间内就能完成交易。但建筑商品交易则不同，由于建筑商品的价值大、生产周期长，况且建造过程中价格还可能发生变化，所以购买方不可能一次性付款，只能分期分阶段付款。事实上，建筑商品的交易关系贯穿于建筑商品的整个建造过程，随着建造过程的进行交易关系逐步实现，直到工程竣工交付使用后才能够完成全部交易活动。

需要指出的是，建筑商品的交易过程和建造过程虽然大体一致，但不能等同对待，他们是两个相互有联系但又完全不同的概念。建造过程是承包方行为，而交易过程是双方的行为，离开了任何一方都不可能成立；建造过程是连续的、不间断的，而交易过程是阶段性的，不连续的、间断的；建造过程始于开工，终于竣工，而交易过程始于开工前的订立合同，终于竣工后的保修期。

（四）建筑市场具有显著的区域性

建筑市场的区域性是由建筑产品的固定性决定的。建筑产品一旦建成，就只能在建成的地点实现它的功能和作用。也就是说，建筑产品的生产地点和消费地点是一致的，建筑市场上不存在建筑商品的实物流通。由于没有实物流通，建筑产品的生产者不可能选择具体的生产地点，更不可能将自己的产品销往各地，只能选择一定的经营区域范围。区域范围可大可小，视其生产经营者的能力而言。但是由于大范围远距离的流动生产经营势必增加成本，降低竞争能力，故而建筑商品生产经营者总是有目的的确定自己的经营区域范围。对于建筑商品的需求方来说，一旦选定了建造地点，也就在一定程度上限制了对生产经营者的选择范围。这意味着，建筑商品的供需双方之间的选择都有一定局限性，只能在一定范围内确定相互之间的交易关系，表现出明显的区域性。

当然，建筑市场的区域性是相对的，随着市场的开放和科学技术的进步，区域性将逐步弱化。建筑商品的生产经营者会在更大的范围内从事生产经营活动，建筑商品的需求者也有更大的选择空间。

（五）建筑市场的风险大

市场竞争都存在风险。较之一般市场，建筑市场有更大的风险。建筑市场的风险对于建筑商品的供需双方都存在。

对于承包方，建筑市场的风险主要体现在三个方面。一是定价风险。承包方在投标定价时必须同时考虑工程成本和市场竞争两个问题，建筑产品的异常复杂和可变因素给预算成本带来了一定的难度，市场竞争又要求较低的价格，这就形成了风险。定价过高，难以中标，不能承揽工程；定价过低，则可能导致亏损，甚至破产。二是生产过程中的风险。建筑产品的生产周期长，生产过程中可能遇到许多自然和社会方面的干扰因素，有的可以预见，有的则难以预见。这些干扰因素，要么影响产品成本，要么影响施工周期，要么影响工程质量甚至生产安全。三是业主支付能力的风险。建筑产品的价值大，业主的支付能力对于承包方至关重要。如果业主的实际支付能力小于工程造价时，就会形成拖欠工程款的情况，这必然会影响承包方的资金周转，加大资金成本，甚至造成停工。

对于发包方，建筑市场的风险主要体现在两个方面。一是质量、工期的风险。发包方追求的目标是质量高、工期短、价格低。但这三者之间是有联系的，虽然不能说质量高、工期短就必然带来价格的提升，但质量和工期标准毕竟会在一定程度上影响产品的成本。发包方在追求低价格时，就可能带来质量和工期的风险。再者，招标投标中发包方选择的是承包单位，并非建筑商品的实物形态，质量和工期问题在一定程度上存在着不确定性，也会带来风险。二是付款风险。由于建筑产品的价值巨大，发包方一般要在产品的建造过程中按工程进度付款，如果承包方一旦挪用工程款，势必不能按时完成工程进度，影响交付使用，甚至带来经济纠纷。

当然，建筑市场的风险也是相对的。只要供需双方认真订立合同，诚实守信履行合同，风险就会大大降低。

第二节 建筑市场的需求与供给

一、建筑市场的需求

需求是市场得以生存与发展的基本条件，离开了需求市场也就失去了存在的必要。建筑市场的需求是建筑市场生存与发展的原始动力。

（一）建筑市场需求的概念

建筑市场的需求，是指消费者在某一时期内和一定的价格水平下，愿意而且能够购买的建筑商品的数量。市场需求是经济学的一个专用名词，有特定的含义。我们不能只从字面上理解市场需求，如把需要与需求混在一起，把欲望与有能力获得混在一起，经济学中的市场需求是一种有条件的愿望或需要。可以从以下两方面加深理解：

建筑市场需求应具备两个基本条件，一是消费者要有购买建筑商品的欲望，即愿意购买；二是消费者要有购买建筑商品的支付能力，即能够购买。这和一般意义上的需要不一样，通常所说的需要只是一种欲望或意愿，不一定能够成为现实。比如，人们需要拥有功能齐全、面积足够的住宅，但不一定有支付能力来购买，这种需要就不能成其为建筑市场的需求。另一方面，有能力支付但没有购买愿望也不能成为建筑市场的需求。只有当既有购买的愿望又有购买的能力时，人们的需要才能转化为现实的市场需求。现实的市场需求，对于建筑市场才有实际意义。因此也可以说，建筑市场需求是受一定社会经济发展水平制约的有限度的需要。市场需求是一个复杂的概念，它的形成受到多方面因素的制约，经济学中经常提到的有效需求、潜在需求、派生需求等，就是从不同侧面对市场需求进行研究。

市场总需求和社会总需求是有区别的。社会总需求包括市场总需求和非市场总需求。市场总需求是指一定时期各类消费者通过建筑市场获得的产品总量，非市场总需求是指一定时期各类消费者不通过市场而获得的产品总量，如实物分配、自给自足产品、某些军用物资等。显然，在市场经济发达的条件下，市场总需求是社会总需求的主体部分，人们对产品的需求主要通过市场交易获取。在我国经济体制改革以前，社会对建筑产品的需求主要通过非市场渠道获得，甚至否认建筑市场的存在。随着市场经济体制的建立和不断完善，建筑市场得以迅速发展，社会对建筑产品的需求绝大部分通过建筑市场获得，建筑市场总需求在社会对建筑产品的总需求中占主导地位。人们研究社会总需求，往往着重研究市场总需求部分。

(二) 建筑市场需求的特征

1. 建筑市场需求的个体性

从建筑市场的角度考察，建筑产品多样性的"产品特征"实质上是由建筑市场需求个体性的"需求特征"决定的。正是因为建筑市场的需求呈现出显著的个体差异，才使得建筑产品必须按个体需求进行多样性生产。

建筑市场需求的个体性是由消费者的消费需要和消费能力两方面因素决定的。当建筑产品作为生活资料时，由于不同消费者个体的爱好、教育程度、文化修养、审美观念，以及对建筑物功能的理解不同，必然形成对建筑产品有个体差异的要求。再者，消费者的支付能力也存在很大差异，即使有同样的爱好但没有相同的购买能力，也不可能形成一致的市场需求。当建筑产品作为生产资料时，作为消费者的不同企业在生产规模、生产工艺、生产组织、产品特征等方面均有明显差异，肯定会对建筑产品提出不同要求。即使同一类型的企业，也会因为经营状况、盈利水平、发展战略、再生产能力不同，表现出对建筑产品需求的个体特征。建筑市场需求个体性的特征，在相当程度上决定了建筑市场的供给方式。

2. 建筑市场需求的一次性

建筑产品的体型庞大、结构复杂，需要较大资金数量才能购买；建筑产品使用寿命长，少则数十年，多则上百年，购买一次能长时间使用。这些建筑产品特征，决定了建筑市场的需求具有一次性的特点。消费者购买某件建筑产品后，在使用寿命期间一般不会再购置同类型的第二件建筑产品。建筑产品使用寿命终止后重置时往往也不是原有建筑的重复，必然会提出许多新的要求。对一个特定的建筑市场消费者来说，他的需求是间断的，并且间隔的时间较长。所以，在建筑市场，一件建筑产品往往只需要一次，显示出明显的一次性特征。这一特征，将直接影响建筑市场的供给，带来市场的波动和不稳定性。

3. 建筑市场需求的计划性

建筑产品的价值巨大、建设周期长、使用寿命长，不可能想要就要，想买就买，必须从长计议。建筑市场的需求主要来自固定资产投资和房地产市场。

固定资产投资本身就具有很强的计划性，不论是政府投资还是企业或其他社会组织投资，都必须按各自的发展规划进行，不可能也不应该盲目投资。盲目投资，势必造成损失，带来不良后果。固定资产投资直接影响社会经济的结构，在一定程度上改变国民经济各方面的比例关系，强化投资的计划性是确保效果的有效措施。无容置疑，政府投资必须按国家的发展规划进行。企业或其他社会组织的投资，虽然不能在全社会范围内统筹安排,但也必须接受政府的指导,在科学预测和判断的基础上作出决策。否则,轻者给本单位造成损失,重者导致破产甚至殃及社会。

房地产市场虽然不象固定资产投资那样具有很强的计划性,但由于投资额度大,房地产商也必须认真筹划,体现出一定的计划性。事实上,投资不当造成积压,是房地产商经营失败的主要原因。

固定资产投资的计划性和房地产市场的预见性,使建筑市场具有一定计划性的特征。

(三) 影响建筑市场需求的因素

1. 需求价格

需求价格,是指在一定时间内消费者对一定数量的产品愿意支付的最高价格。需求价格由一定量的产品对消费者的边际效用所决定的。由于产品对消费者的边际效用一般随产品的增加而减少,所以消费者愿意支付的最高价格也随产品数量的增加而减少。因此,对应不同数量的产品,其需求价格是不相同的。需求价格是影响建筑产品需求量最重要的因素。

除了价格以外,其他因素也会影响建筑产品的需求量,如收入、人口、兴趣、偏好、政策等。假定其他因素不变,需求价格和需求量之间存在以下规律:需求价格越高,需求量越小;需求价格越低,需求量越大。此规律称为需求法则,也称为供求第一规律。

按照需求法则,市场需求量与需求价格之间的关系可以用函数式关系表示。

消费者个人对产品的需求量与需求价格的关系为:

$$q_i = f(P)$$

式中:q_i 表示第 i 个消费者对产品的需求量,P 表示需求价格。即,个人需求量 q_i 是需求价格 P 的函数。

这个关系式是不确定的,服从需求法则最简单的个人需求函数的确定形式如下:

$$q_i = a_i - b_i P$$

式中:a_i 和 b_i 为两个大于零的常数,其他字母的含义和上式相同。

市场上所有消费者对产品的需求量之和,就是市场需求量。市场需求量与需求价格的关系为:

$$Q = \sum_{i=1}^{n} q_i = \sum_{i=1}^{n} (a_i - b_i P) = a - bP$$

式中:Q 表示市场需求量,P 表示需求价格,n 为市场上消费者的个数,a 和 b 为两个大于零的常数。即,市场需求量 Q 是需求价格 P 的函数。

市场需求量和需求价格之间的关系,用图 5-1 更能形象的表示。

图 5-1 中,当市场价格为 P_1 时,市场需求为 Q_2;市场价格为 P_2 时,市场需求为 Q_1。

2. 其他产品的价格

建筑市场的需求还受到其他产品价格的影响。相对于一个具体建筑产品而言,其他产品可以归纳为替代产品、互补产品、独立产品三种类型。替代产品就是可以提供相同效用的产品,而互补产品是连带在一起使用的产品,独立产品则是彼此效用之间没有直接联系的产品。

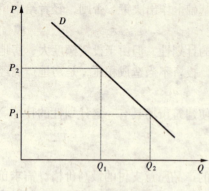

图 5-1 需求曲线

建筑产品虽然具有单件性的特点，但有的产品在一定条件下还是可以相互替代的。例如，能够满足相同功能的不同结构的工程，在一定的条件下是可以替换的；再如，木门窗和铝合金门窗在一定功能范围内也是可以替换的。就多种替代产品而言，其中一种产品需求量的增加会减少另外一种或多种产品的需求量；一种产品价格的上升会引起其他产品价格的上升。比如，钢结构工业厂房需求量的增加，一般会导致钢筋混凝土工业厂房需求量的减少；木门窗价格的上升，在一定程度上也会引起铝合金门窗价格的上升。

建筑业提供的产品中有许多是互补产品。例如，设计与施工、土建与安装、门窗与玻璃、住宅与停车场等等。就互补产品的全体而言，往往有一个起主导作用的产品，主导产品需求量和价格的变化，可以带动其他互补产品需求量和价格的变化。互补产品之间需求量和价格的相互影响是很复杂的。一般来说，主导产品需求量增加，会带动其他互补产品需求量的增加；如果主导产品价格下降带动了需求量的增加，这种价格的下降常会带动其他互补产品价格的上升。

建筑市场还有许多产品是独立产品，他们之间既不可以互相替代，又不能相互补充，其需求量和价格没有必然的直接联系，不能相互影响，当然，这也不是绝对的，独立产品之间在一定条件下，也会以某种方式间接地影响其他产品。

3. 收入

市场需求取决于消费者的购买愿望和支付能力，而支付能力又依赖于收入水平。所以，收入水平直接影响市场的需求量。不过，收入水平对市场需求的影响与商品的质量有关。根据收入水平对市场需求的影响，可以把商品划分为正常商品和劣质商品。

这里所说的正常商品，是指消费者的收入越高，购买并消费得越多的一类商品。例如，高档住宅、高级装修等。所谓劣质商品，是指消费者的收入达到一定水平后，购买并消费的数量反而减少的一类商品。例如：简易住宅、低档装修等。

收入水平与正常商品需求量、劣质商品需求量的关系用图 5-2 可以表示得更为清楚。

图 5-2 中：Q 为市场需求量，Y 为收入水平。从图上可以看出，对于正常商品，当收入增加时，需求量也增加。对于劣质商品则不同，当低收入消费者的收入开始增加时，他们对劣质商品的需求量逐渐增加，当收入继续增加到某一水平后，需求量却反而开始减少。

4. 利率

利率对市场经济活动的影响非常大，尤其对建筑市场需求量的影响大。由于建筑商品的价值特别高，建筑市场的消费活动常常

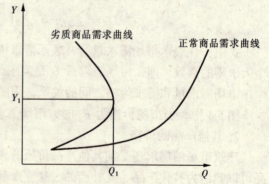

图 5-2 正常商品和劣质商品需求曲线

依靠银行借贷或其他融资进行，利率的升降必然对市场的需求量产生影响。利率升高，一方面加大了购买方的贷款成本，抑制了对建筑商品的总体需求；另一方面提高了销售方的生产成本，降低了投资效益。其结果，大大降低了社会对建筑产品的总需求量。正因为利率对建筑市场需求量的影响大，国家进行社会经济宏观调控时，经常使用利率这一经济杠杆。

5. 人口

建筑市场的需求量同人口数量的多少成正比关系。毫无疑问，人口越多，对建筑商品的需求量越大。除了人口数量外，人口的结构、分布、年龄、收入、教育、工作性质、家庭构成等，对建筑商品的需求也会产生较大影响。由于建筑产品的寿命长，使用期一般在50年以上，消费者对建筑商品的消费通常会"从长计议"。所以，我们在研究人口对建筑市场需求量的影响时，必须充分考虑到这一点，进行长期预测。

6. 价格预期

建筑商品价格变化的预期在一定程度上会影响建筑市场的需求量。价格预期高，会带动当前市场需求量的增加；价格预期低，会减少当前市场的需求量。因为，价格预期要影响消费者的消费心理。当价格预期上升时，消费者害怕未来购买成本升高，会产生提前消费的心理，也就提高了当前的购买力，带来市场需求量增加；当预期价格下降时，消费者感觉未来购买成本将降低，会产生延迟消费的心理，也就降低了当前的购买力，引起市场需求量减少。

分析价格预期对需求量的影响时，要注意和现实价格的区别。现实价格越高，当前需求量越小；预期价格越高，当前需求量反而越大。反之，现实价格越低，当前需求量越大；预期价格越低，当前需求量反而越小。这种情况的产生，主要受到消费心理的影响。如果价格预期不变，市场需求量总是和市场价格成反比关系。

7. 兴趣爱好

消费者的兴趣爱好是文化、教育、职业、习惯、地域的反映，直接影响对建筑商品功能方面的需求。人们常说"适销对路"，就不单指价格，而主要是指商品的功能要符合消费者的兴趣爱好。凡是商品具备满足消费者兴趣爱好的功能时，其需求量就会大大提高；而背离消费者的兴趣爱好时，则会产生相反的结果。消费者兴趣爱好的变化有利于商品的更新换代，推动社会进步。在建筑市场，这种情况尤为明显。不同地区、不同时代的消费者，对建筑商品总会有不同的要求。在价格等其他因素不变的情况下，符合消费者兴趣爱好的建筑商品，比其他不具备这个条件的建筑商品的需求量要大得多。

8. 国家政策

国家政策对建筑市场需求量的影响非常大。主要来自两个方面：建筑市场需求中有相当一部分属于各级政府公用事业的需求，当这部分需求增加或减少时，势必带动社会建筑商品总需求的增加或减少。另一方面，国家进行国民经济宏观调控时，一般总是从固定资产投资开始。政策上鼓励或抑制固定资产投资，直接造成建筑市场需求量的增大或减少，并且具有连带作用。分析影响建筑市场的影响因素，绝对不能忽视国家政策的作用。事实上，在我国建筑市场中，影响需求量的诸多因素中，国家政策影响力最大。

二、建筑市场的供给

建筑市场的需求，是通过建筑市场的供给来实现的。建筑市场需求和建筑市场供给相对应，共同构成建筑市场的交易活动。

（一）建筑市场供给的概念

建筑市场的供给，是指建筑商品的供应者在某一时期内和一定的价格水平下，愿意而且有能力提供的建筑商品的数量。建筑市场的供给是一个总体概念，体现为建筑行业提供的各类建筑产品的总量。包括建筑业企业提供的最终建筑产品，加工企业提供的各种半成品，设计、咨询机构提供的服务产品，等等。他们之间相互联动、互为补充，共同构成了建筑市场的供给。

与市场需求一样，市场供给也有一个能力问题。这里谈到的市场供给，是指有能力满足消费者需求的供给。不是仅仅说，能够生产多少建筑产品，而不顾产品是否满足消费者的需求。不能满足消费者需求的供给是无效的供给，只有有效的供给对市场才有意义。事实上，我国建筑产品的生产能力虽然很强，但是由于技术水平等条件的限制，尤其是建筑队伍的素质严重偏低，并不能真正满足消费者日益变化的需求。

（二）建筑市场供给的特征

1. 建筑市场供给的弹性大

在一定时期内，市场供给受到多种因素的影响，如技术、资金、资源、价格等。其中，价格因素对市场供给最为敏感，在经济利益的驱动下，价格的上涨或下降会引起供给量的增加或减少。但是，由于除价格以外其他因素的限制，各种产品对价格的反映程度不一样，有的敏感一些，有的迟钝一些，这就是供给弹性问题。供给对价格反映敏感，称为供给弹性大，反之称为供给弹性小。

建筑市场的供给弹性大。这是因为，从整体上看建筑业是劳动密集型行业，通过增加劳动力数量来扩大生产能力是一条简便而适用的途径。普通建筑业企业扩大生产能力，一般都不需要大量资金，也不一定要掌握特殊、高难的技术，主要靠增加劳动力来实现，这就为其他行业的劳动力转向建筑业提供了便利的条件。事实上，我国农村劳动力的转移有相当一部分到了建筑业。另外，建筑产品生产过程中消耗的材料，大多数属于普通材料；生产过程的工艺并不复杂，不需要特殊的技术。因此说明，建筑市场供给受技术、资金、材料等价格以外的因素制约小，反映为供给弹性大。价格上升，会很快带动建筑业通过扩大劳动力提高生产能力，加大市场的供给。特别像我国这样的人口大国，这种现象更为明显。

当然，不同建筑产品的供给弹性并不完全相同，一些技术含量高的建筑产品，供给弹性相对就小。此外，随着建筑技术的进步和人们对建筑商品的更高要求，建筑市场的供给弹性也会逐步减小。

2. 建筑市场供给的被动性大

对于一般市场而言，供给能力取决于生产技术的发展程度。生产技术水平越发达，生产能力就越高，给市场的供给量就越大。当然，供给还必须满足市场的需求，市场需求对市场供给存在反作用力，影响着供给的发展。所以，市场供应方可以主动适应市场的需求，不断开发技术，生产出功能更加完备的产品，以赢得市场，甚至可以在一定程度上引导市场消费和需求。

但是，在建筑市场的供给中，供给者不能像一般商品生产者那样，通过对市场需求的调查、分析、预测，自主决定所生产的产品种类、数量、价格等内容，主动去适应市场。

这些在一般市场中基本由供给者决定的内容，在建筑市场中却主要由需求者决定。而供给者只能接受订货，按照需求者的意愿（如建筑产品的种类、形式、功能、数量、价格、供货时间等）组织生产，反映为市场供给的被动性。

3. 建筑市场供给的方式多

在建筑市场的供给中，供给者可以多种方式向需求者提供商品。设计单位向需求者提供非实物形态的设计产品，也可以提供咨询服务，还可以和施工单位联合提供最终建筑产品。施工单位可以向需求者提供最终建筑产品，也可以提供阶段产品或部分产品；可以由一个施工单位单独向需求者提供建筑产品，也可以由多个施工单位联合起来向需求者提供建筑产品。

因此，建筑市场中供求双方的关系远比一般市场复杂，往往涉及多方市场主体，形成多种供给方式。究竟采用哪种供给方式，主动权却不在供给者，大多数情况下由需求者决定。这样一来，建筑市场的供给者必须根据需求者的意愿选择恰当的供给方式。建筑市场的具体供给方式，本书将在第六章中详细介绍。

(三) 影响建筑市场供给的因素

1. 供给价格

供给价格，是指供给者为提供一定量的产品所愿意接受的最低价格。供给价格直接影响着供给量，如果供给价格高，供给者则愿意提供更多的供给量。

除了价格以外，其他因素也会影响供给量，如成本、技术、竞争、政策等。假定其他因素不变，供给价格和供给量之间存在以下规律：供给价格越高，供给量就越大；供给价格越低，供给量就越小。此规律称为供给法则，也称为供求第二规律。

供给法则可用图 5-3 的供给曲线表示。

图 5-3 中，P 为供应价格，Q 为供给量。

2. 成本

在市场价格不变的情况下，建筑市场供给者的成本越高，收益就越小，愿意并能够供给的建筑产品就少；成本越低，收益就越大，愿意并能够供给的建筑产品就多。因此，降低成本是提高市场供给量的一个重要措施。

3. 生产要素

建筑市场的供给能力取决于建筑生产的能力，而建筑生产的能力由建筑生产要素的构成所决定。

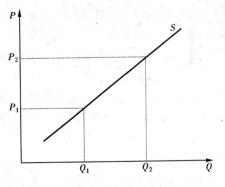

图 5-3 供给曲线

建筑生产的基本要素是劳动力、劳动对象和劳动资料，这三个要素的水平和有机结合的程度，决定了建筑生产的能力和建筑市场的供给能力。建筑生产的其他要素，如建筑技术、资金、信息等，在一定程度上也能反映在三个基本要素中。所以，在市场价格和其他条件不变的情况下，建筑生产要素所形成的生产能力越高，建筑市场的供给者愿意并能够供给的建筑产品就越多；建筑生产要素所形成的生产能力越低，建筑市场供给者愿意并能够供给的建筑产品就越少。

4. 竞争

在市场经济中，竞争始终是推动技术进步，社会发展的基本力量。激烈的竞争，迫使建筑市场的供给者改进技术水平和管理水平，提高劳动生产率降低成本，从而增加社会的总供给能力。

5. 供给者的预期

如果建筑市场的供给者预期某种建筑产品的价格会上升，且增加供给量能够增加收益，他们就会扩大生产能力，增加供给量。

6. 国家政策

国家政策从两个方面影响建筑市场的供给。一方面，国家政策对建筑市场需求量的影响，会直接带动供给量的变化；另一方面，国家对建筑行业的政策也会影响建筑市场的供给。例如，建筑业税收的变化，会引起建筑市场供给者成本的上升或下降，从而改变供给量。

三、建筑市场需求与供给的平衡

从上面讨论建筑市场需求和建筑市场供给时可以明显看出，需求与供给之间存在某种平衡关系，这种关系使得建筑市场的交易能够实现。

（一）建筑市场需求与供给平衡的含义

显然，如果市场上无人供给消费者想要购买的产品，消费者的需求就得不到满足；如果市场虽然有人提供了产品，但由于某种原因无法满足消费者的需求，供给者的愿望也无法实现。所以，只有当买卖双方需求或供给的产品能够被对方接受时，市场才能形成。

所谓供需平衡，就是指产品的供给方愿意提供的产品数量，恰好等于需求方愿意并且能够购买的产品数量时的一种状态。

供需平衡有总平衡和局部平衡之分。供需总平衡，指国民经济各行业的产品在全社会总体上达到需求与供给的平衡。局部平衡，指某个具体产品需求与供给的平衡。

当然，局部平衡也可分不同的层次，分解以后的平衡就是更为具体的局部平衡。例如，建筑产品的供需平衡，相对于国民经济供需总平衡而言，属于局部平衡，但自身又可分为若干层次，在内部也存在一个总体和局部的关系。在一个国家范围内，建筑产品的总供给与总需求要达到平衡；在一个国家的某个地区范围内，建筑产品的总供给与总需求也可以达到平衡；某种具体建筑产品（如设计产品、咨询产品、施工产品等）在某个地区也存在供给与需求的平衡问题。不论何种层次的平衡，只要建筑产品需求方的需求量以及愿意和能够支付的价格，与供给方的供给量以及愿意接受的价格都相等时，供需双方就达到了平衡。

建筑市场的需求与供给的平衡，是一种相对的状态。实际上，建筑市场的需求与供给之间往往呈现不平衡的状况。当固定资产投资规模扩大，建筑产品的需求量增加，出现供不应求的现象时，建筑市场供给者就会相应增多并扩大生产能力，使建筑队伍迅速膨胀；当建筑市场的供给能力扩大到超过市场需求时，则会出现供过于求的现象，从而使部分建筑市场供给者任务不足，运转不良，甚至破产倒闭。

市场正是在这种从不平衡到平衡，又从平衡到不平衡的往复运动中不断发展的。一般情况下，市场供求的平衡关系由市场机制自动调节。在市场机制的调节下，市场供求关系围绕平衡点上下波动。但有的时候，市场机制并不能自动调节供求关系，也就是所谓的市场调节失灵。此时就需要政府干预，调控供应量或需求量以达到平衡。

（二）建筑市场需求与供给平衡的主要内容

1. 需求价格与供给价格、需求量与供给量的平衡

根据需求法则与供给法则我们知道,在其他条件不变的情况下,需求量与需求价格成反比关系,供给量与供给价格成正比关系。他们之间肯定存在一个平衡点,只有需求价格和供给价格,需求量和供给量达到平衡,交易才可能实现。

把需求曲线和供给曲线表示在一张图上,可以清楚的看到这种关系,如图5-4所示。

图5-4中,O点为平衡点,Q_0平衡交易量,P_0为平衡价格。在平衡点上,需求价格和供给价格相同,需求量和供给量相同。在需求曲线和供给曲线的其他点上,无论是数量还是价格都不一致。

在市场经济中完全竞争的状况下,只要不对市场施加人为约束,市场价格表现为平衡价格。

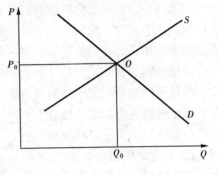

图5-4 供求平衡

2. 总量平衡

建筑市场的需求与供给的平衡,主要是指总量的平衡。即,建筑产品的总需求与总供给之间的平衡。只有总量的平衡,才能使建筑市场正常运转。某个需求者个体与供给者个体在一定条件下达成平衡,虽然他们之间能够实现交易,但并不能反映建筑市场的运行状态,也不能充分说明建筑市场的供求关系。因为,建筑市场的需求者很多,供给者也很多,他们个体之间结成的供求关系是经常变化的。某个需求者与某个供给者达成了平衡,并意味着其他需求者与供给者也实现了平衡。所以,建筑市场的需求与供给的平衡,重点要求总需求量和总供给量的平衡。如果总量失衡,则非常不利于建筑市场的健康发展,总量严重失衡往往导致市场的混乱和资源的大量浪费。

3. 结构平衡

建筑市场的需求与供给在总量上保持平衡,使建筑市场的运转有了一个交易量的基础,但并不能完全保证交易的正常进行。因为,建筑产品的种类繁多,有的是独立产品,不可相互替代;有的是互补产品,相互必须依存。他们之间有一个合理的比例关系,即建筑产品体系的结构要符合需求的结构。否则,建筑市场的需求与供给也难以实现平衡。例如,需求方需要大量工业厂房时,而供给方只能供给民用建筑;供给方供给施工产品时,而不能配套供给安装产品。这些问题,都是由于产品结构不平衡造成的。建筑市场的需求与供给要做到真正意义上的平衡,必须保证总量和结构平衡的一致性。

第三节 建筑市场的运行

一、建筑市场的运行机制

运行机制,是指市场在运行过程中,市场内部自动调节的功能。在讨论建筑市场的需求与供给时已经谈到,在价格等因素的影响下,市场需求与供给之间会不断从不平衡到平衡,又从平衡到不平衡,循环往复运动。实际上就是市场机制在起调节作用,推动着市场运行。建筑市场的主要运行机制有:价格机制、竞争机制、供求机制、风险机制等。

(一)价格机制

在建筑市场的运行机制中,价格机制是最重要、最基本的机制。所谓价格机制,是指

市场运行中通过价格变动,调节供求关系的机制。这个调节过程,符合价值规律的基本原则。在需求规律和供给规律交互作用下,需求和供给在价格波动中逐渐趋于一致,形成消费者和供给者都能接受的价格,即达到平衡价格。

价格机制在调节过程中,价格和供求关系是相互作用的。有两种情况:

当供不应求时,价格必然上升,是供求关系在影响价格;价格上升,又会带动供给增加,需求减少,此时是价格影响供求关系。

当供大于求时,价格必然下降,是供求关系在影响价格;价格下降,又会带动供给减少,需求增加,此时是价格影响供求关系。

价格机制的调节过程是一个循环往复的过程。基本形式为:

市场价格变动→生产(消费)规模变动→市场供求变动→市场价格变动→……

这个过程说明,当价格由于某种原因变动时,就会影响(调节)供求关系,相当于向生产与消费发出信号,刺激或阻止了供给或消费,从而引导资源的重新配置。

(二)竞争机制

竞争机制,是指在市场运行中,引导供给者不断提高质量,降低成本,扩大市场占有份额,谋求生存与发展的机制。竞争是市场供给者之间的一种经济行为,是市场经济的本质属性。只要存在商品交换,商品供给者为了争取自身的利益而进行的竞争就不可避免。

竞争机制是在价格机制调节供求关系中发挥作用的。当供不应求时,在价格机制的调节下,各供给者受利益的驱动不断扩大生产经营规模,提高供给量,使买方市场逐步形成。买方市场的形成,说明供过于求,竞争不可避免。为了争夺市场,求得生存与发展,供给者之间必然展开激烈竞争。每个供给者都希望在竞争中居于有利地位,就必须积极推动技术进步,加强经营管理,降低生产成本,提高产品质量,从而在竞争中取得优势。相反,则在竞争中处于不利地位。市场竞争的结果,必然是优胜劣汰。

竞争机制是建筑市场运行机制的重要组成部分,价格机制的调节作用也必须通过竞争机制才能实现。竞争是市场经济条件下社会进步的基本动力,离开了竞争机制,市场经济就不可能发展。可以想象,如果市场的供给者并不为经济利益所动,没有竞争的欲望,价格机制等就起不了调节作用,市场也就无法正常运行。

(三)供求机制

供求机制,是指在市场运行中,在价格、竞争等因素的作用下,调节供求关系的机制。在市场机制中,供求关系主要受到价格机制的影响,所以供求机制和价格机制是联动的,实质上是价格机制在供求方面的反映。不过另一方面,供求关系不仅受到价格机制的调节,也受到竞争、风险等因素的影响。

供求机制在市场运行中有以下作用:

1. 影响市场价格的变化

这一点已在价格机制中谈到过。供求关系的变化导致市场价格的变化,市场价格的变化又导致供求关系的变化,在变化中不断寻求平衡点。

2. 影响竞争关系的变化

当供过于求时,市场供给者之间出现竞争,供过于求的程度越大,竞争越激烈,此时市场有利于需求者;当供不应求时,市场供给者之间几乎没有竞争,需求者反而受到制约,此时市场有利于供给者;当市场的需求和供给大体平衡时,供给者之间的竞争最为充分、全面，是一种全方位的竞争，是竞争者综合实力的较量。

3. 反映市场的基本状况

通过供求机制，可以看出市场的基本状况。通过前面分析我们知道，市场的需求和供给受到多种因素的制约，因此可以反过来通过供求关系的变化观察这些因素的变化，从而达到了解市场状况的目的。

当市场需求变化时，在一定程度上可以反映出市场价格、其他产品价格、消费者收入、消费者预期、消费者兴趣爱好、银行利率、社会人口、国家政策的变化，从而掌握市场的一些基本情况。

当市场供给变化时，在一定程度上可以反映出市场价格、供给者技术、供给者预期、供给者成本、市场竞争、国家政策等等因素的变化，从而掌握市场的一些基本情况。

市场供求关系的变化，是市场及社会多种因素共同作用的结果。所以，供求机制也就能在一定程度上反映出市场的状况，还可以反映出一定的社会状况。

（四）风险机制

风险机制，是指在市场运行中，通过盈利、亏损、破产等状态调节市场主体在经济活动中行为的机制。价格机制、竞争机制、供求机制都可以调整市场主体的行为，但风险机制更能够促使市场主体全面的去思考问题，调整自己的行为。

任何一个市场主体在经济活动中都可能面临盈利、亏损甚至破产的状态，这就要求市场主体必须有风险意识，不断调整自己的行为，以取得最大的盈利，尽量避免亏损和破产。风险机制以盈利的诱惑力和亏损、破产的压力共同作用于市场主体，迫使市场主体建立风险意识，增强市场活动的能力。市场主体一旦没有风险，就失去了压力，必然增大行为的盲目性，不利于提高自身的能力，也不利于社会的进步。

风险机制必须建立在完善的市场体制基础上，才能正常发挥作用。要求做到：所有的市场主体都是独立的法人或自然人，有各自独立的利益和相应自主权；市场主体主要应通过市场获得利益，而不能有其他利益渠道；有严格的破产制度，市场主体出现破产状态，符合条件的必须按程序破产。破产是风险机制发挥作用的最高形式，也是风险机制正常运行的关键条件。只有在破产制度下，市场主体才能真正感到市场活动的风险性，从而千方百计地增强抵御风险的能力。

二、建筑市场的运行规则

（一）建筑市场运行规则的概念

建筑市场运行规则，是指在建筑市场运行中，各市场主体必须遵守的行为规范，以及建筑产品必须遵守的技术规范和质量标准。这里讲的市场运行规则，跟本章第一节介绍的市场规则在内容上是一致的。市场规则强调规则的制定，市场运行规则强调规则的遵守。市场运行规则，从本质上讲也就是市场准入制度，要求进入建筑市场的主体和产品都必须符合政府和行业机构的有关规定。

建筑市场运行规则包含了两方面的意思：一是市场主体参与市场活动的行为规范，要求进入建筑市场的主体必须符合政府和行业机构规定的条件，在市场活动过程中也必须遵守相关规定；二是市场客体进入建筑市场的规则，要求必须达到政府和行业机构对建筑产品的基本标准。建筑市场的运行规则是对市场主体和客体全方位的规范，包括工程立项、规划设计、招标投标、施工生产、交工验收、竣工结算等全过程。

(二）建立建筑市场运行规则的意义

建筑市场是全社会市场体系的重要组成部分。建筑市场运行是否正常，直接影响着国民经济的健康发展；建筑产品涉及国民经济的各个部门，牵涉千家万户，建筑产品的质量如何，直接影响着各行各业的生产安全和人民的生命安全。因此，对建筑市场运行进行规范，具有十分重要的意义。可以从以下几方面来分析：

1. 规范建筑市场主体的行为，并维护其合法的权益

建筑市场运行是否正常，在很大程度上取决于建筑市场主体的行为。对市场主体行为进行规范，就能促进市场交易活动的正常开展，从而保证建筑市场的正常运行。在建筑市场的活动中，市场主体各方都有着自己的经济利益，他们在相互之间的经济交往中，就可能由于各自的经济利益而发生碰撞。因此，对建筑市场主体行为进行规范，还应包括处理好交往中所发生的各种经济关系，维护各方的合法权益。只有这样，才能真正保证建筑市场的主体按照规则活动。

2. 保证建筑产品的质量

建筑产品的质量，除了与建筑技术的水平和生产者的管理水平外，还与建筑市场的准入密切相关。因为，建筑产品只有交易才能实现价值，没有达到市场准入条件的建筑产品，则不能进入市场进行交易，这样也就保证了进入市场的建筑产品在质量方面达到规定的标准。建筑市场的供给者为了自己的产品能够顺利进入市场，必然加强管理，完善技术水平，提高产品质量。

3. 有利于政府对建筑市场进行调控和管理

在前面讨论建筑市场的运行机制时曾经谈到，建筑市场的运行过程中市场机制的调节作用有时候会失灵，需在一定程度上借助于政府干预，才能保证运行正常。而对建筑市场运行过程进行规范，是政府干预市场的有效手段，也是政府对市场实施调控和管理的载体。政府通过法律、法规、政策、标准等，规范建筑市场的运行，达到调控和管理市场的目的。

制定建筑市场运行规则的最终目的，是为了建立必要的经济秩序，确保建筑市场的正常运转。由于建筑市场由众多因素构成，同时又受到各方面条件的制约，影响着与之相关联市场的运行，故而对建筑市场的规范必须处理好内外各种关系，达到一种相对的平衡，才能实现规范的目的。如果在对市场的规范中没有处理好这些关系，不仅不能够建立起良好的经济秩序，还可能适得其反，引起混乱。另外，建筑市场的运行规则必须和运行机制相统一，不能违反市场经济的基本规律。市场机制是市场内部自发的调节功能，市场规则是人对市场的控制手段。因此，市场规则要建立在市场固有规律的基础之上，主观意愿必须遵循客观规律。如果市场规则与市场机制不统一，甚至相背离，则可能导致市场运转缺乏动力，或者引导市场向不健康的方向发展。

(三）建筑市场运行规则的主要内容

1. 市场准入规则

市场准入规则，是指市场主体和市场客体进入市场必须遵守的法规和具备的相应条件。

（1）建筑市场主体的准入规则。建筑市场的主体包括业主、承包单位和中介机构。我国建筑市场运行规则，详细规定了这三方面主体进入建筑市场必须遵守的规范和应达到的

基本条件。主要要求是：业主依照法规和有关规定办理建设项目的各种手续，并具备工程建设所需的支付能力；承包单位应具备相应的承包能力（主要反映为具有相应的资质条件），能按合同完成承包的工程任务；中介机构应具备相应的咨询服务能力（主要反映为具有相应的资质条件），能按照公正、客观、科学、守信的原则，提供有效的服务。关于建筑市场主体的具体要求，可参看本书第二章的有关内容。

（2）建筑市场客体的准入规则。建筑市场的客体，即各类建筑产品，在进入建筑市场时必须具备相应的条件并符合国家有关法规和技术标准。主要反映在国家有关土地、规划的规定和有关建筑产品的质量要求上。关于建筑市场客体的具体要求，可参看本书第三章的有关内容。

2. 市场竞争规则

市场竞争规则，是保证各市场主体能够在平等的基础上充分竞争的规定和准则。只有平等竞争，市场主体才能在公平的环境中依靠自身的实力去赢得市场，市场机制才能真正起到调节作用，市场也才能够正常运转。为了实现平等竞争，政府就必须制定和实施一系列有关市场竞争的规则，用以防止市场垄断和不正当竞争，排除行政权力的不当干涉，消除对市场的分割和封锁。

建筑市场的竞争规则，主要包括竞争原则、竞争方法、竞争价格、竞争环境等方面的规定。

3. 市场交易规则

市场交易规则，是关于市场交易行为的规范和准则。市场交易规则和市场竞争规则紧密相连。市场竞争是在市场交易活动中展开的，竞争规则也渗透到交易的规则中。市场竞争规则从总体上规定了市场运行过程中，市场主体相互竞争的准则；而市场交易规则却具体规定了市场运行过程中，市场主体交易活动的准则。市场主体在市场经济活动中，既要按竞争规则开展公平竞争，又要按交易规则从事交易活动。

建筑市场交易规则的内容，主要体现在招标投标的方法上。本书将在第六章中详细介绍。

第四节 影响建筑市场的主要因素

建筑市场作为一个市场体系，内部有复杂的结构，外部和相关市场存在密切联系。因而在运行过程中供求关系的变化，既受到外界因素变化的影响，又受到内容结构变化的影响。

一、外界因素对建筑市场的影响

与建筑市场联系的外界因素很多，但就其建筑市场需求的形成而言，主要来自固定资产投资和房地产市场。

（一）固定资产投资对建筑市场的影响

固定资产投资是建筑市场需求的主要来源，对建筑市场需求的形成有着决定性的影响。固定资产投资主要从投资需求、投资规模、投资结构三方面影响建筑市场。

1. 固定资产投资需求

固定资产投资，首先要有需求，才谈得上规模和结构。从建筑市场角度分析，固定资产投资需求反映为对建筑产品的需求,是建筑市场需求的一部分。固定资产投资需求,主要取决于以下几方面的因素。

(1) 基础设施建设的需要。政府对固定资产的投资,有相当一部分是基础设施建设。包括交通工程、水利工程、动力工程、市政工程等。基础设施是社会赖以生存的基本物质保障,国民经济发展离不开基础设施建设。在社会经济高速增长时期,基础设施建设显得尤为重要,往往成为发展的瓶颈。一般情况下,国民经济增长越快,需要增加的基础设施就越多;反之则少。随着我国经济体制的改革,部分基础设施已经允许民间资金和国外资金投资,将进一步加快我国基础设施的建设。

无论是谁投资的基础设施,都会形成固定资产投资需求,拉动建筑市场需求的变化。

(2) 提高生产力的需要。不断提高生产力,是社会发展的一个重要标志。提高生产力是通过发展生产实现的,在发展生产过程中必然带来固定资产投资的需求。发展生产对固定资产投资的需求,包括更新投资和新增投资两部分。

更新投资属于固定资产的重置更新,对任何一个产品生产者都是必须的。因为固定资产始终有一个使用年限问题,到了报废期必须更新,用基本折旧进行投资获得新的固定资产。

新增投资属于固定资产的新增扩大,其需要决定于生产发展的规模和速度。生产发展规模越大,速度越快,对新增投资的需求量越大。当然,生产的发展规模和速度并不完全取决于固定资产新增投资的多少,对于有些行业需要多一些,另一些行业可能就会少一些,取决于行业生产的性质。

但是,不论是更新投资,还是新增投资,对于建筑市场来说都能构成市场需求,影响建筑市场供求关系的变化。

(3) 满足人口增长和提高人们生活水平的需要。人口增长和人们生活水平的提高,都会增加固定资产投资的需求。表现为住宅、教育、文化、卫生、商业、旅游、娱乐等设施需求的增加。和生产性固定资产投资一样,用于人们生活的固定资产投资也可分为更新投资和新增投资,投资原理和前面所述生产性固定资产的更新投资、新增投资基本一致。

需要指出的是,人们生活水平随着社会进步将不断提高,对固定资产的要求也会越来越高,用于人们生活的固定资产很少停留在简单的更新投资上,更多的体现为新增扩大投资。特别是第三产业的兴起,进一步加大了固定资产投资的需求。另外,农村剩余劳动力向城市转移,加速了对固定资产投资的需求。对于发展中国家,城市化进程是影响建筑市场的一个不容忽视的因素。任何一个国家当工业化程度发展到一定阶段时,城市化进程必然加速。我国目前正处在城市化进程的加速阶段,城市化对固定资产投资的需求将形成更大的建筑市场。

2. 固定资产投资规模

毫无疑问,固定资产的投资规模对建筑市场的影响最大。投资规模越大,建筑市场的需求就越多;投资规模越小,建筑市场的需求则越少。固定资产的投资规模,是以投资需求为前提条件的,但又不仅仅取决于投资需求,还取决于是否具备相应的能力。只有同时具备投资需求和投资能力,才可能确定出合理的投资规模。无论是一个国家,还是一个企业,都是按照上述原则确定固定资产的投资规模的。建筑市场是需求,由固定资产投资总规模确定,下面主要讨论固定资产投资总规模问题。

固定资产投资规模，受到以下几方面条件的限制。

(1) 资金能力。资金能力是确定固定资产投资规模的主要条件。固定资产投资，必须有足够的资金做保障。资金能力由折旧、积累、贷款等因素构成。

折旧基金受固定资产的价值和折旧率两个因素的制约。折旧基金是一个相对稳定的数字，容易计算。在没有新增加固定资产的情况下，折旧基金主要受折旧率的影响，而折旧率又由固定资产更新周期决定。更新周期愈短，折旧率愈高；折旧率愈高，折旧基金愈多；折旧基金愈多，固定资产更新投资的能力就愈强。

积累基金受总收入和积累率的制约。在总收入既定的情况下，积累与消费互为消长。从积累角度来看，积累越多，越有利于固定资产新增投资，扩大生产增加供给，有利于社会的长期发展；从消费角度来看，积累过量，必然使当前消费受到影响，不利于调动劳动者的积极性。所以，要处理好这两方面的关系。

用贷款投资固定资产，实质上是一种固定资产的超前投资行为。此外，国家还可以发行债券筹集资金。超前投资，可以加速发展，提前形成供给能力。但是，超前投资在总投资中只能保持一定的比例，控制在偿还能力的范围内。如果过度超前投资，就会带来经济混乱，欲速而不达。

(2) 物资能力。固定资产投资必须具有相应的物质保证，如所需的建筑材料、施工机具、运输条件、动力供应、机械设备等的供给。缺乏必要的物质条件，即使有再多的资金能力，也不可能完成固定资产投资。物资能力的大小，与资源的拥有量和社会生产发展水平有关。固定资产投资和全社会物资总供给能力密切相关，投资规模要与此保持合理的比例结构。

(3) 人力条件。完成固定资产投资，起决定作用的是人的因素。在一定的劳动生产率水平条件下，固定资产投资与建筑业从业人员数量之间应保持一定的比例关系。如果二者的比例严重失调，就会影响投资的实现或从业人员作用的发挥。除了从数量上满足固定资产投资的人力条件外，建筑业从业人员内部各类人员还应形成合理的比例关系，并不断提高技术构成。建筑业从业人员的素质，对固定资产投资的质量有重要作用。

固定资产投资的涉及面广，影响时间长。当投资规模适当时，可以促进国民经济持续、稳定、协调的发展；如果投资过度，规模超过了合理的需求，将会形成资金、物资的缺口，破坏国民经济的结构，带来不良影响，迟早要被迫压缩投资规模。而被迫压缩投资规模过程中，往往会造成许多损失。

3. 固定资产投资结构

固定资产投资结构，是指固定资产在国民经济各部门、各地区、各类项目之间的投资比例。固定资产投资结构，表现为多种比例关系，可以从不同的角度进行划分。比如：部门之间的投资比例；地区之间的投资比例；简单再生产与扩大再生产的投资比例；生产性与非生产性的投资比例；新建项目与更新改造项目的投资比例；土建工程与安装工程的投资比例，等等。在固定资产投资总额一定时期不变的情况下，投资结构对经济结构的变化有着重大影响，在一定程度上决定着固定资产的投资效果。

固定资产投资结构的变化，直接影响建筑市场需求结构的变化。在建筑市场需求与供给总量基本平衡的前提下，投资结构的变化就会导致建筑市场供求关系内部结构的变化，可能出现某些领域供大于求或供小于求的局面。因此，建筑市场需求与供给的平衡，应建立在建筑市场各个领域、各个方面供求平衡的基础上。要求具有一定的灵活性，能够根据投资结构的变化进行调整，以适应建筑市场需求结构的变化。

（二）房地产市场对建筑市场的影响

1. 房地产市场的含义

房地产市场也存在狭义和广义之分。狭义的房地产市场，是指交易房地产商品的场所；广义的房地产市场，是指房地产商品供求关系的总和。

广义的房地产市场包含以下内容和相应的供求关系：

（1）土地开发市场。在我国，土地属于国有资产。开发时，土地需求者购买法律规定的使用权。土地一级市场的供给者为各级政府，需求者为房地产开发商或其他土地使用者。在规定的条件下，土地可以二次转让，即形成土地二级或多级市场。土地属于国家严格控制的稀缺资源，在开发中必须严格执行政府的法律法规。

（2）房屋开发市场。房地产商投资房屋建设，其目的是为了出售商品房以得利润。房地产商购买土地后，投资建设商品房，建成后出租或出售给需求者。房屋开发市场中商品房的建造过程，则形成建筑市场。关于房地产业和建筑业的关系，第一章有过详细论述，这里从略。

由于房屋总是和土地相连的，所以房屋开发市场和土地开发市场经常联系在一起，二者又可以统称为房地产开发市场。

（3）房屋维修市场。房屋在使用过程中，肯定存在维修问题。在保修期内属于保修范围的维修，由开发商负责；保修期以后不属于保修范围的维修，由业主自行负责。房屋维修也能部分形成建筑市场。

（4）物业管理市场。房屋建成出售后，必然有一个物业管理问题，也就形成了物业管理市场。严格意义上讲，物业管理不属于房地产市场的范围，但又和房地产市场密切相关。因为，房屋商品的使用离不开物业管理，业主购买房屋商品要考虑的一个重要因素，就是物业管理的质量。物业管理的好坏，直接影响房地产市场的需求。

（5）房地产交易市场。房地产交易市场，是指房地产供求双方直接进行买卖、交换房地产商品的市场。这类市场和房地产开发市场不同。房地产开发市场有一个购置土地、建造房屋的过程，而房地产交易市场主要是对房地产实物进行交换。房地产交易市场交换的房地产商品，可以是开发的房屋，也可以是旧房屋的二次或多次交换。

（6）房地产租赁市场。房地产租赁市场，是指专门租赁房地产商品的市场。有的房地产开发商或者房地产商品的拥有者，并不将房地产商品出售，而是出租，就构成了房地产的租赁市场。

（7）房地产交易中介市场。房地产交易中介市场，是指为房地产交易提供中介服务的市场。包括：代理、咨询、房地产评估、提供信息、办理手续等。房地产交易中介市场，由房地产经纪人组成的中介机构提供服务。

2. 房地产市场对建筑市场的影响

从上面分析房地产市场可以看出，在房地产市场体系中，真正和建筑市场发生直接关系的只有房地产开发市场和房屋维修市场，房地产的其他市场与建筑市场没有直接联系。所以，房地产市场对建筑市场的影响主要指房地产开发市场和房屋维修市场对建筑市场的影响。

房地产市场直接形成建筑市场的需求，是建筑市场需求的又一个组成部分。房地产市场对建筑市场的影响，类似固定资产投资对建筑生产的影响，也是由房地产的投资需求、投资规模、投资结构三方面因素构成。但也有不同点，固定资产的投资者往往就是建筑商品使用者；而房地产的投资者却一般不是建筑商品的使用者，投资的目的不是使用建筑商品，而是出售建筑商品。所以，房地产市场容易出现虚假现象，房地产商的投资是建立在对房地产市场需求预期估计的基础上，一旦将虚假需求估计为有效需求，必然导致投资积压。在经济界经常谈到房地产市场容易产生泡沫经济，也是这个意思。

房地产市场和建筑市场交易的实物形态都是建筑产品，但存在着本质区别。当建筑产品的生产者直接向市场提供建筑产品时，所提供的建筑产品就是建筑商品，所构成的市场就是建筑市场；当建筑产品的拥有者（并非建筑产品的生产者）向市场提供建筑产品时，所提供的建筑产品就转化为房地产商品，所构成的市场就是房地产市场。

二、建筑市场内部结构变化的影响

广义的建筑市场是一个复杂的市场体系，包括围绕建筑产品生产和交易所形成的各类市场，主要有勘察设计市场、建筑生产资料市场、建筑劳务市场、建筑科技市场、建筑资金市场等。这些市场的变化，也会引起建筑市场的变化。

勘察设计市场是建筑市场的第一个环节，它的变化直接带动建筑市场整体的变化。因为，建筑产品的生产总是从勘察设计开始的，勘察设计市场需求增多，意味着建筑市场的总体需求也会同步增多。从这个意义上讲，勘察设计市场状态如何，在一定程度上预示了建筑市场在未来一段时期的状态。

建筑生产资料市场、建筑劳务市场、建筑科技市场、建筑资金市场，又可以统称为建筑生产要素市场。固定资产投资和房地产市场共同构成建筑市场的需求，他们对建筑市场的影响主要表现在对建筑市场需求的影响；而建筑生产要素市场决定了建筑市场的供给能力，他们对建筑市场的影响，则主要表现为对建筑市场供给的影响。

建筑产品的建造，必须具有劳动者、施工机具、建筑材料，以及相应的技术条件和必需的资金。正是建筑生产要素市场为建筑产品的建造创造了条件，形成了建筑市场的供给能力，使供给成为可能，进而使建筑市场的需求能够得以实现。可见，建筑市场供给能力的提高，依赖于建筑生产要素市场的发展；而建筑生产要素市场的发展，又以建筑市场的需求为前提条件。

建筑生产要素市场交易的是劳动力、生产资料、技术和资金等生产要素，需求方是建筑产品的生产者，供给方是生产要素的生产者或拥有者。这两者之间，形成建筑生产要素市场的供求关系。建筑市场的需求，通过建筑市场的供给，对建筑生产要素市场产生影响。一般情况下，建筑市场供求平衡，建筑生产要素市场也会供求平衡；建筑市场供过于求，建筑生产要素市场也会供过于求；建筑市场供不应求，建筑生产要素市场也会供不应求。从需求影响供给的角度来看两个市场的关系，建筑市场需求是两个市场形成的交易纽带上的"最终"需求。建筑市场的需求带动建筑市场的供给，建筑市场的供给形成建筑生产要素市场的需求，建筑生产要素市场的需求又带动建筑生产要素市场的供给。不过，建筑市场的需求对建筑生产要素市场各要素的影响程度是不一样的。对于用量少且又有替代产品的要素，影响不会很大；对于紧缺资源的要素，只会影响供不应求的程度；对于富余资源的要素，则反映为影响供过于求的程度。例如，我国劳动力资源丰富，建筑业对劳动力的技术要求又相对较低，因而建筑劳务市场长期处于供过于求的局面，建筑市场需求的影响只是体现在加剧或减缓这种供过于求的局面。

当然，建筑生产要素市场并不是被动地适应建筑市场的需求，它会反过来影响和制约建筑市场的需求。因为，任何一种资源都是有限度的，其性质也是相对稳定的。不可能想要多少就能供应多少，想要什么样的就能提供什么样的。建筑生产要素市场对建筑市场的影响主要表现以下几个方面：要素的数量和质量，影响建筑市场供给能力的高低和供给质量的高低；要素的结构，影响建筑市场需求的结构，比如建筑材料的品种规格不能满足需求时，就可能改变建筑市场对建筑产品的要求；要素的更新换代（如建筑材料、施工机具），影响建筑产品的性质，从而带动建筑市场需求的变化；要素的生产周期（如建筑材料），影响建筑产品的建造周期，改变建筑市场供求双方在供求时间上的关系；要素的市场价格，直接影响建筑产品的价格，带来建筑市场供求关系的变化。

思 考 题

1. 什么是市场？如何理解广义的市场和狭义的市场概念？
2. 市场有哪些构成要素？他们对市场有什么影响？
3. 市场有哪些分类方式？如何理解买方市场和卖方市场？
4. 建筑市场有什么特点？
5. 什么是市场需求？建筑市场需求有什么特征？
6. 影响建筑市场需求的主要因素有哪些？这些因素是如何影响建筑市场需求的？
7. 掌握需求法则和供应法则的原理。
8. 什么是市场供给？建筑市场供给有什么特征？
9. 影响建筑市场供给的主要因素有哪些？这些因素是如何影响建筑市场供给的？
10. 什么是建筑市场供求平衡？供求平衡有什么意义？
11. 建筑市场有哪些运行机制？这些机制是如何发挥作用的？
12. 建筑市场运行规则有哪些主要内容？为什么要制定这样一些规则？
13. 固定资产投资和房地产市场是如何影响建筑市场的？
14. 建筑生产要素市场是如何影响建筑市场的？

第六章 建筑市场的交易活动

建筑市场交易是建筑市场活动的核心。由于建筑产品和建筑生产具有显著的特点，导致建筑市场交易和一般市场交易存在较大差异，在交易方式、过程等方面有一套符合建筑市场规律的做法。

第一节 建筑市场交易的方式

一、建筑市场交易方式的含义

建筑市场的交易方式，是指建筑市场需求双方交易建筑商品采取的具体形式。交易方式的实质，是商品交易双方的买卖关系。即，业主以什么方式从承包单位手中购得建筑商品，又以什么方式支付价款；承包单位以什么方式向业主出售建筑商品，又以什么方式从业主手中获得经营收入。

由于建筑产品具有一次性的特点，业主一般不可能在建筑市场上直接购买到现成的建筑商品，只能通过建设工程项目的建设获得所需的工程，即建筑商品。因此，建筑市场交易的过程，也就是建设工程项目的建设过程，建筑市场交易的方式是通过建设工程项目的管理方式表现出来的。不同的建设工程项目管理方式，就会形成不同的建筑市场交易方式。

既然建筑市场交易的方式要通过建设工程项目的管理方式表现，则有必要了解建设工程项目的管理方式。

二、建设工程项目管理方式的含义

（一）项目

所谓项目，是指以一个整体作为对象，有明确的目标、时间、预算和标准的一次性任务。任何一个项目，都必需具备任务的一次性，目标的明确性、管理对象的整体性三个基本特征。缺少这三个特征的任务，不能视为项目。例如，重复、批量的生产活动就不是项目，企业的日常管理活动也不能作为项目对待。项目的种类非常多，按项目最终成果的特征可以将项目分为科学研究项目、技术开发项目、维修项目、咨询项目、建设工程项目，等等。

（二）建设工程项目

简单地说，建设工程项目就是指以工程建设任务为管理对象的项目。一个建设工程项目应该有明确的建设目标、建设周期、建设标准、工程预算、建成后的使用功能等。建设工程项目的建设周期长，可以分成若干阶段；建设工程项目的建设内容多，可以分成若干方面。因此，建设工程项目又可以进一步细划为设计项目、施工项目、供应项目等。

（三）建设工程项目的管理方式

从建设工程项目开始到完成，通过项目策划和项目控制，以使项目的费用目标、进度目标和质量目标得以实现的活动，称之为建设工程项目管理。项目管理的核心是要在项目的实施期内，通过策划、控制等一系列管理活动，实现项目的预期目标。

按建设工程生产组织的特点，一个项目往往由许多单位共同参与建设，承担不同的任务。参与单位的工作性质、工作任务和利益各不相同，采取什么方式把他们组合在一起，是建设工程项目管理首先必须解决的问题。所谓建设工程项目的管理方式，就是指在项目建设过程中，明确各参与单位之间相互关系的具体形式。

在市场经济条件下，建设工程项目各参与方按照市场原则结成供求关系，此时建设工程项目的管理方式体现的就是建筑市场的交易方式。如果建设工程项目的管理工作全部由业主自行完成，当然也就不存在市场交易问题。

三、建设工程项目管理方式的类型

前面分析建设工程项目管理方式时已经知道，建设工程项目管理按市场规则运作，其管理方式就是建筑市场交易方式。因此，在建设工程项目的管理方式中，凡参与各方按市场规则结成供求关系的，就是指建筑市场的交易方式；没有市场关系的，则和建筑市场交易没有关系。

（一）业主自建方式

业主自建方式，是由业主自行组织实施项目建设全过程所有工作的一种建设工程项目管理方式。从项目的前期准备、设计、施工、材料设备采购等过程，都由业主自行组织完成。

这种方式主要适用于业主拥有较强设计、施工和管理能力的项目，或者有特殊要求的项目。由于业主自行完成项目建设的全部任务，自建方式具有关系简单，易于协调等优点。但这是一种小生产的管理方式，专业化管理水平不高，不利于提高设计和施工水平，不利于提高生产效率和工程质量，不利于降低工程成本。在高度发展的市场经济中，这种方式已很少采用。

采用自建方式，建设工程项目的设计、施工、采购工作都在业主内部实施，不进入建筑市场，也就不存在建筑市场交易。

（二）承发包方式

承发包方式，是由业主或业主委托的代理机构作为项目的组织者，而将设计、施工、材料设备供应等具体任务委托给设计、施工、材料设备供应单位完成的一种方式。业主或代理机构成为发包人，设计、施工、材料设备供应单位成为承包人。发包人和承包人之间订立合同确定供求关系。发包人按合同规定提供工程资料，申请各项许可证，办理建设手续，购买土地，拆除现场障碍，验收工程，办理结算；承包人按合同规定完成相应的设计、施工和供应工作。

承发包方式中，发包人可以是业主自己，也可以是业主委托的代理机构。业主自己发包的，称为直接发包方式；代理机构发包的，称为委托代理方式。委托代理方式由业主委托代理机构作为自己的代理人，行使工程项目管理的职责，代表业主对建设工程项目的设计、施工、供应等工作进行管理，和承包人结成承发包关系。代理机构的权限大小由业主与代理机构之间所签定的合同确定，具体做法各个国家不尽相同，主要反映在代理人的权限、责任和各方关系的差异上。

由于承发包方式将设计、施工、供应等任务委托给专业队伍完成，实现了专业化管理，有利于提高工程质量，降低工程成本，提高生产效率。但这种方式参与各方的关系比较复杂，需要严格的合同进行管理。

（三）FIDIC方式

FIDIC方式，是指按FIDIC的规则进行工程项目管理的一种方式。FIDIC方式实质上也是一种承发包的方式，只不过它有特定做法，这里单独介绍。

FIDIC是国际咨询工程师联合会的法文缩写。FIDIC的本义是指国际咨询工程师联合会这一独立的国际组织，但习惯上有时也指FIDIC条款或FIDIC方式。FIDIC方式由国际工程师联合会发布的一系列文件组成，这些文件详细规定了执行FIDIC方式的具体操作方法。由于FIDIC方式具有系统性、完备性、规范性、准确性、通用性等多个特点，获得了国际工程界的广泛认可和推荐，在国际工程承发包中普遍采用。

FIDIC方式有如下几个主要特点：

（1）根据公开招标规则选择承包单位，使参加承包竞争的企业能够公平竞争。

（2）采用FIDIC标准合同条件，使合同各方有固定的、规范的关系。

（3）由业主委托工程师（国内一般指监理机构）根据合同条件进行项目的质量控制、投资控制和进度控制。工程师独立地、公正地从事工程项目管理工作。

（4）业主、工程师、承包单位之间有较固定的关系。业主对工程建设中的重要事项有决定权；工程师负责施工过程中的具体事项的处理，有权决定根据合同发生的款项，但工程师具体权限要在FIDIC合同条件专用条款中加以确定；承包单位和业主签定合同，接受和遵从工程师的指示，但对工程师的决定或指示不满意时，可以提出索赔或诉讼。

（5）FIDIC方式只适合固定单价合同，不适用于采取固定总价合同的项目。

从FIDIC方式的这些特点可以看出，FIDIC方式具有竞争公平，合同严谨，权责、风险分配合理，管理规范等多个优点。但是，FIDIC方式的工作程序复杂，处理事务的周期长，管理难度大，完全实行必须具备相应的条件。

四、建筑市场交易方式的类型

从建设工程项目管理方式的分析中可以清楚地知道，建筑市场交易的关键问题是如何建立承发包关系。承发包方式是建设工程项目管理的主要方式，它严格按照建筑市场规则办事，因此也是建筑市场交易的主要方式。业主或代理机构发包工程，承包单位承包工程，建筑商品的买卖双方便结成交易关系。这种关系在建筑市场中就称为承发包关系，实质上是建筑商品的一种交易方式。如果是委托代理，业主和代理机构之间的关系也是一种商品交易关系，代理机构提供的是服务产品。

承发包方式有许多形式，可以按以下方法分类：

（一）按承发包的关系分

按承发包的关系，可以分为总分包方式、单独承发包方式、联合承发包方式。

1. 总分包方式

（1）总分包方式的含义。总分包方式是指业主将建设工程项目的全部任务发包给一家承包单位，这家承包单位再把其中一部分任务发包给其他承包单位的一种方式。在业主手中直接承接任务的承包人称为总包单位，在总包单位手中承接任务的承包人称为分包单位。

在总分包方式中，总包单位和业主结成交易关系，对业主负责；分包单位不直接和业主发生关系，而是和总包单位结成交易关系，对总包单位负责。

总分包是一种很实用的承发包方式。在建筑市场交易活动的实践中，很少有一个承包单位能够承担大型建设工程项目的全部建造任务，特别是工艺上有特殊要求或构成复杂的项目，必须借助于分包的形式解决。分包的内容很多，可以是单位工程，如土建工程、设备安装工程、室外工程等；也可以是分部分项工程，如基础工程、吊装工程、屋面工程、装修工程等；还可以是工种作业，如木工作业、砌筑作业、油漆作业、钢筋作业、混凝土作业、水暖电安装作业，等等。总包单位一般由资质等级较高的施工总承包企业担任，分包单位通常由专业承包企业或劳务分包企业担任。

(2) 总分包方式的特点。总分包方式经历了一个长期的发展过程，已经形成了比较完整的责任分担系统。其主要特点是：

1) 项目施工的全过程有统一的指挥。总包单位充当全面组织的角色，接受业主、设计单位、监理单位、政府和行业管理机构的监督，能主动协调各方关系，保证施工顺利进行。

2) 有利于提高工程质量。由于分包单位多系专业公司，对分包的工程或作业有较高的施工水平，能确保工程质量。

3) 有利于降低工程成本。分包单位实行专业施工、有较高的劳动生产率和管理水平，能促进工程成本的降低。

4) 责任明确。业主、总包单位、分包单位之间分别用合同形式把各自的责任固定下来，使各方既受到合同的约束，又受到合同的保护。便于分清责任，共同工作。

5) 关系复杂。因为参与单位多，各单位之间的关系复杂，交叉作业多，容易产生矛盾。

(3) 总分包方式中关于施工分包的规定。建设工程总承包单位按照总承包合同的约定对建设单位负责，分包单位按照分包合同的约定对总承包单位负责，总承包单位和分包单位就分包工程对建设单位承担连带责任。

总分包方式中的施工分包，是指建筑业企业将其所承包的建设工程的专业工程或者劳务作业发包给其他建筑业企业完成的活动，分为专业工程分包和劳务作业分包。专业工程分包，是指施工总承包企业（以下简称专业分包工程发包人）将其所承包工程中的专业工程发包给具有相应资质的其他建筑业企业（以下简称专业分包工程承包人）完成的活动；劳务作业分包，是指施工总承包企业或者专业承包企业（以下简称劳务作业发包人）将其承包工程中的劳务作业发包给劳务分包企业（以下简称劳务作业承包人）完成的活动。

实行总分包方式时，必须遵守以下规定：

1) 建设单位不得直接指定分包工程承包人。任何单位和个人不得对依法实施的分包活动进行干预。

2) 分包工程承包人必须具有相应的资质，并在其资质等级许可的范围内承揽业务。严禁个人承揽分包工程业务。

3) 专业工程分包除在施工总承包合同中有约定外，必须经建设单位认可。专业分包工程承包人必须自行完成所承包的工程。

4) 劳务作业分包由劳务作业发包人与劳务作业承包人通过劳务合同约定。劳务作业承包人必须自行完成所承包的任务。

5）禁止将承包的工程进行转包。不履行合同约定，将其承包的全部工程发包给他人，或者将其承包的全部工程肢解后以分包的名义分别发包给他人的，属于转包行为。

6）禁止将承包的工程进行违法分包。下列行为，属于违法分包：分包工程发包人将专业工程或者劳务作业分包给不具备相应资质条件的分包工程承包人的；施工总承包合同中未有约定，又未经建设单位认可，分包工程发包人将承包工程中的部分专业工程分包给他人的。

7）禁止转让、出借企业资质证书或者以其他方式允许他人以本企业名义承揽工程。

2. 单独承包方式

单独承包方式，是指业主直接将工程发包给各个承包单位，由各承包单位独立完成各自任务的一种方式。采取单独承发包，业主直接和承包单位签订合同，不需要总包的中间环节。如果一个建设工程项目由多家承包单位共同施工，则各承包单位分别和业主签订合同。

单独承包方式减少了总分包中的中间环节，层次简单、关系明确。但对于大型建设工程项目来说，往往需要多家承包企业同在一个现场施工，工艺上存在交接和交叉，但由于各承包单位之间并无合同关系，难以明确责任，容易出现这样或那样的矛盾，处理不好就会影响工程质量和进度。采取这种方式，发包人必须具备较强的管理能力，能够协调各方面的关系。

3. 联合承包方式

联合承包方式，是指由两家或两家以上的承包单位组成联合承包体，业主将工程发包给联合承包体，联合承包体内部各承包单位按各自投入的资金份额和承担任务的多少分享利润，分担风险的一种方式。参加联合承包体的企业，经济上各自独立核算，施工中共同使用的机械设备、临时设施、周转材料等，按使用时间分摊费用。

这种承发包方式由于多家联合，资金雄厚，设备齐全，技术和管理上取长补短，具有较强的竞争能力。但联合承包体内部的关系比较复杂，必须划分清楚各单位之间的责任和处理好各方面的矛盾，否则会因各方的纠纷而削弱联合承包的实力。

从建筑市场交易角度看，联合承包方式只存在业主和联合承包体的供求关系。因此对于业主来说，所要协调处理的问题比较单一，和总分包中业主与总包单位的关系类似。

（二）按承发包的范围分

按承发包的范围，可以分为建设工程项目总承包、设计承包、施工承包、供应承包等。

1. 建设工程项目总承包

建设工程项目总承包又可以分成全过程总承包，设计、施工和采购供应总承包，设计、施工总承包。

（1）全过程总承包。指业主将建设工程项目的全部工作（包括项目的前期准备、设计、施工、供应等）委托给一家总承包单位，由总承包单位负责组织实施的一种方式。全过程总承包又称为成套合同方式、交钥匙方式、一揽子承包方式等。

采用这种承发包方式，业主只需向总承包单位讲明投资数量、投资方向和基本要求，其他建设工作全部由总承包单位负责完成，竣工后一次移交给业主。一般情况下，总承包单位不一定拥有全部设计、施工力量，但必须有很强的技术和管理能力。他可以把设计、施工、供应任务全部或部分发包给其他承包单位，自己主要从事项目的管理工作，对建设全过程实施有效控制。

(2) 设计、施工和采购供应总承包。指业主将设计、施工、采购供应等任务发包给一家总承包单位，由总承包单位完成的一种方式。这种方式比全过程总承包的承发包范围要窄一些，项目的前期工作，如立项、规划、可行性研究等由业主自己完成。

由于设计、施工和采购供应工作紧密结合在一起，由一个承包企业担任，便于协调设计、施工、采购供应之间的关系，加快建设进度。但也容易掩盖矛盾，缺乏监督机制。

(3) 设计、施工总承包。指业主将设计、施工任务发包给一家总承包单位，由总承包单位完成的一种方式。这种方式的承发包范围更要窄一些，业主不仅要负责项目的前期工作，还要负责材料设备的采购供应工作。当然，业主也可以把采购供应任务发包给另外的承包单位。

2. 设计承包

设计承包，是指业主和承包单位只针对设计任务进行发包和承包的一种方式。工程设计的专业性强，技术含量高，对设计任务单独发包和承包是建筑市场交易中普遍采用的方式。承包设计任务的承包单位为各类设计企业，他们是建筑市场重要的市场主体。

设计任务可以一次性发包，也可以分阶段发包，视其工程项目的具体情况而言。

3. 施工承包

施工承包，是指业主和承包单位针对施工任务进行发包和承包的一种方式。这是承发包方式中应用最为广泛的一种类型，绝大多数施工承包企业都采取这种方式和业主确立供求关系。施工承包又可以进一步分成以下几种：

(1) 建设工程项目施工承包。对建设工程项目的全部施工任务进行总承包，一般由施工总承包企业承担。

(2) 单项工程施工承包。对建设工程项目中的单体工程的全部施工任务进行总承包，包括土建工程施工和安装工程施工，一般也由施工总承包企业承担。

(3) 单位工程施工承包。只承包单项工程中某个单位工程的施工任务，如土建工程施工、装饰工程施工、设备安装工程施工等。一般由专业承包企业承担。

(4) 分部分项工程施工承包。只承包单位工程中某个分部分项工程的施工任务，如基础工程施工、吊装工程施工、屋面工程施工等，一般由专业承包企业承担。

(5) 工种作业承包。只承包某个工种的作业施工，如砌筑作业、抹灰作业、混凝土作业、脚手架作业、模板作业、焊接作业等，一般由劳务分包企业承担。

4. 采购供应承包。采购供应承包，是指业主和采购供应单位只针对材料设备采购供应任务建立承发包关系的一种方式。业主可以和一个采购供应单位签订供需合同，也可以同时和若干采购供应单位分别签订供需合同。当总包单位的承包范围中有采购供应内容时，则由总包单位与采购供应单位签订供需合同。

(三) 按承发包的费用分

承发包的费用又可以按性质和范围进一步划分。

1. 按承发包费用的性质分

(1) 固定总价承包。指订立合同时固定工程的总造价，并明确调整的范围、条件和标准。

（2）固定单价承包。指订立合同时固定分部分项工程的单价，工程总造价按实际发生的工程量套单价计算。目前，我国试行的工程量清单报价法就是一种固定单价的承发包方法。

2. 按承发包费用的范围分

（1）工程造价总承包。对工程造价进行全面承包，包括工程施工中发生的各种费用。承包单位负责总造价范围内的全部工作，自行购买材料，自备施工机具和劳务队伍，业主按合同规定的总造价支付工程款。

（2）工程造价部分承包。指承包工程造价中的一部分内容，又分为以下几种：

1）承包单位只包人工费和部分管理费，材料和设备由业主提供；

2）承包单位包人工费、设备费、管理费，材料由业主提供。当然承包单位也可以包部分材料费，由业主和承包方分别供应材料。

（四）按承发包双方建立交易关系的方法分

按承发包双方建立交易关系的方法，可以分为招投标承包和协商承包两种。

1. 招标投标承包。招投标承包，是指业主和承包单位通过招标、投标建立交易关系的一种方式。招标、投标是建筑市场中普遍采用的建立交易关系的方法。招标、投标的具体做法，本章将在下一节中详细介绍。

2. 协商承包。协商承包，是指业主和承包单位通过协商，建立交易关系的一种方法。在有的建筑商品的交易过程中，不一定非要通过招投标进行，此时可以通过双方协商建立交易关系。什么情况可以不通过招投标建立建筑商品的交易关系，由建筑市场的有关规定决定。

第二节 建设工程招标投标

一、建设工程招标投标的含义

建设工程招标投标是建筑市场交易的基本形式。建筑产品具有建设周期长，产品价值大，必须先确立交易关系再组织生产等特点，最适合于招标投标。

（一）招标投标的几个概念

1. 招标

招标是指商品的买方为了购买到好的商品，事先提出所需商品的条件，采取一定的手段招请若干卖方前来竞争，以便从中选择销售者的行为。组织招标的商品购买者，称为招标人。

2. 投标

投标是指商品的卖方为了出售自己的商品，在同意招标人提出的商品条件的前提下，向招标人报送销售方案，参加竞争以求获得商品销售权的行为。参与投标的商品销售者，称为投标人。

招标投标的本质是一种商品的交易方式。理论上讲，任何商品都可以通过招标投标交易，但由于这种方式的交易过程比较复杂，交易周期比较长，因此多数只在大宗采购且竞争激烈的买方市场中采用。

3. 建设工程招标

建设工程招标，是指建设工程的发包单位事先提出工程的条件和要求，通过发布招标广告或直接邀请等手段，招请若干承包单位前来投标竞争，以便从中选择承包者的行为。组织招标的发包单位称为建设工程的招标单位或招标人。

4. 建设工程投标

建设工程投标，是指承包单位为了承包工程项目，在同意发包单位提出的工程条件和要求的前提下，向发包单位报送承包方案，参加承包竞争以求获得工程项目承包权的行为。参与投标的承包单位称为建设工程的投标单位或投标人。

建设工程招标投标包括勘察招标投标、设计招标投标、监理招标投标、施工招标投标、设备招标投标等。其中，施工招标投标的数量最多，过程也最复杂。为了叙述方便，以下在没有特别说明的情况下，都是以施工招标投标为论述对象。

从建筑市场交易活动的内容看，建设工程招标实质上是建筑商品需求方的一种购买方式，建设工程投标实质上是建筑商品供给方的一种销售方式，把二者结合在一起就构成了建筑市场的交易方式。

（二）建设工程招标投标的产生与发展

建设工程招标投标是建筑市场发展到一定程度的必然产物，最能反映建筑市场的运行规律，最能发挥建筑市场的运行机制，已经成为国际建筑市场中广泛采用的主要交易方式。

在我国，建设工程招标投标大约于1864年出现在上海。鸦片战争以后，西方列强大规模侵入中国，外国资本大量涌入中国市场，建筑市场的需求日趋增多，西方建筑市场的交易方法也开始进入中国。法国在上海的领署工程最早采用招标投标方法，当时我国尚无真正意义上的能够独立承揽工程的承包商，只有两家外国的营造厂（承包商）参与竞争，结果由法国的希米德营造厂中标承建。

建筑市场的大量需求带动了中国建筑业的发展，招标投标方式的采用吸引了中国承包商参与竞争的欲望。1880年，第一家中方营造厂"扬瑞记"营造厂宣告成立，并于1892年夺得江海关工程的承建权。这是中国建筑市场上具有里程碑意义的一标，从此拉开了中国承包商和外国承包商竞争的序幕。在投标竞争中，中国营造商凭着中国人的聪明才智和天时地利人和的条件，屡屡击败外国营造商。至20世纪初，中国营造厂已经发展到2000余家，基本上垄断了上海重要工程项目的施工承包权。

中国营造商的兴起，又推动了招标投标应用的进一步扩大。20世纪20年代以后，许多大城市重要工程的建设广泛采用这一方式，并且逐步形成了较为完善的办法。例如，业主一般通过报纸广告招请营造商投标；业主一般委托建筑师负责招标章程的制定和招标的具体工作；招标章程一般有以下主要内容：有无投标人数的限制，是否选择最低标价为中标者，对投标人的资格要求，主持招标工作的建筑师事务所，登记、投标、决标的时间和地点，各项费用等。

国民党政府成立以后，政府开始参与招标投标工作，出台了招标投标章程，对招标投标行为进行了规范。在上海等大城市，要求政府工程实行招标投标制度。但是，由于国民党政府日益腐败，营私舞弊、行贿受贿现象严重，政府工程的招标投标已名存实亡，完全流于形式。

1949年新中国成立后到改革开放前的30年里，我国实行计划经济体制，否认市场经济的存在，招标投标被彻底否定。认为，建筑业是基本建设的消费部门，不创造新价值；建筑产品不是商品，不存在建筑市场，无所谓销售建筑商品问题；招标投标是资本主义的固有产物，容易产生腐败现象。所以得出结论，建设工程不能实行招标投标。

1979年改革开放以后，我国的经济体制从计划经济转向市场经济，建筑市场开始建立，招标投标问题在沉寂了30年后又重新被提出。1981年，我国开始在深圳市等少数地区试行招标投标制；1984年开始在全国推广，国务院1984年9月颁发的《关于改革建筑业和基本建设管理体制若干问题的暂行规定》中提出要"大力推行工程招标承包制"，同年7月，原国家计委、城乡建设环境保护部颁发了《建设工程招标投标暂行规定》。招标投标在全国建筑市场迅速展开，各地都相继出台了具体的管理办法和细则，招标投标开始走向正轨。

经过20多年的发展，我国的招标投标开始了法制化建设。1999年8月30日，中华人民共和国第九届全国人民代表大会第十一次会议通过了《中华人民共和国招标投标法》，并于2000年1月日开始施行；2003年3月8日，国家发展计划委员会、建设部、铁道部、交通部、信息产业部、水利部、民用航空总局联合颁发了《工程建设项目施工招标投标办法》；国务院有关部委还配套颁发了一系列实施细则和具体办法。至此，我国建设工程招标投标走上了一条法制化、规范化的道路。

（三）建设工程实行招标投标的意义

1. 有利于建筑市场交易的规范

建设工程实行招标投标，最根本的意义在于规范建筑市场的交易活动。由于建筑商品不能以实物形态进行交易，建筑商品的买卖双方必须在生产之前通过一定的手段达成交易关系。建立这种交易关系往往是一个复杂的过程，涉及到建筑商品的生产、价格、质量、建设周期等诸多问题，不同的市场主体有各自的理解，很难由市场自发形成统一做法，所以特别需要一种规范的交易方法。否则，供求双方在交易中就容易出现分歧，承包者之间也容易出现不正当竞争，从而导致建筑市场的混乱。

2. 有利于净化建筑市场的环境

招标投标是一种透明度很高的竞争方法。按照这种方法确立交易关系，业主必须按规定的程序公开选择承包人单位，承包单位也只能按规定程序参与公开竞争。不允许供需双方私下协商，更不允许承包单位之间相互串通。所以，招标投标暗箱操作的可能性很小，在一定程度上减少了不正当竞争的现象，净化了市场环境，有利于建筑市场的健康发展。

3. 有利于提高工程质量

招标投标倡导的是公开竞争，承包单位必须依靠自身的综合实力去赢得市场。工程质量是企业综合实力的重要标志，在招标投标的竞争中谁也不敢忽视这个问题。实行招标投标，迫使承包单位高度重视质量问题，采取各种手段提高工程质量，以取得在竞争中的有利地位。况且，招标投标要考察投标单位以往的工程业绩，使承包者必须把提高工程质量贯彻始终。

4. 有利于降低工程造价

承包的投标价格，是决定能否中标的关键指标。招标投标中，普遍采取合理低价中标的方法。所谓合理低价，是指在保证合理成本和利润的前提下，其他条件相当的投标价格中的低者。用这种方法选择承包人，投标单位必然报出较低的价格，但又不能低于成本，就迫使承包单位不断提高管理水平，降低工程成本，以扩大中标的机会。

（四）建设工程招标投标的原则

我国招标投标法中规定："招标投标活动应当遵循公开、公平、公正和诚实信用的原则"。"依法必须进行招标的项目，其招标投标活动不受地区或者部门的限制。任何单位和个人不得违法限制或者排斥本地区、本系统以外的法人或者其他组织参加投标，不得以任何方式非法干涉招标投标活动"。这是一个总的原则，包含以下几层意思：

1. 公开的原则

公开原则，首先要求招标活动的信息要公开。采用公开招标方式的，应当通过政府规定的渠道发布招标信息。无论采用何种招标方式，其招标公告、资格预审公告、投标邀请书都应当载明大体能满足投标人决定是否参加投标竞争所需要的信息。要求在全国范围内建立统一的建筑市场，面向社会公开竞争。各地区、各部门要开放建筑市场，允许跨地区、跨部门公开竞争，反对封锁、割据、垄断。

另外，招标投标的程序，评标的标准，中标的结果也必须公开，不允许暗箱操作。

2. 公平的原则

公平的原则，要求招标人严格按规定的程序和条件办事，同等对待每一个投标竞争者，不得对不同的投标人采取不同的标准。招标人不得以任何方式限制符合招标条件的投标人参加投标。招标人不允许压价发包，把自己的意志强加给对方；投标人不允许恶意串通，互相抬价，损害招标人的利益。

3. 公正的原则

公正的原则，要求招标投标活动必须依法行事，按照法律法规的程序进行，不允许有违法行为。招标人要平等地对待各个投标人，不能有意偏袒任何一方。特别在评标时应当有严格的措施保证公正性，如评标标准应当明确、严格，与投标人有厉害关系的人员不得作为评标委员会的成员，等等。

4. 诚实信用的原则

诚实信用的原则，要求做到诚实守信，不允许弄虚作假，掩盖真实情况去欺骗对方。要说到做到，恪守信用，因失信给对方造成的损失，应按规定赔偿。

二、建设工程招标

（一）建设工程招标的条件

建设工程施工招标应具备以下条件：

1. 招标人已经依法成立；
2. 初步设计及预算应当履行手续的，已经批准；
3. 招标范围、招标方式和招标组织形式等应当履行核准手续的，已经核准；
4. 有相应资金或资金来源已经能够落实；
5. 有招标所需的设计图纸及技术资料。

这里提到的招标人，是指依法对施工招标项目进行招标的法人或其他组织。招标人符合法律规定条件的，可以自行办理招标事宜。招标人也可以委托招标代理机构办理招标事宜，招标代理机构在委托范围内承担招标事宜，但招标代理机构不能替代招标人。

（二）建设工程招标的方式

1. 公开招标

公开招标，指招标人以招标公告的方式，邀请不特定的多家承包单位前来投标，参与竞争的一种招标方式。

公开招标亦称无限竞争性招标。有两个基本特点：一是招标信息是公开的，必须在政府指定的报刊和信息网络上发布招标公告；二是投标单位没有限制，只要符合招标条件的都可以参与投标。

公开招标方式可以给所有符合招标条件的承包单位以平等的竞争机会，能够广泛吸引投标者，从而使招标人有较大的选择范围，选择到满意的承包单位。但这种方式的工作量大，程序复杂，运作成本高，适合于达到一定价值量的工程项目。

2. 邀请招标

邀请招标，指招标人以投标邀请书的方式，邀请特定的承包单位（三家以上）前来投标，参与竞争的一种招标方式。

邀请招标亦称有限竞争招标。基本特点是限定投标单位，只在有限的范围内竞争。这种方式和公开招标相比较，具有工作量小，程序简单，运作成本低，受邀对象的承包能力比较可靠等优点。但由于限制了竞争范围，降低了招标的公开性，所以国家对邀请招标进行了严格控制，必须符合条件才允许采用。有下列情形之一的，经批准可以进行邀请招标：

（1）项目技术复杂或特殊要求，只有少量几家潜在投标人可供选择；
（2）受自然地域环境限制的；
（3）涉及国家安全、国家秘密或者抢险救灾，适宜招标但不宜公开招标的；
（4）拟公开招标的费用与项目的价值相比，不值得的；
（5）法律、法规规定不宜公开招标的。

建设工程项目原则上都必须按照上面介绍的两种方式进行招标，少数特殊工程不适宜招标的，经批准可以不进行招标。不进行招标的情形如下：

（1）涉及国家安全、国家秘密或者抢险救灾而不适宜招标的；
（2）属于利用扶贫资金实行以工代赈需要适用农民工的；
（3）施工主要技术采用特定的专利或者专有技术的；
（4）施工企业自建自用的工程，且该施工企业资质等级符合工程要求的；
（5）在建工程追加的附属小型工程或者主体加层工程，原中标人仍具备承包能力的；
（6）法律、行政法规规定的其他情形。

无论是公开招标，还是邀请招标，招标公告或者投标邀请书都应该载明必要的信息，以便投标人决定是否参加投标。至少应当有以下内容：

（1）招标人的名称和地址；
（2）招标项目的内容、规模、资金来源；
（3）招标项目的实施地点和工期；
（4）获取招标文件或者资格预审文件的地点和时间；
（5）对招标文件或者资格预审文件收取的费用；
（6）对投标人的资质等级的要求。

建设工程招标可以将工程项目的全部内容一次性招标，也可以多次分阶段招标；可以将项目作为一个整体招标，也可以按照需要划分成若干标段招标，但对于技术联系紧密、不可分割的单位工程不得分割标段。

（三）招标文件

招标文件，是招标人向投标人介绍招标工程情况和招标要求的综合性文件。招标文件是投标人编制投标文件的主要依据，要求公开、完整、准确。一般包括以下内容：

（1）投标邀请书；

（2）投标人须知；

（3）合同主要条款；

（4）投标文件格式；

（5）采用工程量清单招标的，应当提供工程量清单；

（6）技术条款；

（7）设计图纸；

（8）评标标准和方法；

（9）投标辅助材料。

招标文件由招标人或者招标委托的招标代理机构编制。招标文件一经发出，招标人不得随意更改内容或增加附加条件。确需澄清或者修改的，应当在招标文件要求提交投标文件截止时间至少15日前，以书面形式通知所有招标文件收受人。澄清或者修改的内容为招标文件的组成部分。

（四）资格审查

资格审查，是指对投标人是否达到招标条件所进行的审查。资格审查分为资格预审和资格后审。

资格预审，是指在投标前对潜在的投标人进行的资格审查。采取资格预审的，招标人可以发布预审公告，并在资格预审文件中载明资格预审的条件、标准和方法。

资格后审，是指在开标后对投标人进行的资格审查。采取资格后审的，招标人应当在招标文件中载明资格后审的条件、标准和方法。

资格预审和资格后审通常不同时采用。进行资格预审的，一般不再进行资格后审；进行资格后审的，一般也不进行资格预审。

资格审查应主要审查潜在投标人或者投标人是否符合下列条件：

（1）具有独立订立合同的权利；

（2）具有履行合同的能力，包括专业、技术资格和能力，资金、设备和其他物质设施状况，管理能力，经验、信誉和相应的从业人员；

（3）没有处于被责令停业，投标资格被取消，财产被接管、冻结，破产状态；

（4）在最近三年内没有骗取中标和严重违约及重大工程质量问题；

（5）法律、行政法规规定的其他条件。

资格审查时，招标人不得以不合理的条件限制、排斥潜在投标人或者投标人，不得对潜在投标人或者投标人实行歧视待遇。任何单位和个人不得以行政手段或者其他不合理方式限制投标人数量。

（五）招标代理

招标人如果具备自行招标的法定条件，可以自行组织招标，办理招标事宜。任何单位和个人不得强制其委托招标代理机构办理招标事宜。

但是，建设工程招标是一项专业性很强的复杂工作，有的招标人并不具备法定的条件，因此许多情况下需要进行招标代理。招标代理是建筑市场的中介服务活动，向业主提供招标工作的技术服务，帮助业主完成招标任务。

招标代理机构必须依法取得相应的资格。我国的建设工程招标代理机构分为甲、乙两个等级。招标代理机构可以在其资格等级范围内承担下列招标事宜：

(1) 拟订招标方案，编制和出售招标文件、资格预审文件；
(2) 审查投标人资格；
(3) 编制标的；
(4) 组织投标人勘察现场；
(5) 组织开标、评标，协助招标人定标；
(6) 草拟合同；
(7) 招标人委托的其他事项。

招标代理机构应当在招标人委托的范围内承担招标事宜。不得无权代理、越权代理，不得明知委托事项违法而进行代理；不得接受同一招标项目的投标代理和投标咨询业务；不得转让招标代理业务。

（六）标底

标底是招标人对招标工程主要经济指标的预期值，核心是价格。招标人可根据项目特点决定是否编制标底，进行有标底招标或者无标底招标。有标底招标，标底是评标的重要依据。

标底由招标人自行编制或者委托中介机构编制。一个工程只能编制一个标底，标底的编制过程和标底必须保密。

编制标底是一项专业性、政策性、技术性、经济性、法律性都很强的工作，必须依照一定的程序和方法进行。根据批准的初步设计、投资概算，依据有关计价方法，参照有关工程定额，结合市场供应状况，综合考虑投资、工期和质量等方面的因素合理确定。

三、建设工程投标

（一）建设工程投标的条件

参与建设工程投标的投标人，应当具备承包项目的能力，达到政府和招标文件规定的条件。主要有下列条件：

(1) 投标人应当是法人或其他组织。
(2) 两个以上法人或其他组织可以组成投标联合体，以一个投标人的身份共同投标。但参与联合体的单位，不得再以自己名义单独投标，也不得组成新的联合体或参加其他联合体在同一项目中投标。
(3) 招标人的任何不具独立法人资格的附属机构（单位），或者为招标项目的前期准备或者监理工作提供设计、咨询服务的任何法人及其任何附属机构（单位），都无资格参加该招标项目的投标。
(4) 投标人应当具备招标文件或资格预审文件规定的资质等级。以联合体名义投标的各方都应具备资质条件，由同一专业的单位组成的联合体，按照资质等级较低的单位确定资质等级。
(5) 投标人有良好的经营状况和履行合同的技术、人力、资金能力，近三年没有法规和招标文件规定的不良记载。

（二）投标文件

投标文件亦称标书，是投标单位对招标文件提出的实质性要求和条件作出响应的综合性文件。从合同谈判意义上讲，招标文件是要约行为，投标文件是承诺行为。招标投标双方就建筑商品交易问题，通过招标文件和投标文件，按法定的程序以书面形式协商交易的基本条件。

1. 投标文件的内容

投标文件一般包括下列内容：

（1）投标函；

（2）投标报价；

（3）施工组织设计；

（4）商务和技术偏差表。

投标文件的具体形式，各地做法不完全相同。但招标文件最核心的内容是投标报价和施工方案，也称为商务标（经济标）和技术标。

商务标要根据招标文件的要求进行编制，一般分为工程量清单报价和工程总造价报价两种。实行工程量清单报价，商务标要按照工程量清单组合各分部分项工程的综合单价；实行工程总造价报价，商务标一般按照施工图预算的方法编制。实行何种报价方法，由当地行政主管部门或招标文件规定。

技术标主要指施工组织设计，反映投标人承接招标工程的施工方案，主要内容包括：工程概况、施工方法、施工进度计划、施工平面图，以及劳动力、设备、材料、半成品的供应措施。

2. 投标文件的编制

编制投标文件是投标工作的核心，也是招标投标程序中重要的一个环节。基本步骤如下：

（1）结合现场踏勘和投标预备会的结果，进一步分析招标文件；

（2）校对招标文件中的工程量清单；

（3）根据工程类型编制施工规划或施工组织设计，根据工程价格构成进行工程估价，确定利润方针，计算和确定报价；

（4）形成投标文件；

（5）进行投标担保。

3. 投标文件的送达

（1）投标人应当在招标文件要求提交投标文件的截止时间前，将投标文件密封送达投标地点。

（2）投标人在招标文件要求提交投标文件的截止时间前，可以补充、修改或者撤回已提交的投标文件，并书面通知招标人。补充、修改的内容为投标文件的组成部分。

（3）在提交投标文件截止时间后到招标文件规定的投标有效期终止之前，投标人不得补充、修改、替代或者撤回其他文件。投标人补充、修改、替代投标文件的，招标人不予接受。

（4）投标人撤回投标文件的，其投标保证金将被没收。

(三) 投标的法律禁止规定

1. 禁止投标人之间串通投标

(1) 投标人之间相互约定抬高或压低投标报价;
(2) 投标人之间相互约定,在招标项目中分别以高、中、低价位报价;
(3) 投标人之间先进行内部竞价,内定中标人,然后再参加投标;
(4) 投标人之间其他串通投标报价的行为。

2. 禁止投标人与招标人之间串通投标

(1) 招标人在开标前开启投标文件,并将投标情况告知其他投标人,或者协助投标人撤换投标文件,更改报价;
(2) 招标人向投标人泄露标底;
(3) 招标人与投标人商定,投标时压低或抬高标价,中标后再给投标人或招标人额外补偿;
(4) 招标人预先内定中标人,在确定中标人时以此决定取舍;
(5) 招标人和投标人之间其他串通招标投标行为。

3. 其他串通投标行为

(1) 投标人不得以行贿的手段谋取中标;
(2) 投标人不得以低于成本的报价竞标;
(3) 投标人不得以非法手段骗取中标。

4. 其他禁止行为

(1) 非法挂靠或借用其他企业的资质证书参加投标;
(2) 投标文件中故意在商务上和技术上采用模糊的语言骗取中标,中标后提供低档劣质货物、工程或服务;
(3) 投标时递交假业绩证明、资格文件;假冒法定代表人签名,私刻公章,递交假的委托书等。

四、开标、评标、定标

(一) 开标

开标,是指在规定的时间、地点,由招标人主持,投标单位、公正机构和有关部门参加,当众拆封投标文件并宣布主要内容的过程。

开标时应对投标文件进行检查,并由评标委员会初审,有下列情形之一者按废标处理。

(1) 逾期送达的或者未送达指定地点的;
(2) 未按招标文件要求密封的;
(3) 无单位盖章并无法定代表人或法定代表人授权的代理人签字或盖章的;
(4) 未按规定的格式填写,内容不全或关键字迹模糊、无法辨认的;
(5) 投标人递交两份或多份内容不同的投标文件,或在一份投标文件中对同一招标项目报有两个或多个报价,且未声明哪一个有效(按招标文件规定提交备选投标方案的除外);
(6) 投标人名称或组织机构与资格预审时不一致的;
(7) 未按招标文件要求提交投标保证金的;

（8）联合体投标未附联合体各方共同投标协议的。

(二) 评标

评标，是指评标委员会对有效投标文件进行综合评价的过程。评标是决定中标人的关键环节，必须公正、公平的进行。招标人设有标底的，标底在评标中应当作为参考，但不得作为评标的惟一依据。

1. 评标的方法

（1）最低投标报价法。在投标价格以外的其他条件充分满足招标条件的前提下，选择最低投标报价的投标人为中标人。最低投标报价法不太容易保证报价在成本以上，很多地方又将此法修改为合理低价法，即工程成本以上的最低报价。

（2）综合评价法。根据投标文件，综合评价投标人的报价、工期、施工方案、企业业绩、企业信誉等，分别评出各项指标的分数，以总分最高者为中标人。

（3）法律或行政法规允许的其他评标方法。

2. 推荐中标候选人

评标委员会完成评标后，应确定中标候选人并向招标人提出书面报告。中标候选人应当限定在1至3人，并标明排列顺序。推荐的中标候选人应当符合下列条件：

（1）能够满足招标文件中规定的各项条件。

（2）采用最低投标报价法评标的，投标报价在最低价的前三位；采用综合评价法评标的，综合评分在前三位。

(三) 定标

定标，是指招标人根据评标委员会推荐的中标候选人，确定中标人的工作。招标人应当接受评标委员会推荐的中标候选人，不得在评标委员会推荐的中标候选人之外确定中标人。

评标委员会提出书面评标后，招标人一般应当在15日内确定中标人，但最迟应当在投标有效期结束日前30个工作日内确定。

招标人和中标人应当自中标通知书发出之日起30日内，按照招标文件和中标人的投标文件订立合同；中标人应按照招标人要求提供履约保证金或其他形式履约担保，招标人也应当同时向中标人提供工程款支付担保；招标人与中标人签订合同后5个工作日内，应当向中标人和未中标人退还投标保证金。

五、建设工程招标投标的程序

1. 组建招标机构

招标人具备自行招标条件，自己办理招标事宜的，由招标人组建招标机构；招标人不具备自行招标条件，委托招标代理机构办理招标事宜的，由招标人和招标代理机构共同组建招标机构。

2. 申请招标

具备招标条件的建设工程项目，应向有关部门提出招标申请；将招标范围、招标方式、招标组织形式等有关招标内容报项目审批部门核准。

3. 发布招标公告或发出投标邀请书

实行公开招标的，发布招标公告；实行邀请招标的，发出投标邀请书。

4. 编制招标文件、资格预审文件、标底

招标人或者招标代理机构按照规定编制招标文件。实行资格预审的,编制资格预审文件并按规定的时间、地点出售资格预审文件;实行资格后审的,不需编制资格预审文件。实行有标底招标的,编制标底。

5. 审查资格
实行资格预审的,按照资格预审文件中载明的资格预审条件、标准和方法对潜在投标人进行资格审查;实行资格后审的,此项工作在开标以后进行,按照招标文件中载明的对投标人资格要求的条件、标准和方法对投标人进行资格审查。

6. 出售招标文件
按照招标公告或者投标邀请书规定的时间、地点出售招标文件。

7. 组织勘察现场
组织所有投标人勘察现场,统一解答招标文件中的疑问。

8. 编制投标文件
投标人按照招标文件的要求和自身的条件,编制投标文件。

9. 投标
投标人按照规定的时间、地点送达投标文件;招标人接受投标文件。

10. 开标
按照规定的时间、地点和方法,公开拆封投标文件,宣读主要内容。

11. 评标
评标委员会按照规定的程序和方法,对投标文件进行评价,并推荐出中标候选人。

12. 决标
招标人在评标委员会推荐的中标候选人中,按照规定的方法决定中标人。

13. 签订合同
招标人和中标人签订合同。

第三节 建设工程合同

一、建设工程合同的含义

建设工程合同,是承发包双方为进行建设工程的建造活动,明确相互权利义务关系而订立的合同。

建设工程合同有以下特征:

(一)建设工程合同的主体有明确规定

订立建设工程合同的承发包双方必须符合有关规定。发包方要具备发包建设工程的基本条件,承包方必须具备相应的资质条件,不是任何法人单位都能签订建设工程合同。

(二)建设工程合同的标的限于建设工程

建设工程合同的标的只能是建设工程,而不能是一般的加工订做产品。这使得建设工程合同区别于承揽合同。一般加工订货订立的合同属于承揽合同,不能按建设工程合同管理。

(三)建设工程合同的订立有严格的程序

建设工程的质量要求高,涉及面广,各阶段的工作之间联系密切,因此订立建设工程合同就必须按有关法规规定的程序办理，以保证合同的严密性。

（四）建设工程合同必须采取规定的书面形式

国家对建设工程合同的形式，作出了明确规定，原则上执行示范合同文本。承发包双方在示范文本的基础上协商，作出必需的修改。

（五）建设工程合同的执行周期长

建设工程的建造周期长，导致建设工程合同的执行周期长，少则数月，多则数年。周期长给执行合同带来一定的困难，在履约期间经常因为条件的变化而引起合同的变更。

二、建设工程合同的种类

（一）按照工程建设阶段分

建设工程的建造过程大体上经过勘察、设计、施工三个阶段，围绕不同阶段分别订立勘察合同、设计合同和施工合同。

1. 建设工程勘察合同

建设工程勘察合同，指发包单位与勘察单位就完成商定的建设工程勘察任务，明确双方权利义务关系的合同。

2. 建设工程设计合同

建设工程设计合同，指发包单位与设计单位就完成商定的建设工程设计任务，明确双方权利义务关系的合同。

3. 建设工程施工合同

建设工程施工合同，指发包单位与施工单位就完成商定的建设工程施工任务，明确双方权利义务关系的合同。

（二）按照承发包方式分

1. 建设工程项目总承包合同

建设工程项目总承包合同，指发包单位将建设工程项目的全部工作（包括项目的前期准备、设计、施工、供应等）委托给一家总承包单位，由总承包单位负责组织实施，由此订立的明确双方权利义务关系的合同。

建设工程项目总承包合同还可以按总承包的范围进一步划分，如勘察、设计总承包合同，设计、施工总承包合同等。

2. 建设工程勘察、设计、施工承包合同

建设工程勘察、设计、施工承包合同，指发包单位将建设工程项目的勘察、设计、施工任务分别发包给勘察单位、设计单位、施工单位，由此订立的明确双方权利义务关系的合同。也就是前面所介绍的建设工程勘察合同、建设工程设计合同和建设工程施工合同。

3. BOT合同（又称特许权协议书）

BOT模式，是指由政府或政府授权的机构授予承包人在一定时期内，以自筹资金建设项目并自费经营和维护，向东道国出售项目产品或服务，收取价款或酬金，期满后将项目全部无偿移交东道国政府的工程承包模式。据此明确各方权利义务的协议即为BOT合同。

（三）按照承发包工程计价方式分

1. 总价合同

总价合同，是指按建设工程总造价订立的合同。总价合同还可以分为固定总价合同和调整总价合同。

2. 单价合同

单价合同，是指按建设工程分部分项工程单价订立的合同。合同中只确定分部分项工程的单价，结算时按分部分项工程实际完成的工程量和相应单价计算工程的总造价。

三、建设工程合同的主要内容

(一) 建设工程勘察合同的主要内容

根据建设部和国家工商行政管理总局 2000 年发布的《建设工程勘察合同（示范文本）》，建设工程勘察合同分成两种类型。第一种文本适用于岩土工程勘察、水文地质勘察（含凿井）、工程测量、工程物探等业务，第二种文本适用于岩土工程设计、治理、监测等业务。

1. 建设工程勘察合同（1）（GF-2000-0203）的主要内容

(1) 工程概况：工程名称，工程建设地点，工程规模、特征，工程勘察任务委托文号、日期，工程勘察任务（内容）与技术要求，承接方式，预计勘察工作量。

(2) 发包人向勘察人提供的资料：工程批准文件（复印件），以及用地（附红线范围）、施工、勘察许可等批件（复印件）；工程勘察任务委托书、技术要求和工作范围的地形图、建筑总平面布置图；勘察工作范围已有的技术资料及工程所需的坐标与标高资料；勘察工作范围地下已有埋藏物的资料（如电力、电讯电缆、各种管道、人防设施、洞室等）及具体位置分布图。

(3) 勘察人向发包人提交的勘察成果资料：勘察成果资料四份。

(4) 工期和收费的规定：开工及提交勘察成果资料的时间；收费标准及付费方式。

(5) 发包人、勘察人责任。

(6) 违约责任。

(7) 补充协议的规定。

(8) 其他事项。

(9) 合同争议处理方法。

(10) 合同生效与终止的条件。

2. 建设工程勘察合同（2）（GF-2000-0204）的主要内容

(1) 工程概况：工程名称，工程地点，工程立项批准文件号、日期，岩土工程任务委托文号、日期，工程规模、特征，岩土工程任务（内容）与技术要求，承接方式，预订的岩土工程工作量。

(2) 发包人向承包人提供的有关资料及文件：列出资料及文件清单。

(3) 承包人向发包人交付的报告、成果、文件：列出资料及文件清单。

(4) 工期。

(5) 收费标准及支付方式。

(6) 变更及工程费的调整方式。

(7) 发包人、承包人责任。

(8) 违约责任。

(9) 材料设备供应的方式。

(10) 报告、成果、文件检查验收的规定。

(11) 补充协议的规定。

(12) 其他约定事项。
(13) 合同争议解决办法。
(14) 合同生效与终止的条件。

(二) 建设工程设计合同的主要内容

根据建设部和国家工商行政管理总局 2000 年发布的《建设工程设计合同（示范文本）》，建设工程设计合同分成两种类型。第一种文本适用于民用建设工程设计合同，第二种文本适用于专业建设工程设计合同。

1. 建设工程设计合同（1）(GF-2000-0209) 的主要内容

(1) 合同签订依据：《中华人民共和国合同法》、《中华人民共和国建筑法》、《建设工程勘察设计市场管理规定》，国家及地方有关建设工程勘察设计管理法规和规章，建设工程批准文件。

(2) 合同设计项目的内容：项目名称、项目规模、设计阶段、估算总投资及设计费。

(3) 发包人向设计人提交的有关资料及文件：列出资料及文件的清单。

(4) 设计人向发包人交付的设计资料及文件：列出资料及文件的清单。

(5) 设计收费支付方式。

(6) 发包人、设计人责任。

(7) 违约责任。

(8) 其他约定条款。

(9) 补充协议的规定。

(10) 合同争议解决办法。

(11) 合同生效与终止的条件。

2. 建设工程设计合同（2）(GF-2000-0210) 的主要内容

(1) 合同签订论据：《中华人民共和国合同法》、《中华人民共和国建筑法》和《建设工程勘察设计市场管理规定》，国家及地方有关建设工程勘察设计管理法规和规章，建设工程批准文件。

(2) 设计依据：发包人给设计人的委托书或设计中标文件，发包人提交的基础资料，设计人采用的主要技术标准。

(3) 合同文件的优先次序：合同书、中标函（文件）、发包人要求及委托书、投标书。

(4) 合同项目的内容：工程名称、工程规模、设计阶段、投资及设计内容（根据行业特点填写）。

(5) 发包人向设计人提交的有关资料、文件及时间。

(6) 设计人向发包人交付的设计文件、份数、地点及时间。

(7) 设计费用。

(8) 设计费支付方式。

(9) 发包人、设计人的责任。

(10) 保密规定。

(11) 合同争议解决办法。

(12) 合同生效、终止条件及其他条款。

(三) 建设工程施工合同的主要内容

1．建设工程施工总承包合同的主要内容

根据建设部和国家工商行政管理总局1999年发布的《建设工程施工合同（示范文本）》（GF-1999-0201），建设工程施工合同由《协议书》、《通用条款》和《专用条款》三部分组成。

(1)《协议书》的内容

1）工程概况：工程名称，工程地点，工程内容，工程立项批准文号，资金来源。

2）工程承包范围。

3）合同工期：开工日期、竣工日期，合同工期总日历天数。

4）质量标准。

5）合同价款。

6）组成合同的文件及解释顺序：本合同协议书，中标通知书，投标书及其附件，本合同专用条款，本合同通用条款，标准、规范及有关技术文件，图纸，工程量清单，工程报价单或预算书，双方有关工程的洽商、变更等局面协议或文件视为本合同的组成部分。

7）词语含义：本协议书中有关词语含义与本合同第二部分《通用条款》中分别赋予它们的定义相同。

8）承包人的承诺：承包人向发包人承诺按照合同约定进行施工、竣工并在质量保修期内承担工程质量保修责任。

9）发包人的承诺：发包人向承包人承诺按照合同约定的期限和方式支付合同价款及其他应当支付的款项。

10）合同生效的条件。

(2)《通用条款》的内容

1）词语定义及合同文件

① 词语定义：通用条款、专用条款、发包人、承包人、项目经理、设计单位、监理单位、工程师、工程造价管理部门、工程、合同价款、追加合同价款、费用、工期、开工日期、竣工日期、图纸、施工场地、书面形式、违约责任、索赔、不可抗力、小时或天。

② 合同文件及解释顺序：同《协议书》的相关条款。

③ 语言文字和适用法律、标准规范。

④ 图纸。

2）双方一般权利和义务。

3）施工组织设计和工期。

4）质量与检验。

5）安全施工。

6）合同价款与支付。

7）材料设备供应。

8）工程变更。

9）竣工验收与结算。

10）违约、索赔和争议。

11）其他。

(3)《专用条款》的内容

《专用条款》的内容和《通用条款》的内容相对应，基本条款是一致的。《通用条款》是基础，《专用条款》是合同双方根据建设工程的实际情况和双方的意愿协商一致后的具体条款，《专用条款》的解释先于《通用条款》。

2. 建设工程施工专业分包合同的主要内容

根据建设部和国家工商行政管理总局 2003 年发布的《建设工程施工专业分包合同（示范文本）》(GF-2003-0213)，建设工程施工专业分包合同由《协议书》、《通用条款》和《专用条款》三部分组成。

(1)《协议书》的内容

1) 分包工程概况：分包工程名称，分包工程地点，分包工程承包范围；

2) 分包合同价款；

3) 工期：开工日期，竣工日期，合同工期总日历天数；

4) 工程质量标准；

5) 组成分包合同的文件：本合同协议书，中标通知书（如有时），分包人的报价书，除总包合同工程价款之外的总包合同文件，本合同专用条款，本合同通用条款，本合同工程建设标准、图纸及有关技术文件，合同履行过程中，承包人和分包人协商一致的其他书面文件；

6) 词语含义：本协议书中有关词语的含义与本合同第二部分《通用条款》中分别赋予它们的定义相同；

7) 分包人向承包人承诺：按照合同约定的工期和质量标准，完成本协议书第一条约定的工程（以下简称为"分包工程"），并在质量保修期内承担保修责任；

8) 承包人向分包人承诺：按照合同约定的期限和方式，支付本协议书第二条约定的合同价款（以下简称"分包合同价"），以及其他应当支付的款项；

9) 分包人向承包人承诺，履行总包合同中与分包工程有关的承包人的所有义务，并与承包人承担履行分包工程合同以及确保分包工程质量的连带责任；

10) 合同的生效的条件。

(2)《通用条款》的内容

1) 词语定义及合同文件：词语定义，合同文件及解释顺序，语言文字和适用法律、行政法规及工程建设标准，图纸；

2) 双方一般权利和义务；

3) 工期：开工与延期开工，工期延误，暂停施工，工程竣工等方面的规定；

4) 质量与安全：质量检查与验收，安全施工；

5) 合同价款与支付：合同价款及调整，工程量的确认，合同价款的支付；

6) 工程变更；

7) 竣工验收及结算：竣工验收，竣工结算及移交，质量保修；

8) 违约、索赔及争议；

9) 保障、保险及担保；

10) 其他。

(3)《专用条款》的内容

《专用条款》的内容和《通用条款》的内容相对应，基本条款是一致的。《通用条款》

是基础,《专用条款》是合同双方根据建设工程的实际情况和双方的意愿协商一致后的具体条款,《专用条款》的解释先于《通用条款》。

3. 建设工程施工劳务分包合同的主要内容

根据建设部和国家工商行政管理总局 2003 年发布的《建设工程施工劳务分包合同(示范文本)》(GF-2003-0214),建设工程施工劳务分包合同的内容如下:

(1) 劳务分包人资质情况:资质证书号码,发证机关,资质专业及等级,复审时间及有效期;

(2) 劳务分包工作对象及提供劳务内容:工程名称,工程地点,分包范围,提供分包劳务内容;

(3) 分包工作期限:开始工作日期,结束工作日期,总日历工作天数;

(4) 质量标准;

(5) 合同文件及解释顺序:本合同,本合同附件,本工程施工总承包合同,本工程施工专业承(分)包合同;

(6) 标准规范;

(7) 总(分)包合同;

(8) 图纸;

(9) 项目经理的条件;

(10) 工程承包人义务;

(11) 劳务分包人义务;

(12) 安全施工与检查;

(13) 安全防护;

(14) 事故处理;

(15) 保险;

(16) 材料、设备供应;

(17) 劳务报酬;

(18) 工时及工程量的确认;

(19) 劳务报酬的中间支付;

(20) 施工机具、周转材料供应;

(21) 施工变更;

(22) 施工验收;

(23) 施工配合;

(24) 劳务报酬最终支付;

(25) 违约责任;

(26) 索赔;

(27) 争议;

(28) 禁止转包或再分包;

(29) 不可抗力;

(30) 文物和地下障碍物;

(31) 合同解除;

(32) 合同终止；
(33) 合同份数；
(34) 补充条款；
(35) 合同生效。

四、建设工程合同的索赔问题

由于建设工程的建造工期长，投资大，技术复杂，合同履行过程中存在许多风险因素。在这些风险中，很多因素是双方在签订合同时无法预见的不确定因素，如工程地质的实际情况和勘察结果有出入，设计变更，材料代用等。因此，在建设工程合同履行过程中，索赔事件是经常发生的问题。

（一）索赔的概念

索赔是指在合同履行过程中，对于并非自己的过错，而是应由对方承担责任的情况造成的实际损失，向对方提出经济补偿和（或）工期顺延的要求。

在建设工程建造的各个阶段，都可能发生索赔事件。但索赔事件最集中、处理难度最复杂的发生在施工阶段，因此我们常说的建设工程索赔主要是指工程施工的索赔。

索赔属于一种损失补偿行为，而不是惩罚。索赔方所受到的损害，与被索赔方的行为并不一定存在因果关系。导致索赔事件的发生，可以是一方行为造成的，也可能是任何第三方行为或自然因素造成的。

索赔是双向的，承包人可以向发包人索赔，发包人也可以向承包人索赔，同时，一方提出索赔时，另一方可以提出反索赔。所谓反索赔，是指合同当事人一方向对方提出索赔要求时，被索赔方从自己的利益出发，依据合法理由减少或抵消索赔方的要求，反过来向对方提出索赔要求的行为。

（二）索赔的分类

从不同的角度可以对索赔进行不同的分类。常见的分类方法有：

1. 按索赔的当事人分类

（1）承包方和发包方之间的索赔；
（2）承包方与分包方之间的索赔；
（3）承包方与供应方之间的索赔；
（4）承包方向保险人之间的索赔。

2. 按索赔的内容分类

（1）工期索赔。指由于非承包方责任的原因而导致施工进度延误，承包方向发包方提出要求延长工期、推迟竣工日期的索赔。

（2）费用索赔。指由于非承包方导致承包方增加开支或损失，承包方向发包方提出经济补偿，调整合同价格的索赔。

3. 按索赔事件的性质分类

（1）工程变更索赔。指由于发包方或监理工程师指令修改设计，增加或减少工程量，增加附加工程，变更工程顺序，造成工期延长或费用损失，承包方为此提出的索赔。

（2）工程中断索赔。由于工程施工受到承包方不能控制的因素而不能继续进行，造成费用损失，承包方提出的索赔。

（3）工期延长索赔。指因发包方未能按合同提供施工条件，如未及时交付设计图纸、技术资料、场地、道路等造成工期延长，承包方提出的索赔。

（4）其他原因索赔。如货币贬值、汇率变化、物价、工资上涨、政策法令变化等原因引起的索赔。

4．按索赔的处理方式分类

（1）单项索赔。指某一索赔事件发生后立即处理的索赔。它由合同管理人员处理，并在合同规定的索赔有效期内发包方提交索赔意向书和索赔报告。

（2）综合索赔。又称一揽子索赔，一般在工程竣工前，承包方将施工过程中未解决的单项索赔集中起来，提出一份总索赔报告。合同双方在工程交付前后进行最终谈判，以一揽子方案解决索赔问题。

（三）索赔的程序

下面以施工合同中，承包人向发包人索赔为例，介绍索赔的程序。

当出现索赔事件时，承包人可按下列程序以书面形式向发包人索赔：

1．提出索赔要求

在索赔事件发生后28天内，向工程师发出索赔意向通知。

2．报送索赔资料

发出索赔意向通知后28天内，向工程师提出延长工期和（或）补偿经济损失的索赔报告及有关资料。

3．工程师答复

工程师在收到承包人送交的索赔报告有关资料后，于28天内给予答复，或要求承包人进一步补充索赔理由和证据。

4．工程师逾期答复后果

工程师在收到承包人送交的索赔报告和有关资料后28天内未予答复或未对承包人作进一步要求，视为该项索赔已经认可。

5．持续索赔

当该索赔事件持续进行时，承包人应当阶段性向工程师发出索赔意向，在索赔事件终了后28天内，向工程师送交索赔的有关资料和最终索赔报告。索赔答复程序与3、4条的规定相同。

思 考 题

1．什么是建筑市场的交易方式？它和建设工程项目管理方式有什么关系？
2．什么叫承发包方式？有哪些基本类型？
3．什么叫总分包方式？有什么特点？
4．什么叫总价合同？什么叫单价合同？各有什么特点？
5．为什么建筑市场普遍实行承发包交易方式？
6．实行建设工程招标投标有什么意义？
7．建设工程招标有哪几种方式？
8．什么是招标文件？有哪些主要内容？
9．什么是投标文件？有哪些主要内容？
10．投标中有哪些法律禁止规定？为什么要做这些规定？
11．掌握招标投标程序？

12. 什么是建设工程合同？有什么特征？
13. 建设工程合同有哪些类型？
14. 了解各类建设工程合同的内容。
15. 施工合同文本中《协议书》、《通用条款》、《专用条款》之间有什么关系？
16. 什么是合同文件的解释顺序？
17. 什么是建设工程索赔？有哪些类型？
18. 掌握施工索赔的一般程序。

参 考 文 献

1. 黄如宝编著. 建筑经济学. 上海：同济大学出版社，1998
2. 卢有杰编著. 新建筑经济学. 北京：中国水利水电出版社，2002
3. 金敏求主编. 建筑经济学. 北京：中国建筑工业出版社，1994
4. 全国一级建造师执业资格考试用书编写委员会编写. 建设工程项目管理. 北京：中国建筑工业出版社，2004
5. 全国一级建造师执业资格考试用书编写委员会编写. 建设工程经济. 北京：中国建筑工业出版社，2004
6. 施风江，周滨，陈五星编著. 市场经济学. 天津：天津大学出版社，2001
7. 徐国华，张德，赵平等编著. 管理学. 北京：清华大学出版社，2000
8. 历以宁，曹凤歧主编. 中国企业管理教学案例. 北京：北京大学出版社，2001
9. 蔡伟庆主编. 城市建设工程项目管理. 上海：东华大学出版社，2003
10. 黄强主编. 建筑企业管理与改制. 北京：中国建筑工业出版社，2002